t r a n s
p o s i t i o n e n

Reiner Schürmann

Diskordanz der Zeiten

Herausgegeben und übersetzt
aus dem amerikanischen Englisch von
Nicolas Schneider

DIAPHANES

Inhalt

Anti-Humanismus: Reflexionen der Wende zur post-modernen Epoche

> »[D]er Mensch ist nicht das älteste und auch nicht das konstanteste Problem, das sich dem menschlichen Wissen gestellt hat. [...] der Mensch ist eine junge Erfindung. Und vielleicht eine, deren Ende nahe ist.«[1]

Wenn die gegenwärtigen Entwicklungen sowohl in den Humanwissenschaften als auch in der Philosophie von einem gewissen Desinteresse am Begriff des Menschen gekennzeichnet sind – lässt sich dann bestimmen, von welcher tieferen Ökonomie, welcher Konstellation von Kräften, dieses Desinteresse das Symptom ist? Man sagt uns, dass die »fundamentalen Dispositionen des Wissens« den modernen Begriff des Menschen hervorgebracht hätten und dass, würden diese Dispositionen eine erneute Umwandlung durchlaufen, »man sehr wohl wetten [könne], daß der Mensch verschwindet wie am Meeresufer ein Gesicht im Sand«.[2] Ich möchte dieses Desinteresse am Menschen aus einer Perspektive betrachten, die breiter ist als die der Archäologie der Humanwissenschaften. Ich werde den Versuch unternehmen, eine Verschiebung in der Ökonomie der Worte, Handlungen und Dinge nachzuvollziehen, die sich nur phänomenologisch fassen lässt – zumindest, wenn zugestanden wird, dass das, »was nach dem Prinzip der Phänomenologie als ›die Sache selbst‹ erfahren werden muß«, nicht auf das Bewusstsein und seine Objektivität beschränkt ist,[3] sondern dass die Phänomenologie eine Dekonstruktion geschichtlicher Epochen

---

1 Michel Foucault, *Die Ordnung der Dinge*, Frankfurt a. M., 1974, S. 462. [A.d.Ü.: Schürmann lässt einen Teil des Originalzitats aus »L'homme est une invention dont l'archéologie de notre pensée montre aisément la date récente. Et peut-être la fin prochaine.«) aus. Vgl. Michel Foucault, *Les mots et les choses*, Paris, 1966, S. 398.]

2 Ebd.

3 Martin Heidegger, »Mein Weg in die Phänomenologie«, in *Zur Sache des Denkens*, *Gesamtausgabe*, Bd. 14, herausgegeben von Friedrich-Wilhelm von Herrmann, Frankfurt a. M., 2007, S. 99.

leisten kann. Auf einigermaßen systematische Weise will ich zeigen, wie sich bei Marx, Nietzsche und Heidegger jeweils eine strukturell identische Umkehrung vollzieht, die mehr als einen Wandel in der Disposition des Wissens und seiner Ordnung – das heißt: mehr als eine neue *episteme*[4] – mit sich bringt. Die gegenwärtige Abwendung vom Menschen als zentralem Forschungsproblem erscheint dann als Symptom oder Offenbarung einer grundsätzlicheren Kehre des Modus, dem gemäß Dinge dem Sprechen und Handeln anwesend sind. Es gibt in jeder geschichtlichen Epoche eine Ökonomie der Interaktion zwischen Dingen, Gesten und Worten. Jedoch ist diese Ökonomie nicht in jeder Epoche auf das menschliche Subjekt zentriert gewesen; sie war nicht immer – im weitesten Sinne des Wortes – humanistisch. Die drei Meister des Anti-Humanismus – Marx, Nietzsche und Heidegger – scheinen nahezulegen, dass in diesen, unseren Jahrzehnten die humanistische epochale Ökonomie im Verfallen begriffen ist.

Der Begriff des Anti-Humanismus, der seit einem Jahrzehnt im sogenannten strukturalistischen Marxismus Anwendung gefunden hat, bezeichnet auf polemische Weise Marx' Zurückweisung einer Metaphysik des Menschen ebenso wie des aus dieser Metaphysik abgeleiteten Programms, das darauf zielt, den ›Menschen an sich‹ wieder herzustellen: in Feuerbachs Worten wäre dies das Programm zur Aussöhnung des individuellen mit dem totalen Menschen auf dem Weg der Aneignung der Totalität menschlicher Eigenschaften.[5] Aber der Begriff des Anti-Humanismus ist reicher, als es die bloße Polemik gegen eine idealistische Anthropologie zulässt. Er steht für die Bemühung, im Denken diejenigen Vorstel-

---

4 Vergleiche die Beschreibung dieser epistemischen Region als »fester, archaischer, weniger zweifelhaft, stets ›wahrer‹ als die Theorien ...«, Foucault, *Die Ordnung der Dinge*, S. 24.

5 Louis Althusser, *Für Marx, Gesammelte Schriften*, Bd. 3, Frankfurt a.M., 2011, S. 291f. Später, in *Das Kapital Lesen* (Louis Althusser und Etienne Balibar, *Das Kapital lesen I*, übersetzt von Klaus-Dieter Thieme, Reinbek bei Hamburg, 1972, S. 158), korrigiert er sich: »Strenggenommen müßte man ihn als Ahumanismus [...] bezeichnen« um anzuzeigen, dass es sich nicht lediglich um die theoretische Negation des Humanismus, sondern um die bloße Abwesenheit jeglicher Bezugnahme auf diesen im wissenschaftlichen Marxismus handelt. In *Positions* (Paris, 1976, S. 132 [A.d.Ü.: »Soutenance d‹Amiens«, 1975]) spricht er allerdings wieder vom Anti-Humanismus.

lungen zu überwinden, welche auf den Menschen zentriert sind – und das auf zumindest vier verschiedene Weisen:

a.) Kulturelle Individualität. In diesem Sinne handelt es sich bei dem Subjekt, das der Anti-Humanismus in den philosophischen Hintergrund treten lässt, um das Subjekt der Innerlichkeit, der *mémoires intérieurs*; um das innere Selbst, dessen komplexe Verflechtungen den westlichen Menschen faszinieren und das er durch in der Renaissance, über Humboldt und Winckelmann – wie auch in Napoleons *Mémorial de Sainte-Hélène* – inspirierte Bildungsideale zu veredeln gelernt hat. In einer ersten Annäherung erscheint der Anti-Humanismus dann als ein Versuch, begrifflich zu erfassen, inwiefern das Geistesleben des Individuums durch das Aufkommen der Massenkultur von Heimatlosigkeit bedroht wird.[6]

b.) Reflexiver Subjektivismus. Im engeren philosophischen Sinne ist der Anti-Humanismus die Kritik der Reflexion, und zwar insofern Reflexivität voraussetzt, dass der Mensch Sinn aus seinem eigenen Grund ableiten kann, dass der Geist lediglich seine eigenen spontanen Handlungen zu Gegenständen des Denkens machen muss. »Nun ist aber die Reflexion nichts anderes als die Aufmerksamkeit auf das, was in uns ist.«[7] Obwohl das reflexive Subjekt das *bête noire* des Strukturalismus zu sein scheint, lässt

---

6 Michel Foucault, *Die Ordnung der Dinge*, S. 412. Mit Blick auf Foucaults Suada gegen »[a]lle[], die noch vom Menschen, von seiner Herrschaft oder von seiner Befreiung sprechen wollen, all jene[], die noch fragen nach dem Menschen in seiner Essenz, jene[], die von ihm ausgehen wollen, um zur Wahrheit zu gelangen, jene[] umgekehrt, die alle Erkenntnis auf die Wahrheiten des Menschen selbst zurückführen, alle[], die nicht formalisieren wollen, ohne zu anthropologisieren, die nicht mythologisieren wollen, ohne zu demystifizieren, die nicht denken wollen, ohne sogleich zu denken, daß es der Mensch ist, der denkt« (ebd.) kann man sagen, dass der Begriff des Menschen nicht gerade eindeutig ist. [A.d.Ü.: Die Anmerkung erscheint im Original im Endnotenapparat als Anmerkung 6, fehlt allerdings im Textkörper zwischen den Anmerkungen 5 und 7. Die gewählte Stelle ist daher gemutmaßt.]

7 Gottfried Wilhelm Leibniz, Vorrede, *Neue Abhandlungen über den menschlichen Verstand*, übersetzt von Ernst Cassirer, in *Philosophische Werke in vier Bänden*, in der Zusammenstellung von Ernst Cassirer, Band 3, Hamburg, 1996, S. 7. Das ›humanistische‹ Wesen der Reflexion ändert sich natürlich auch dann nicht, wenn die Reflexion als »konkrete« verstanden oder wenn sie als »Wiederaneignung unseres Strebens nach Existenz« definiert wird, Paul Ricœur, *Die Interpretation. Ein Versuch über Freud*, Frankfurt a. M., 1974, S. 58; siehe auch S. 69f., 505f.

sich eine gewisse Kontinuität von Ersterem zu Letzterem nicht leugnen, sobald Reflexion nicht mehr für fähig gehalten wird, ein ›denkendes Ding‹ zu erfassen, sondern zu einem bloß funktionalen Pol in einem System von Formen wird; das heißt, sobald Reflexion transzendental wird. Das kantische ›Schema‹, verstanden als eine Vielfalt und funktionale Ordnung a priori, erscheint dann als der Urahn der ›Struktur‹:

c.) Transzendentale Subjektivität. Die Auffassung vom Menschen als lediglich funktionale Einheit von Formen a priori (Kant) hat tatsächlich auf ihre Weise die Beseitigung des Menschen aus dem Feld der *episteme* vorbereitet. Mit Kant wird der Mensch als das Subjekt des Prädikats ›denken‹ infrage gestellt. Transzendentale Subjektivität ist nicht die Gegenposition zur Dekonstruktion des Schließens vom Gedanken auf den Denkenden, sondern im Gegenteil der erste Schritt in Richtung auf eben diese Dekonstruktion. Für die transzendentale »Endlichkeit, von der aus wir sind, denken und wissen«,[8] für »das System der *Fragen*, welche die *Antworten* bestimmen«,[9] existieren Objekte nur gemäß einem vorausgesetzten, geschlossenen und funktionalen System von Variablen: was Althusser eine Problematik und Foucault ein epistemisches Feld nennt. Die ›schematische Einheit‹ des Transzendentalismus wird somit bewahrt, wenn auch gänzlich von der Apperzeption getrennt. Indem das Ego selbst einem solchen Systems unterworfen wird, wendet sich der mit dem Cogito entdeckte Funktionalismus gegen es.

d.) Das praktische Subjekt. »Die Geschichte ist ein Prozess, und zwar ein *Prozess ohne Subjekt*«.[10] Vom Standpunkt der Produktionsverhältnisse (Althusser) oder der Beziehungen von »Wörtern und Dingen« (Foucault) aus betrachtet, erscheint der Mensch als öffentliches Objekt, nicht als privates oder transzendentales Subjekt. Noch weniger erscheint er als geschichtemachend, als für sein Tun verantwortliche Person, als Urheber einer neuen Ordnung der Dinge – in einem Wort, als moralisch Handelnder. Die alte sokratische Einheit zwischen Wissen und Handeln zerfällt, sobald das Subjekt dieser Einheit bloß als eine Variable innerhalb eines weit-

---

8 Foucault, *Die Ordnung der Dinge*, S. 449.

9 Althusser, *Für Marx*, S. 78, Fn. 30.

10 Louis Althusser, *Réponse à John Lewis*, Paris, 1973, S. 31. [A.d.Ü.: Schürmann lässt die Hervorhebung im Original aus.]

läufigen Funktionsaustausches betrachtet wird. Es ist letztendlich das Subjekt in diesem Sinne eines in der Geschichte Handelnden, das mit der Kausalität, die der Strukturalismus der kombinatorischen Organisation des Diskurses zuschreibt, vom Feld des Wissens verschwindet.

Diese vier Bedeutungen von Subjektivität – Individualität, Reflexivität, Transzendentalität und Moralität – vermischen sich auf viele verschiedene Weisen. Aber es ist ihre Einheit, die den Begriff des ›Humanismus‹ konstituiert, den Marx, Nietzsche und Heidegger (ebenso wie ihre Epigonen Foucault und Althusser) kritisieren. Gemeinsam ist allen drei Meistern des Anti-Humanismus und ihren Schülern die Erfahrung einer Umkehrung – oder vielmehr die Erfahrung, dass eine Umkehrung *sich durch* sie artikuliert. Deshalb schlage ich vor, sie synchron zu lesen, also in die gegenwärtige epochale Ökonomie ›hineinzuschneiden‹ und sie strukturell mit der ihr vorhergehenden, ›modernen‹ Epoche zu vergleichen. Ich will die post-moderne Konstellation der Dinge, Handlungen und Worte vertikal durchschneiden, und zwar so, wie sie aus einer bestimmten Erfahrung heraus erscheint, die in Marx, Nietzsche und Heidegger dieselbe ist. Diese Erfahrung der Krise – wörtlich verstanden als ›Trennung‹ (*krinein*) zwischen Epochen – ist der Ausgangspunkt. Und die hier aufgestellte Behauptung lautet, dass diese Krise uns zu untersuchen erlaubt, wie die gegenwärtige Ökonomie der Dinge, Handlungen und Worte vom Menschen zurückzuweichen scheint; wie man, wie es Lévi-Strauss tut, sagen kann, der Mensch sei das »unerträglich verwöhnte[] Kind [gewesen], das allzu lange die philosophische Szene beherrscht und jede ernsthafte Arbeit dadurch verhindert hat, daß es eine ausschließliche Aufmerksamkeit beanspruchte«.[11]

Ein dreifacher Bruch mit dem ›Humanismus‹

1. Althussers Kennzeichnung des sogenannten epistemologischen Bruchs in Marx' Schriften ist bekannt: »Von 1845 an bricht Marx radikal mit jeder Theorie, die Geschichte und Politik auf ein Wesen

---

11 Claude Lévi-Strauss, *Mythologica IV. Der nackte Mensch 2*, übersetzt von Eva Moldenhauer, Frankfurt a. M., 1976, S. 808.

des Menschen begründet«.[12] Tatsächlich verschwindet seit der *Deutschen Ideologie* die Sprache vom menschlichen Wesen aus Marx' Denken - eine Sprache, die direkt von Feuerbach und indirekt von Hegel, wenn auch vom jungen Marx gegen Hegel gerichtet, entliehen war. Althusser weist auf die folgenden Konsequenzen des epistemologischen Bruchs hin: Eine wissenschaftliche Theorie der Geschichte und der Politik wird jetzt möglich, gegründet auf radikal neuen Begriffen wie »Produktivkräfte, Produktionsverhältnisse, Überbau, Ideologien, Determination in letzter Instanz durch die Ökonomie«, usw. Außerdem kann Theorie nicht länger mit Philosophie verwechselt werden, denn diese ist als Bewusstseinsphilosophie durch und durch humanistisch. Letztendlich erscheint Philosophie nicht nur als humanistisch, sondern wird, zusammen mit dem Humanismus, als Ideologie definiert. Gemeinsam sind sie der »wissenschaftlichen Entdeckung bei Marx« so entgegengesetzt, wie ein Untersuchungsfeld (Althusser nennt es auch »Kontinent«) einem anderen entgegengesetzt ist. Der technische Begriff hierfür ist »Problematik«. Eine Problematik ist »die *typische systematische Struktur*, die alle Elemente des Denkens zu einer Einheit zusammenfasst«.[13] Grundsätzlich gibt es zwei solcher Problematiken: eine, von der sich Marx 1845 abwendete, d.h. Humanismus, Philosophie, Ideologie; und eine zweite, der er sich zuwendete, nämlich Theorie (politische, historische, ökonomische), Wissenschaft, Erkenntnis. Die Wende von der Ideologie zur Marxistischen Wissenschaft ist tatsächlich eine vom Mythos zur Erkenntnis: »Über die Menschen etwas *erkennen* kann man nur unter der absoluten Bedingung, zuvor den *philosophischen Mythos* vom Menschen zu Asche reduziert zu haben«.[14] Jeglicher Diskurs über den Menschen, der nicht auf den neuen Begriffen des Klassenkampfes, der Arbeitsteilung, des Produktionsmittelbesitzes usw. beruht, wird ein mythischer sein. Als mythischer Diskurs ist er der Wissenschaft so entgegengesetzt, wie reines Denken der Erkenntnis entgegengesetzt ist. Der Bruch von 1845 ist ein Schritt vom Denken des menschlichen Wesens zur Erkenntnis menschlichen Handelns.

---

12 Louis Althusser, *Für Marx*, S. 289.

13 Ebd., S. 77.

14 Ebd., S. 292. Meine Hervorhebung.

Als kontinentale Kluft zwischen zwei Problematiken, der ideologischen und der wissenschaftlichen, verstanden, vollzieht sich Marx' epistemologischer Bruch abrupt und endgültig. Marx' Erfahrung der epochalen Umkehrung vom modernen Humanismus zum post-modernen Anti-Humanismus zieht die Grenze zwischen Denken und Erkenntnis. Das bedeutet nicht, dass es in der neuen Ökonomie von Dingen, Handlungen und Worten keinen Ort für reines Denken gibt, sondern lediglich, dass dieser Ort das Feld der Ideologie ist. Nicht-wissenschaftliches Denken besteht fort, und solches Denken ist sogar notwendig – nicht nur, damit die Marxistische Wissenschaft eindeutig ihre eigene Kompetenzstätte abgrenzen kann, sondern auch, um die Wissenschaft mit Inhalten zu versorgen. Ich werde weiter unten zeigen, dass Althussers Darstellung des Bruchs eine Vereinfachung ist – und zwar genau weil sie diesen Bruch als ›epistemologischen‹ kennzeichnet. Marx' Entdeckung eines anti-humanistischen Standpunkts im Jahre 1845 dagegen ist eine Tatsache. Von diesem neuen Standpunkt aus betrachtet erschienen ihm seine früheren Manuskripte als das, was sie sind: Variationen idealistischer, humanistischer Themen. Es scheint, als seien sie unveröffentlicht geblieben, weil sie der buchstäblich ›kritischen‹ Entdeckung der Heterogenität von Denken und Erkenntnis vorausgingen.

2. Eine ähnliche Krise wird von Nietzsche beschrieben: »Ich erzähle nunmehr die Geschichte des Zarathustra. Die Grundconception des Werks, der Ewige-Wiederkunfts-Gedanke, diese höchste Formel der Bejahung, die überhaupt erreicht werden kann –, gehört in den August des Jahres 1881: er ist auf ein Blatt hingeworfen, mit der Unterschrift: ›6000 Fuss jenseits von Mensch und Zeit‹. Ich gieng an jenem Tage am See von Silvaplana durch die Wälder; bei einem mächtigen pyramidal aufgethürmten Block unweit Surlei machte ich Halt. Da kam mir dieser Gedanke«.[15] Sechstausend Fuß *jenseits des Menschen*, kam »er« zu Nietzsche; »er überfiel mich«,

---

15 Friedrich Nietzsche, *Ecce Homo, Also sprach Zarathustra*, 1, in: *Kritische Studienausgabe* [im Folgenden abgekürzt als *KSA*], Bd. 6, herausgegeben von Giorgio Colli und Mazzino Montinari, Berlin, 1999, S. 335. [A.d.Ü.: In der *KSA* werden zur Hervorhebung Sperrungen verwendet, die hier als Kursivierungen wiedergegeben sind. Schürmann lässt Hervorhebungen in vielen Fällen aus, die vorliegende Übersetzung dagegen orientiert sich jeweils am Original. Wo Schürmann selbst Hervorhebungen einfügt, sind diese als solche ausgewiesen.]

wie er sagt. Die allererste Niederschrift des von Zarathustra gelehrten Hauptgedankens – die ewige Wiederkunft – verortet ihn damit über dem und gegen den ›Menschen‹. Und der Inhalt dieser Lehre wird sein: »Daß Alles wiederkehrt, ist die extremste Annäherung einer Welt des Werdens an die des Seins: Gipfel der Betrachtung«.[16] In der Entdeckung der ewigen Wiederkunft – hier definiert als das Zusammenlaufen von Werden und Sein, von Fluss und Form – kulminiert das Denken. Bis zu diesem Überfall durch das, was nur gedacht, nicht aber gewusst werden kann, war Nietzsches Philosophie entschieden humanistisch. Seine frühen Schriften konzentrieren sich auf die ideale »Artisten-Metaphysik«: ein Ideal des Genius, der Schaffung von Werten, der Bejahung des Selbst gegen die zersetzende Askese. Solche Bejahung verliert nach der großen Entdeckung von 1881 an Macht, wie der Text sagt. Nur der Gedanke der ewigen Wiederkunft wird dem Werden gerecht und bejaht es somit – aber wenn dieser Gedanke ernst genommen wird, erscheint das Subjekt als eine Fiktion, als eine künstliche Fixierung des Flusses. »›Subjekt‹ ist die Fiktion, als ob viele *gleiche* Zustände an uns die Wirkung Eines Substrats wären.« »*Meine Hypothese*[]: das Subjekt als Vielheit«.[17] Diese große Entdeckung von 1881 wird missverstanden, so lange man nicht sieht, dass sie ein Gedankenexperiment mit keinerlei Anspruch auf Erkenntnis ist: eher ein Versuch und eine Versuchung, sagt er, als die Aufstellung einer Hypothese, die es zu verifizieren oder falsifizieren gilt. Aber wenn diese Erfahrung der Krise tatsächlich *entscheidend* ist – eine Epoche von der anderen ›abschneidend‹[18] – dann gibt es für uns viel zu denken, aber nicht viel zu erkennen. Es gibt lediglich »›Vielheiten‹ jedenfalls, aber die ›Einheit‹ ist in der Natur des Werdens gar nicht vorhanden«. Es gibt lediglich »complexe Gebilde von relativer Dauer des Lebens innerhalb des Werdens«,[19] nur Konfigurationen von Formen und Kräften für das Denken, aber keine Wahrheit in und

---

16 Friedrich Nietzsche, *Nachgelassene Fragmente 1885–1887*, 7[54], *KSA*, Bd. 12, S. 312.

17 Ebd., 10[19], S. 465; Friedrich Nietzsche, *Nachgelassene Fragmente 1884–1885*, 40[42], *KSA*, Bd. 11, S. 650.

18 [A.d.Ü.: Schürmann bezieht sich hier auf die etymologische Wurzel von »decide« (entscheiden), decidere = abschneiden.]

19 Friedrich Nietzsche, *Nachgelassene Fragmente 1887–1889*, 11[73], *KSA*, Bd. 13, S. 36.

durch sich selbst. Wahrheit, als Korrelat der Erkenntnis, ist selbst eine Fiktion. »*Wahrheit ist die Art von Irrthum*, ohne welche eine bestimmte Art von lebendigen Wesen nicht leben könnte«.[20]

In dieser Erfahrung der epochalen Umkehrung sind Erkenntnis und Denken nicht länger ihrem jeweiligen Feld zugewiesen, wie bei Marx; vielmehr folgt das Wissen den Fiktionen des Denkens. »Es gäbe nichts, was Erkenntniß zu nennen wäre, wenn nicht erst das Denken sich die Welt dergestalt *umschüfe*«. Erkenntnis ist dann diejenige Fiktionalisierung, die für objektiv, für wahr gehalten wird. Aber von dem im Jahr 1881 erlangten Standpunkt aus betrachtet ist auch die Wahrheit nur eine Schöpfung des Denkens und folglich unwahr. »Erst *vermöge* des Denkens giebt es *Unwahrheit*«.[21] Und die erste Unwahrheit oder Fiktion dieser Art ist ›der Mensch‹, verstanden als erkennendes und handelndes Subjekt, als Selbst.

3. Die dritte Erfahrung der epochalen Umkehrung von einer humanistischen Ökonomie zu einer anti-humanistischen ist auf kurz vor 1930 datiert. In diesem Jahr gipfelt, wie Heidegger in seinem *Brief über den Humanismus* schreibt, eine Entwicklung, durch die sich alles umkehrt: »Hier kehrt sich das Ganze um«.[22] Durch alle seine späteren Schriften hindurch bezieht er sich auf diese Umkehrung oder *Kehre* als der im Denken gegebenen Antwort auf die *Kehre*, durch welche die Ökonomie der Dinge, Handlungen und Worte sich in eine neue Ära verschiebt. Für die epochale Ökonomie, die in einer solchen Umkehrung verfällt, ist diese Veränderung die höchste Gefahr: »Wenn in der Gefahr sich die Kehre ereignet, kann dies nur unvermittelt geschehen«.[23] Plötzlich ist ein Zeitalter nicht mehr. Einem amerikanischen Geist mag eine solche plötzliche Umkehrung verständlich gemacht werden, indem man von den 1960er-Jahren als einer Ordnung der Dinge spricht, deren Zeit vorüber ist. Für Heidegger wohnt eine solche Umkehrung dem

---

20 Nietzsche, *Nachgelassene Fragmente 1884–1885*, 34[253], *KSA*, Bd. 11, S. 506.

21 Friedrich Nietzsche, *Nachgelassene Fragmente 1882–1884*, 8[25], *KSA*, Bd. 10, S. 343.

22 Martin Heidegger, »Brief über den Humanismus«, in *Wegmarken*, *Gesamtausgabe*, Bd. 9, herausgegeben von Friedrich-Wilhelm von Herrmann, Frankfurt a. M., 2004, S. 328.

23 Martin Heidegger, »Die Kehre«, in *Identität und Differenz*, *Gesamtausgabe*, Bd. 11, herausgegeben von Friedrich-Wilhelm von Herrmann, Frankfurt a. M., 2006, S. 120.

Denken inne und ist dem Erkennen und Erklären entgegengesetzt. Und auch für ihn setzt die 1930 erfahrene Art des Denkens einer früheren Art, die so alt wie die westliche Philosophie selbst ist, ein Ende. Die Philosophie als ganze erscheint als »ein Denken«, dem das »andere Denken« entgegengesetzt ist, welches strenggenommen nicht länger ein philosophisches ist. Es ist im Ganzen eine Erwiderung, und zwar auf die neue epochale Ökonomie. Die Krise der Moderne wird somit erfahren als »der Schritt zurück aus dem nur vorstellenden, d.h. *erklärenden* Denken in das *andenkende* Denken. Der Schritt zurück von einem Denken in das andere ist freilich kein bloßer Wechsel der Einstellung«.[24] Dieser Schritt ist in der Tat so radikal, dass er für das Selbstverständnis des Menschen zur Gefahr wird: »soll das Denken versuchen, durch einen offenen Widerstand gegen den ›Humanismus‹ einen Anstoß zu wagen, der veranlassen könnte, erst einmal über die Humanitas des homo humanus und ihre Begründung stutzig zu werden?«[25] Mehr noch, er wird der zentralen Stellung des Menschen in der post-modernen Ökonomie gefährlich: »›Humanismus‹ bedeutet jetzt, falls wir uns entschließen, das Wort festzuhalten: das Wesen des Menschen ist für die Wahrheit des Seins wesentlich [d.h., für die epochale Konstellation oder Ökonomie – R.S.], so zwar, daß es demzufolge gerade nicht auf den Menschen, lediglich als solchen, ankommt«.[26] Eine Gefahr wird er sogar für die Zivilisation und die Kultur: das »andere Denken«, die Phänomenologie der epochalen Ökonomien, ist dringlich, »nicht aber des Menschen wegen, damit sich durch sein Schaffen Zivilisation und Kultur geltend machen«.[27]

Marx, Nietzsche und Heidegger – alle drei beginnen mit einem Interesse am Menschen: Der frühe Marx'sche Humanismus, die »Artisten-Metaphysik« und die Erhellung des *Daseins* haben zumindest dies gemeinsam. In allen dreien äußert sich eine Umkehrung, durch die die gegenwärtige Epoche eigentlich zu sich selbst kommt; durch die der Mensch sich von der Bühne dessen, was gedacht

---

24 Martin Heidegger, »Das Ding«, in *Vorträge und Aufsätze*, *Gesamtausgabe*, Bd. 7, herausgegeben von Friedrich-Wilhelm von Herrmann, Frankfurt a. M., 2000, S. 183.

25 Heidegger, »Brief über den Humanismus«, S. 346.

26 Ebd., S. 345.

27 Ebd., S. 329.

werden muss, zurückzieht; und durch die das Denken seine Autonomie von der Erkenntnis erlangt. Dies sind die breiten strukturellen Parallelen, die es uns erlauben, einige Konsequenzen dessen zu beschreiben, was ich die epochale Umkehrung hin zu einer post-modernen Ökonomie genannt habe. In jedem Fall ist eine Ökonomie ein System. In ihr sind bestimmte Elemente gemäß eines *nomos*, eines Gesetzes, angeordnet und funktionieren dementsprechend. Diese Elemente sind all jene Phänomene, anhand derer eine gegebene Kultur erkannt werden kann. Als solche sind sie wesentlich öffentlich, mögen aber dennoch erst dann in ihrer epochalen Bestimmtheit sichtbar werden, wenn ihr Zeitalter vorüber ist. Sie offenbaren in ihrer Interaktion den Code, der ein Zeitalter beherrscht. Was eine geschichtliche Ordnung auf diese Weise offenbart, ist zuallererst die gesprochene Sprache. Sprache kann allein auftreten, der Beziehung zu anderen oder zu Dingen beraubt. In diesem Fall konstituiert die Sprache nicht den öffentlichen Bereich der epochalen Ökonomie, sondern einen anderen, nämlich den des Textes. Ebenso kann Handlung ohne Bezug zu Sprache und Dingen auftreten; Zusammensein ist eine solche reine Handlung, aber auch die einsame Erfindung einer Theorie. Schließlich können Dinge ein Zeitalter hindurch unbehandelt und offen bleiben; dann treten sie nicht in den Austausch, der von Sprache und Handlung betrieben wird. Indem ich eine Ökonomie als ein solches Wechselspiel von Sprache, Dingen und Handeln definiere und dem roten Faden der Unterscheidung zwischen Denken und Erkenntnis folge, möchte ich nun darlegen, wie der Mensch in der gegenwärtigen Konstellation im Sinne der drei Meister des Anti-Humanismus aus seiner Stellung als ökonomisches Prinzip verstoßen wird.

Ursprung als Mannigfaltigkeit

Beschreibt man die Epoche der Moderne als das Zeitalter, in dem die Subjektivität – als Individualität, Reflexivität, Transzendentalität und Moralität – triumphiert, dann wird damit gesagt, dass mindestens seit Descartes, aber in einem tieferen Sinne seit Platon der Mensch das ›Prinzip‹, das *primum captum* ist, in Bezug auf das alles andere in den Blick genommen wird. Der Mensch ist der theoretische Ursprung, von dem Objekte den Status ihrer Objektivität erhalten. Das Projekt der *mathesis universalis* ist es, Erkenntnis über das Subjekt zu begründen, das als unerschütterlicher Grund, als *fundamentum inconcussum*, verstanden wird. Erkenntnis ist vor dem Ansturm des Zweifels nur dann sicher, wenn sie auf einer Erstheit beruht. Erst diese Erstheit macht die *mathesis* ›universal‹, also ›auf das Eine gerichtet‹. Nicht so das Denken. Für das Denken ist der Ursprung nicht ein Prinzip, sondern mannigfaltig; im Denken erlangt das Wort ›Ursprung‹ seine etymologische Bedeutung wieder: *oriri*, entspringen.

1. Die Charakterisierung von Marx' frühem Humanismus als im Bereich einer Bewusstseinsdialektik verbleibend ist wohl unumstritten: Das universale Wesen des Menschen ist von sich selbst entfremdet und erlangt in einem Prozess der »Naturalisierung des Menschen und der Humanisierung der Natur«[28] die Fülle seiner Eigenschaften wieder. Hierbei handelt es sich um einen Universalienrealismus, der von einer spekulativen Erstheit oder von einem Prinzip, dem sogenannten »Gattungswesen«, abgeleitet wird. Und dennoch – und hierin erscheint Althussers Darstellung des epistemologischen Bruchs definitiv vereinfacht – klingt schon in dieser frühen Problematik der Universalien ein anderer Ton an, der die späteren Entwicklungen bei Marx vorwegnimmt. Ein berühmter, vor dem Bruch verfasster Text beschreibt die Aufgabe der Emanzipation in Deutschland folgendermaßen: »In der Bildung einer Klasse mit *radikalen Ketten*, [...] [welche in einem allseitigen Gegensatz zu den Voraussetzungen des deutschen Staatswesens steht,] einer [gesellschaftlichen – R.S.] Sphäre, [...] welche nicht mehr auf einen *historischen*, sondern nur noch auf den *menschlichen* Titel provozieren kann, einer Sphäre endlich, [...] welche mit einem Wort der *völlige Verlust* des Menschen ist, also nur durch die *völlige Wiedergewinnung des Menschen* sich selbst gewinnen kann. Diese Auflösung der Gesellschaft als ein besonderer Stand ist das *Proletariat*«.[29] Das Proletariat als Gegensatz zum vorherrschenden deutschen

---

28 [A.d.Ü.: Bei Marx heißt es: »Dieser Kommunismus ist als vollendeter Naturalismus = Humanismus, als vollendeter Humanismus = Naturalismus« (*Ökonomisch-philosophische Manuskripte aus dem Jahre 1844*, in *Marx-Engels-Werke*, Bd. 40, Berlin, 1968, S. 536).]

29 Karl Marx, *Zur Kritik der Hegelschen Rechtsphilosophie. Einleitung*, in *Marx-Engels-Werke*, Bd. 1, Berlin, 1976, S. 390. [A.d.Ü: Schürmann ändert die Reihenfolge der Satzteile leicht ab.]

Staatswesen *muss gebildet werden*! Der Klassenkampf wird hier aus dem Bereich der natürlichen Dialektik herausgelöst und zur Antwort auf die Frage, was getan werden muss. Michel Henry nennt dies die »apriorische Konstruktion des Proletariats«.[30] Aber nicht nur wird der Gegensatz in diesem Text nicht als universales Gesetz beschrieben, sondern auch vom Menschen spricht Marx anders als in den Begriffen eines universalen Wesens: die »völlige Wiedergewinnung« des Menschlichen ist auch ein praktisches, politisches Ziel. Marx sieht, dass die gesellschaftlichen Bedingungen für einen Konflikt in Deutschland, anders als in Frankreich oder England, nicht gegeben sind. »Hier ist unsere Antwort« darauf, sagt er in der Einleitung zu diesem Text. Der Status des hegelschen Vokabulars vom Wesen, vom Gegensatz, von der Selbstentfremdung, von den Universalien schlägt in dem Moment, da es von Marx benutzt wird, um sich »den Deutschen«, die nur Dialektik verstehen, verständlich zu machen, plötzlich von einem metaphysischen in einen strategischen um. Diese Übertragung des Widerspruchs und seine Auflösung in den Bereich der Strategie verlässt sich nicht länger auf eine metaphysische Erstheit; sie deutet eine Verschiebung dessen an, was als ursprünglich gedacht wird.

Beginnend mit der *Deutschen Ideologie* wendet sich Marx' Auffassung des Ursprungs explizit vom Realismus der Universalien und von jeglichem primären Wesen oder Subjekt, dem individuelle Phänomene als Prädikate beigestellt wären, ab. Auch der Schlüsseltext dafür ist bekannt, wird aber nicht immer richtig interpretiert: »Die Voraussetzungen, mit denen wir beginnen, sind keine willkürlichen, keine Dogmen, es sind wirkliche Voraussetzungen, von denen man nur in der Einbildung abstrahieren kann. Es sind die wirklichen Individuen, ihre Aktion und ihre materiellen Lebensbedingungen [...] [Individuen – R.S.] fangen an, sich von den Tieren zu unterscheiden, sobald sie anfangen, ihre Lebensmittel zu *produzieren* [...]. Was sie sind, fällt also zusammen mit ihrer Produktion«.[31] Der 1845 neu erlangte Standpunkt ist der Realismus

---

30 Michel Henry, *Marx*, 2 Bände, Paris, 1976, 1. Bd., S. 136. Meine nachfolgende Interpretation des Bruchs ebenso wie der Begriff der ursprünglichen Praxis verdankt sich zum Teil diesen beiden Bänden.

31 Karl Marx und Friedrich Engels, *Deutsche Ideologie*, in *Marx-Engels-Werke*, Bd. 3, Berlin, 1978, S. 20f.

des arbeitenden Individuums, der sich in der Gleichsetzung von Realität und individueller Praxis ausdrückt und der es erforderlich macht, das als ursprünglich Verstandene in der Aktivität zu verorten, durch die Menschen ihren Lebensunterhalt bestreiten. Das, was sich im sogenannten epistemologischen Bruch vollzieht, ist in erster Linie also gar nicht von epistemologischer Ordnung. Was passiert ist etwas Grundsätzlicheres als die bloße Konstitution der ›Marxistischen Wissenschaft‹. Es ist das Begreifen des Ursprungs selbst, das einer Umwandlung unterzogen wird, und zwar so, dass Marx in der Tat beanspruchen kann, allen Philosophien, die das Phänomenale auf ein noumenales In-sich-selbst, auf ein metaphysisches *principium* beziehen, ein Ende gesetzt zu haben.

Beginnend mit diesem Bruch gibt es keinen Ursprung im eigentlichen Sinne, als der *Eine*, der die post-moderne Ökonomie der Dinge, Handlungen und Worte ordnet. Es gibt keinen Ursprung, sondern nur einen Überfluss ursprünglicher Handlungen, durch die Individuen ihre Grundbedürfnisse befriedigen. Der Ursprung wird fragmentiert und monadisch, in Übereinstimmung mit dem monadischen Verständnis von Praxis der *Deutschen Ideologie*. Der ›Bruch‹ ist daher nicht lediglich als das Abbrechen eines ›Kontinents‹ von einem anderen, als der Graben zwischen Ideologie und Wissenschaft, zu verstehen, sondern auch als Zersplitterung, als Plurifizierung des Ursprungs. In Marx' Texten erscheint die epochale Umkehrung als Umkehrung zweier Problematiken: der Realismus universaler Wesen, der die Hauptproblematik vor 1845 begründet hatte, tritt zurück, um später in voneinander abgegrenzten theoretischen Feldern erneut aufzutauchen – in Geschichtsschreibung, Politischer Theorie, Ökonomie und Ideologiekritik. Ein Beispiel einer solchen Rückkehr des universalistischen Realismus wäre der Begriff des ›Werts‹ im *Kapital*. Gleichzeitig tritt 1845 der Realismus der individuellen Praxis, der in den früheren Texten die Nebenproblematik gebildet hatte, in den Vordergrund und bleibt die Hauptproblematik aller philosophischen Arbeiten nach dem Bruch – genauer ausgedrückt: Er bleibt der philosophische Hintergrund aller späteren Schriften, von dem allein aus diese richtig verstanden werden können.[32] Wann immer Marx von Universalien

---

32 Der Realismus der Universalien wird wiederum bei Engels und im Marxismus als Ganzem vorherrschend, insbesondere in dem Althussers, wie Michel Henry

wie der Klasse spricht, tut er das innerhalb dessen, was als regionale Theorien bezeichnet werden muss, und deren Intelligibilität aus der ursprünglichen Praxis, aus der Praxis des zur Befriedigung physischer Bedürfnisse arbeitenden Individuums, abgeleitet ist. Diese ursprüngliche Praxis ist so irreduzibel mannigfaltig wie es individuelle Praktiken sind, und sie kann nicht *erkannt* werden. Der Gegenstand (Produktionsmittel, Besitzformen, die Klassen, der Staat, Ideologien, Parteistrategien) regionaler Theorien bringt Erkenntnis, ursprüngliche Praxis jedoch kann nur *gedacht* werden. Es ist offenkundig, dass Marx nur zum Zwecke seiner Polemik gegen die Bewusstseinsphilosophie das Denken auf Ideologie reduzierte, verstanden als am weitesten von ursprünglicher Praxis entfernt. Marx' Entdeckung des fragmentierten, pluralen Ursprungs ließe sich dem bekannten Baum-Schema entsprechend darstellen: Ursprüngliche Praxis wäre der Stamm, regionale Theorien die Äste und Ideologien die äußersten Verzweigungen des Baumes. Marx weist dem Denken nun die Rolle dieser ideologischen Verzweigungen zu; strukturell jedoch ist der Gegenstand des Denkens die ursprüngliche Praxis selbst, der Stamm, der alles theoretische Wissen zusammenhält. In jedem Fall wird man sich auf dieser grundsätzlichen Ebene nicht auf das humanistische Streben nach Selbst-Identität, Selbst-Beherrschung durch Auflösung der Entfremdung, usw., berufen können. Marx' Anti-Humanismus resultiert nicht aus der Entdeckung eines neuen »wissenschaftlichen Kontinents« (Althusser), sondern aus der Entdeckung ursprünglicher Praxis und ihres monadischen, atomistischen Allotropismus.

2. Eine vergleichbare, wenn auch sicherlich nicht identische Fragmentierung des Ursprungs vollzieht sich in Nietzsches Erfahrung des Denkens. Auch hier wird der Mensch infolge einer radikalen Verschiebung seiner prinzipiellen Stellung enthoben, nämlich infolge der Umwandlung des Ursprungs als alleiniges Prinzip (z.B. Schopenhauers Wille) in den Ursprung als polymorphe Aktivität. Dass Nietzsche zur Beschreibung dieser Aktivität den Begriff des Willens, des Willens zur Macht, beibehält, ist weniger bedeutend – in gewisser Hinsicht ist es sogar irreführend – als sein erklärtes Ziel: alle Werte auf solche Weise umzuwerten, dass keiner die

ausführt; vgl. M. Henry, *Marx*, Bd. 1, S. 25, 220, 318–321, 348f., 373, 379, 403, 426f., 461–466.

Rolle des ersten Prinzips spielen kann. Die Umwertung ist nur eine im Denken gegebene Antwort auf die epochale Umkehrung, die uns, Nietzsches Erfahrung zufolge, bereits in einer anderen Ökonomie verortet hat. Der Versuch *gegen* den Ursprung als Einem wird anhand einer geschichtlichen Dekonstruktion der Entwicklung geführt, im Zuge derer die ideale Wahrheit »endlich zur Fabel wurde«;[33] der Versuch *eines* Verständnisses des Ursprungs als vielfacher folgt dem bereits genannten Ausdruck: »complexe Gebilde von relativer Dauer des Lebens innerhalb des Werdens«. In ihrem Bestreben, den Ursprung als mannigfaltigen zu denken, sehe ich die grundlegende Verwandtschaft zwischen Marx und Nietzsche.

Nietzsches Begriff der komplexen Gebilde innerhalb des Werdens hat einen entschieden atomistischen Klang. Tatsächlich anerkennt er, dass seine »Denkweise [...] in einem hohen Grade heraklitisch, demokritisch« ist.[34] Dennoch spricht er anstelle von ›Atomen‹ von ›Kräften‹. Diese beinhalten kulturelle Kräfte wie Gut und Böse, aber ebenso chemische Kräfte: »Ich hüte mich, von chemischen ›*Gesetzen*‹ zu sprechen [...] Es handelt sich vielmehr um eine absolute Feststellung von Machtverhältnissen«.[35] Der Ursprung als Mannigfaltigkeit ist dann die stets neue Bildung komplexer Gebilde innerhalb des Kräfteflusses. Nietzsche nennt diese Konfigurationen »Herrschaftsgebilde«. Zum Beispiel: »An Stelle der ›Sociologie‹ eine *Lehre von den Herrschaftsgebilden*«.[36] Es ist dieser Begriff der *Herrschaftsgebilde*, der es erlaubt, Werden und Auflösung des Subjekts zu denken: »Die Sphäre eines Subjektes beständig *wachsend* oder sich *vermindernd* – der Mittelpunkt des Systems sich beständig *verschiebend* – ; im Falle es die angeeignete Masse nicht organisiren kann, zerfällt es in 2«.[37] Das heißt, dass Phänomene gespal-

---

33 Friedrich Nietzsche, *Götzendämmerung*, »Wie die ›wahre Welt‹ endlich zur Fabel wurde«, *KSA*, Bd. 6, S. 80. Dieser Text vollzieht sechs Epochen (Nietzsche nennt sie auch »Punktationen«, was eine wörtliche Übersetzung von *epéchein*, anhalten, stoppen, ist) einer Dekonstruktion der Metaphysik nach, verstanden als Ontologie der »idealen Welt«. [A.d.Ü.: Die »Punktationen«, auf die Schürmann offenbar Bezug nimmt, nennt Nietzsche in diesem Text nicht, wohl aber in *Nachgelassene Fragmente 1887–1889*, 11[73], *KSA*, Bd. 13, S. 36f.]

34 Nietzsche, *Nachgelassene Fragmente 1887–1889*, 14 [116], *KSA*, Bd. 13, S. 293.

35 Friedrich Nietzsche, *Nachgelassene Fragmente 1884–1885*, 36[18], *KSA*, Bd. 11, S. 559.

36 Nietzsche, *Nachgelassene Fragmente 1885–1887*, 9[8], *KSA*, Bd. 12, S. 342.

37 Ebd., 9[98], S. 391f.

tener Persönlichkeit ebenso wie gesellschaftliche oder chemische Phänomene in Form solcher Kräftekonstellationen gedacht – nicht ›erklärt‹ oder erkannt – werden. »›Herrschafts-Gebilde‹; die Sphäre des Beherrschenden fortwährend wachsend oder periodisch abnehmend, zunehmend; oder, unter der Gunst und Ungunst der Umstände«.[38] Diese Gebilde sind Ansammlungen von Kräften, die vorübergehend von einer mächtigeren Kraft hervorgebracht werden: »Das Individuum selbst als Kampf der Theile (um Nahrung, Raum usw.): seine Entwicklung geknüpft an ein *Siegen, Vorherrschen* einzelner Theile, an ein *Verkümmern*, ›Organwerden‹ anderer Theile«.[39] Der Begriff der ewigen Wiederkunft ist nur einer von vielen, mit denen Nietzsche die radikale Fluidität anorganischer, organischer, gesellschaftlicher und kultureller Kräfte affirmiert – welche alle als gleich behandelt werden, solange nicht eine den anderen ihre vorübergehende Ordnung aufzwingt.

Eine epochale Ökonomie solcher Herrschaftsgebilde ist per Definition prekär. Sie entspricht gänzlich der Aristotelischen Definition des Kontingenten: das, was sein oder nicht sein kann. Und dennoch gibt es keine Notwendigkeit außer Zufall, Spiel, Würfelwurf, dem diese gefährdeten Gebilde entgegengesetzt werden könnten. Sie sind aus nichts abgeleitet, das der Veränderung Widerstand leisten könnte. Nietzsches Programm der Umwertung ist der Versuch, jegliche Vorstellung einer Erstheit zu überwinden, sei es der Mensch, Gott, ein Prinzip der Argumentation oder des Handelns, oder ein Ideal wie wissenschaftliche Wahrheit. Nietzsche hat sicherlich ein Anrecht auf die diversen Epitheta, die er für sich beansprucht, wie zum Beispiel Anti-Christ, Anti-Platoniker, Immoralist; diese Namen sind jedoch nur verschiedene Weisen, nicht irgendeine Doktrin über Christus, Platon, Moral, sondern den Untergang, am Ende der Moderne, eines jeden epochalen Prinzips zu konstatieren. Sie sind Titel für die Umwertung des als Prinzip verstandenen Ursprungs in den als unaufhörlich sich verändernde Ansammlung und Auflösung von Kräften in vorläufige Ökonomien verstandenen Ursprung. Es sind diese Ökonomien, die ursprünglich sind. Ihre epochale Umkehrung vollzieht sich von selbst. Hat uns eine neue Falte in eine neue

---

38 Nietzsche, *Nachgelassene Fragmente 1887–1889*, 11[73], *KSA*, Bd. 13, S. 36.
39 Nietzsche, *Nachgelassene Fragmente 1885–1887*, 7 [25], *KSA*, Bd. 12, S. 304.

Ordnung gestellt, mag dies »erst Einem, dann Vielen, dann Allen«[40] auffallen. »Es« fällt manchen auf: Denken hat also nichts mehr zu tun mit der kreativen Tat des Genies. Es wird so anonym wie die in uns widerhallende Ordnung selbst.

Vom Ende der humanistischen Epoche zu sprechen, bedeutet daher nicht nur, dass der Mensch nicht länger der Bezugspunkt ist, auf den hin alle Dinge erkannt werden können; es bedeutet vielmehr, dass der Mensch keineswegs Herr über die epochalen Ökonomien ist, die sich entfalten und wieder zusammenfalten. Sie artikulieren sich in uns auf unvorhersehbare Weisen, und wenn ihre Zeit gekommen ist, geht der Modus, demgemäß sie Dinge anwesen lassen, unwiederbringlich verloren. Sie kommen auf, herrschen für eine Zeit unangefochten und gehen unter. Erst nach ihrem Untergang kann eine solche Ordnung befragt werden. Diese kritische Befragung ist es, die Nietzsche unter den Titeln Genealogie der Werte und Typologie des Willens durchführt. Werte und Formen des Wollens, so zeigt seine Kritik, entspringen Herrschaftsgebilden und stürzen mit diesen. Dasselbe gilt für das Denken. Wenn Handlungen, Dinge und Worte sich in einem neuen Muster anordnen, reflektiert das Denken ihre Kohärenz und Kohäsion; wie die Eule der Minerva kommt es jedoch immer erst, wenn die Schlacht vorüber ist. Woraus das Denken entsteht, entzieht sich somit vollkommen unserem Zugriff. Das ist die Entdeckung, die Nietzsche in diesem entscheidenden Sommer 1881 macht: Die anthropozentrische Ökonomie, die die westliche Kultur seit der Antike beherrscht, hat ihre perspektivische Natur offengelegt. Jegliches epochale Prinzip wäre dann nichts als eine Perspektive, geworfen auf das Chaos der Kräfte. Ich nehme ihn beim Wort, wenn er von dieser Entdeckung sagt: »Dies ist *meine* Erfahrung von Inspiration; ich zweifle nicht, dass man Jahrtausende zurückgehn muss, um jemanden zu finden, der mir sagen darf ›es ist auch die meine‹«.[41] Jahrtausende – in der Tat, zweitausend: zu dieser anderen Zäsur, welche die Figur des Menschen für das Zeitalter des westlichen Humanismus einsetzte. Man könnte so das Zeitalter der Metaphysik als diejenige Ökonomie beschreiben, die vom Ursprung als einer Kraft

40 Friedrich Nietzsche, *Nachgelassene Fragmente 1880–1882*, 11[148], *KSA*, Bd. 9, S. 498.

41 Nietzsche, *Ecce Homo*, »Also sprach Zarathustra«, 3, *KSA*, Bd. 6, S. 340.

geordnet wird, während das »Wiederherstellen der Unschuld des Werdens«[42] eine archaischere Ökonomie wiedergewinnen würde, in der der Ursprung viele ist.

3. Wie verschiebt die *Kehre* den Ursprung in Heideggers Denken? Die hier wirksame Verlagerung lässt sich recht einfach fassen: In den Schriften vor 1930 ist das, was als ursprünglich erscheint, das menschliche *Dasein*. Alle Phänomene sind Phänomene für den Menschen. - Hier ist nicht der Ort, um die Unterschiede zwischen dem Menschen als Gattungswesen beim frühen Marx, dem Menschen als Schöpfer beim frühen Nietzsche und dem Menschen als transzendentale Existenz beim frühen Heidegger zu erörtern. Ich will lediglich die Schlüsselrolle freilegen, die der Mensch als Bezugspunkt in diesen drei Philosophien spielt. In Heideggers Schriften von vor der Erfahrung der epochalen Umkehrung werden sowohl die Modalitäten der Zeit wie auch die vielfachen Weisen der Dinge, sich zu zeigen, auf die Existenz des Menschen und seine Grundstruktur bezogen. Sie werden entsprechend ihrer »*ursprünglichen Verwurzelung*«[43] in der Existenz analysiert.

Im Gegensatz dazu erscheint diese Verwurzelung der Phänomene im Menschen nach der ›Kehre‹ in seinem Denken nicht länger als ursprünglich. ›Ursprung‹ bezeichnet jetzt etwas völlig anderes: einerseits den *Anfang* einer epochalen Ökonomie, andererseits die Modalitäten, in denen Dinge, Worte und Handlungen einander anwesend sind, das heißt ihr *Ursprung* in einer solchen Ökonomie. Vom ersten dieser zwei Standpunkte aus betrachtet müssen wir den Ursprung als ein grundlegendes Ereignis denken, als den Beginn einer Ära. In diesem Sinne bedeutet denken, sich der Entstehung einer Epoche zu erinnern und zu entsinnen. Der Beginn sollte richtigerweise anfänglich, nicht ursprünglich genannt werden: in ihm »setzt sich« eine Wahrheitskonstellation »ins Werk«,[44] eine Welt baut sich selbst auf. Ein solcher Beginn macht alles neu, er produziert eine neue Anordnung, einen neuen

---

42 [A.d.Ü.: Die Phrase »Unschuld des Werdens« kommt bei Nietzsche häufiger vor, so z.B. in *Nachgelassene Fragmente 1882–1884*, 7[268], 8[26], *KSA*, Bd. 11, S. 323, 343.]

43 Martin Heidegger, *Sein und Zeit*, §72, Tübingen, 1967, S. 377.

44 Martin Heidegger, »Der Ursprung des Kunstwerks«, in *Holzwege*, *Gesamtausgabe*, Bd. 5, herausgegeben von Friedrich-Wilhelm von Herrmann, Frankfurt a.M., 1977, S. 65.

nomos des *oikos*, eine neue Ökonomie. Vom zweiten Standpunkt, dem des Ursprungs als ›Aufstieg‹, aus betrachtet gibt es kein in der Zeit liegendes Ereignis, dass erinnert werden müsste. Die Weise, in der die innere Anordnung einer Epoche alles Anwesende in ein Wechselspiel bringt, die epochale Weise, in der alles anwesend ist: Das ist es, was ursprünglich genannt werden muss. Diese Anwesenheit, die eine Zeit lang vorherrscht, ist etwas sehr einfaches; die Weise, in der zum Beispiel die Akropolis im Netzwerk der Handlungen, Dinge und Worte anwesend war, während die Rhapsoden sich auf die Panathenäen vorbereiteten, war eine eindeutige, obschon komplexe; sie war eine andere, als das Parthenon zu einer byzantinischen Kirche wurde; eine andere, als die Türken es als Pulverkammer nutzten; und wiederum eine andere, wenn die UNESCO heute plant, eine riesige Plastikplane zum Schutz vor der Luftverschmutzung über sie zu spannen. In jedem Moment dieser Geschichte ist das Bauwerk innerhalb der jeweiligen Ordnung der Dinge entsprechend endlicher, unvorhersehbarer und unkontrollierbarer Züge anwesend. Und mit jeder Umkehrung gingen diese eindeutigen Merkmale unwiederbringlich verloren.

Als epochaler Beginn verstanden ist der Ursprung plural. Die westliche Geschichte besteht aus vielen solchen Momenten des Beginnens, aus vielen »jähen Epochen der Wahrheit«.[45] Eine Epoche ist genau genommen keine Ära, sondern das Ereignis der Selbst-Einsetzung einer Ära. Das Wort *epoché* ist von den Stoikern entliehen, in deren Gebrauch *epéchein* einen Akt des Anhaltens, des Zurückhaltens, des Unterbrechens bezeichnete: Der stoische Weise enthielt sich der Suche nach Weisheit unter den vielen Wahrheitsdoktrinen der Spätantike, er ›stoppte‹ sprichwörtlich, – und durch ein solches Innehalten erlangte er Weisheit, nämlich *ataraxia* oder *apatheia*, Gleichmut. Angewendet auf die Geschichte der dem Leben und dem Denken geöffneten und verschlossenen Felder verliert dieser Begriff seine ethische, humanistische Konnotation. Die Anordnung dessen, was anwesend ist – Heidegger sagt: Anwesen als solches – stoppt und punktiert ihren Weg durch die Zeitalter. Es gibt demzufolge so viele Ursprünge unserer Geschichte, wie es Schwellen zwischen Perioden und Feldern gibt. Eine Weise, diese ›Epochen‹, durch die sich historische Felder voneinander abset-

---

45 Martin Heidegger, »Nietzsches Wort› Gott ist tot‹«, in *Holzwege*, S. 210.

zen, nachzuverfolgen, könnte darin bestehen, den Blick auf die Übergänge zwischen natürlichen Sprachen zu richten. Wenn man beginnt, Lateinisch anstelle von Griechisch zu sprechen, entsteht eine neue Ordnung; das gleiche geschieht, wenn eine Zivilisation vom Lateinischen zu einer modernen Sprache wechselt. Der Begriff der *epoché* ist daher in diesem Zusammenhang bereits ein anti-humanistischer.[46] Das Verständnis des ›Anfänglichen‹, d.h. des Beginns, bei Heidegger ist recht komplex, da er bisweilen den deutschen Romantikern in ihrer nostalgischen Rückkehr zu dem einen, großen Beginn des Westens, dem vorklassischen Griechenland, folgt, dann aber wieder sagt, jedes Kunstwerk, sogar jedes Sprechereignis, sei sein eigener Beginn. Diese letztere Auffassung von Beginn hat der französische Dichter René Char ausgedrückt: »Der Dichter, der große Beginner«.[47] Ein Beginn setzt eine Ordnung ein, die für eine Weile andauert oder fortbesteht; weiterhin ist der Ursprung als Beginn nie eine unerschütterliche, unveränderliche Erstheit; schließlich ist er kein humanistischer Begriff.

Die Atomisierung des Ursprungs kommt jedoch erst mit dem Verständnis des ›Ursprünglichen‹ als augenblicklicher Aufstieg oder Begegnung zur Vollendung: »Überall wo ein Anwesendes anderem Anwesenden entgegen kommt […] da waltet schon Offenheit, ist freie Gegend im Spiel«,[48] in der Dinge, Handlungen und Worte

---

46 Die so verstandene *epoché* impliziert einen Imperativ: »die gewohnten Bezüge zur Welt und zur Erde verwandeln und fortan mit allem geläufigen Tun und Schätzen, Kennen und Blicken ansichhalten« (»Der Ursprung des Kunstwerks«, 1977, S. 54). Dieses *Ansichhalten* erinnert unmittelbar an den Rat Ciceros zur »Zurückhaltung der Zustimmung« (Marcus Tullius Cicero, *Academica* [*Lucullus*, in *Hortensius, Lucullus, Academici libri*, herausgegeben, übersetzt und kommentiert von Laila Straume-Zimmermann, Ferdinand Broemser und Olof Gigon, München und Zürich, 1990], II, 59 s[S. 175f.]), ebenso wie an den des Sextus Empiricus zur »Zurückhaltung gegenüber allen Dingen«, *epéchein peri pantôn* [*Grundriß der pyrrhonischen Skepsis*, übersetzt von Malte Hossenfelder, Frankfurta.M., 1985], I, 232f. [S. 150 – A.d.Ü.: Die Phrase findet sich so tatsächlich in I, 31[S. 101]]. Nietzsche scheint Heideggers Begriff der *epoché* vorwegzunehmen, wenn er von den »Punktationen« der »herrschaftlichen Centren« spricht (Nietzsche, *Nachgelassene Fragmente 1887–1889*, 11 [73], S. 36f.).

47 René Char, *Zorn und Geheimnis/Fureur et Mystère. Gedichte französisch/deutsch*, übersetzt von Johannes Hübner und Lothar Klünner, Frankfurt a. M., 1991, S. 79.

48 Martin Heidegger, »Das Ende der Philosophie und die Aufgabe des Denkens«, in *Zur Sache des Denkens*, S. 80.

zusammenspielen. Wir sollen, so scheint es, ein solches offenes Feld als die abrupte Darstellung der Sphäre denken, in der aufkommt, was auch immer anwesend ist. Einfach zu denken: »dies oder jenes ist da«, scheint die schwierigste Aufgabe für das Denken. Genauso wie in der von mir vorgeschlagenen Interpretation für Marx und Nietzsche eine Umkehrung im Denken notwendig ist, um das Ursprüngliche nirgendwo anders zu suchen als in dem, was am unmittelbarsten da ist. »Schon der Gedanke einer solchen Aufgabe des Denkens muß befremden. Ein Denken, das weder Metaphysik noch Wissenschaft sein kann?«[49] »Vielleicht gibt es ein Denken, das nüchterner ist als das unaufhaltsame Rasen der Rationalisierung […] Vielleicht gibt es ein Denken außerhalb der Unterscheidung von rational und irrational, nüchterner noch als die wissenschaftliche Technik, nüchterner und darum abseits, ohne Effekt und gleichwohl von eigener Notwendigkeit«.[50] Ich habe versucht, einige Eigenschaften dieses Denkens zu beschreiben: sein Unvermögen, Erkenntnis zu produzieren; seine wesentliche Abhängigkeit von epochalen Ökonomien, die wiederum zu seinem ›Gegenstand‹ werden; sein Unvermögen, einen letzten Grund oder eine Begründung, sei es für die metaphysische Spekulation oder für die wissenschaftliche Untersuchung, sicherzustellen; und schließlich seine Weigerung, überhaupt dienlich zu sein, sei es als Prädikat des Subjekts ›Mensch‹ oder als Bezugspunkt von Lehrsätzen darüber, wer er sei. Das so beschriebene Denken wäre damit zufrieden, was immer da ist zu versammeln.

Die Technik denken

Der Begriff des Anti-Humanismus ist oft angefeindet worden.[51] Der Punkt ist jedoch nicht, ›dafür‹ oder ›dagegen‹ zu sein, vielmehr

---

49 Ebd., S. 74.

50 Ebd., S. 89.

51 Dem Begriff des Anti-Humanismus sind am vehementesten die französischen ›Personalisten‹ entgegengetreten, d.h. die Schüler von Emmanuel Mounier, hauptsächlich Mikel Dufrenne, Paul Ricœur und die Zeitschrift *Esprit*; vgl. die Sonderausgaben von November 1963, Mai 1967 und März 1973. Vgl. auch Mikel Dufrenne, *Pour l'homme*, Paris, S. 197, und Paul Ricœurs ausführliche Besprechung von Michel Henrys Interpretation in *Esprit*, Oktober 1978, S. 124–139.

geht es darum zu untersuchen, ob ein solcher Begriff dabei helfen kann, einige der epochalen Eigenschaften der heute gegebenen Konstellation von Dingen, Handlungen und Worten aufzudecken. Eine kurze Bemerkung über die Weise, in der er unserem Denken über Technik förderlich ist, soll die Untersuchung dieses Begriffs beschließen.

Marx bietet in kritischer Paraphrase Proudhons eine bemerkenswerte Formulierung dessen, was ich epochale Prinzipien nenne: »Jedes Prinzip hat sein Jahrhundert gehabt, worin es sich enthüllte. Das Autoritätsprinzip hat z.B. das 11. Jahrhundert gehabt wie das Prinzip des Individualismus das 18. Folgerichtigerweise gehörte das Jahrhundert dem Prinzip, nicht das Prinzip dem Jahrhundert. Mit anderen Worten: Das Prinzip macht die Geschichte, nicht die Geschichte das Prinzip«.[52] Wenn wir eine Äußerung wie diese aus ihrem Kontext der Polemik gegen den Idealismus herausnehmen – das heißt, wenn wir ein solches Prinzip nicht als ein In-sich-selbst auffassen – dann können wir eine doppelte phänomenologische Wahrheit aus Marx' Formulierung gewinnen: Einerseits legt sie nahe, dass ein Prinzip, das ein temporäres Tauschnetzwerk regiert, seinen Aufstieg, seine Herrschaftsperiode, und seinen Untergang hat, und zeigt damit, dass solche Prinzipien wesentlich prekär sind.[53] Andererseits macht sie deutlich, dass eine epochale Ordnung der Dinge nur *ex post facto*, retrospektiv gedacht werden kann. Es ist kein Zufall, dass die von Marx gegebenen Beispiele der Vergangenheit entnommen sind: Eine Ordnung der Dinge wird erst denkbar, wenn ihr temporärer Code erlischt. Die Ökonomie gehorchte für eine Weile dem Gang der Ausbeutungen, und der Diskurs der Erklärungen versteht sich während dieser Zeit von selbst. Wenn Fragen diesbezüglich aufgeworfen werden, kommt das Tauschnetzwerk, das sie geöffnet hat, durcheinander, und ein neues Denken wird möglich. Mir scheint, dass ein solcher Übergang, ein solches Verschwimmen epochaler Ordnungen, sich in Marx, Nietzsche und Heidegger zeigt. Wenn es stimmt, dass das

---

52 Karl Marx, *Das Elend der Philosophie*, in *Marx-Engels-Werke*, Bd. 4, Berlin, 1977, S. 134.

53 Vgl. mein »Principles Precarious. On the Origin of the Political in Heidegger«, in Thomas Sheehan (Hrsg.), *Martin Heidegger, the Man and the Thinker*, Chicago, 1981, S. 245–256.

Denken auf Schwierigkeiten stößt, die dem Versuch, seiner Epoche zeitgenössisch zu sein, inhärent sind – denn es ist zu nah dran, ein zu unmittelbares »Echo[] dieses Lebensprozesses«[54] – , dann besteht die vorrangige Aufgabe des Versuchs, das Zeitalter der Technik zu verstehen, darin, zu der Falte zurückzukehren, die das Zeitalter inauguriert hat. Die Sprache der epochalen Ökonomien und des Anti-Humanismus erlaubt es uns dann, einen alternativen Diskurs über Technik zu formulieren: Von einem Marx'schen Standpunkt aus gesehen wäre die Alternative zu summarischen Kennzeichnungen wie ›Spätkapitalismus‹ die Phänomenologie der ursprünglichen Praxis und ihre irreduzible Vielfältigkeit; von einem Nietzsche'schen Standpunkt aus wäre die Alternative zur Verurteilung der Technik als Weltbereich des »Übermenschen« oder der »Herrenrasse« (ohnehin eine fehlgeleitete Nietzsche-Interpretation) die Phänomenologie des Willens zur Macht und seiner unendlichen Modulationen in Herrschaftsgebilden; und von einem heideggerschen Blickwinkel aus wäre die Alternative zu bequemen Phrasen über das *Gestell* die Phänomenologie der sich stets wandelnden Modalitäten der Anwesenheit. In seinem Versuch, nach vorne zu schauen, mag das ›andere Denken‹ dann einen Hinweis aus der Beschreibung der Entstehung der post-modernen Epoche erhalten und mit René Char sagen: »Dieser nie fixierte Teil, der in uns schlummert, aus dem MORGEN DAS MANNIGFALTIGE hervorbrechen wird.«[55]

---

54 Karl Marx und Friedrich Engels, *Deutsche Ideologie*, S. 26.

55 »Cette part jamais fixée, en nous sommeillante, d'où jaillira DEMAIN LE MULTIPLE.« René Char, »Transir«, in *Commune presence*, Paris, 1964, S. 255.

Zu Selbstregulierung und Überschreitung

In den Sozialwissenschaften gibt es eine verbreitete Ansicht, der zufolge Theorien, die sich auf »Systeme« konzentrieren (Funktionalismus, Strukturalismus), in unversöhnlichem Gegensatz zu solchen Theorien stehen, die den »Menschen« zum Mittelpunkt machen (Humanismus, Phänomenologie, Hermeneutik). Diese *opinio communis* ist am eindringlichsten von Claude Lévi-Strauss formuliert worden. Der Mensch, schreibt er, war stets das »unerträglich verwöhnte[] Kind, das allzu lange die philosophische Szene beherrscht und jede ernsthafte Arbeit dadurch verhindert hat, daß es eine ausschließliche Aufmerksamkeit beanspruchte«.[1]

Die Grenzziehung zwischen »System« und »Mensch« wird so ein erstes Mal als die zwischen »ernsthafter Arbeit« und »verwöhntem Kind« – zwischen hart und weich[2] – überdeterminiert. Sie wird ein weiteres Mal überdeterminiert, wenn Systeme, wie z.B. ein Ökosystem oder eine Wärmekraftmaschine mit Thermostat, als selbstreguliert und daher als wesentlich konservativ beschrieben werden, wohingegen der Humanismus Innovation dadurch antreibt, dass er die Geschichte mit Bedeutung ausstattet, den Willen der Teilnehmer gesellschaftlicher Formationen anspricht und daher progressiv ist.

Weitere begriffliche *dramatis personae* lassen sich wie folgt aufstellen: interne Dynamiken, Rationalisierung bestehender Verhältnisse, Erklärung und Sprache auf der Seite des »Systems«; Intervention, kritisches Denken, Verstehen und Rede auf der Seite des »Menschen«. Der Plot lässt sich in der folgenden Frage zusammenfassen: Unter welchen Voraussetzungen wäre eine Gesellschaftstheorie in der Lage, Rechenschaft über Selbstregulierung und Überschreitung abzulegen?

Ich werde der verlockendsten Antwort widerstehen – nämlich, dass eine solche Theorie dialektisch sein müsse. Stattdessen will

1 Claude Lévi-Strauss, *Mythologica IV. Der nackte Mensch 2*, übersetzt von Eva Moldenhauer, Frankfurt a. M., 1976, S. 808.

2 [A.d.Ü.: Im Englischen ist die Unterscheidung zwischen »hard science« und »soft science« ein geläufiges Synonym für die zwischen den Naturwissenschaften einerseits und den Geistes- und Sozialwissenschaften andererseits.]

ich zeigen, dass eine gewisse Einladung zu einer gewissen Überschreitung mit einer systemischen Analyse Hand in Hand geht, und zwar auf einem Gebiet des gegenwärtigen intellektuellen Lebens, wo man es am wenigsten erwarten würde, nämlich in Martin Heideggers Dekonstruktion (*Abbau* – zu einem Schlagwort wurde der Ausdruck erst in seiner französischen Übersetzung, fünfzig Jahre nachdem er geprägt wurde) der abendländischen Geschichte.

Der Grund dafür, dass dieses Dilemma am besten in der Auseinandersetzung mit einem der großen Philosophen angegangen werden kann, liegt unmittelbar im Thema selbst. In der Begleitung von oder in der Auseinandersetzung mit den Autoren der Tradition zu denken, hilft dabei, sich gegen die Naivitäten abzusichern, in die derjenige verfällt, der behauptet, dass die Geschichte der Philosophie eine abzuwerfende Bürde sei – dass es vielmehr darum ginge, »die Probleme« ganz neu »zu untersuchen« und jeden Tag sozusagen *ab ovo* zu beginnen. Was sich auf diese Weise als »Analyse« aus erster Hand präsentiert riskiert, wenig mehr als eine Rationalisierung der bestehenden Verhältnisse, eine begriffliche Verstärkung kultureller (oder emotionaler, oder klassenbasierter) Voraussetzungen zu leisten. Das mag die Art von Philosophie sein, die eine technische Gesellschaft verdient. Sucht man jedoch nach Weisen kritischeren Denkens, stellt sich die Philosophie als diejenige Humanwissenschaft heraus, die wie keine andere ihrer eigenen Geschichte bedarf. Das Durcharbeiten ihrer Tradition verhilft zu einem zumindest etwas größeren Differenzierungsvermögen mit Blick auf die Endlichkeit der eigenen kulturellen/ emotionalen/ unbewussten/ klassenbasierten Voreingenommenheit.

Das heißt indes nicht, dass der Mensch Martin Heidegger der allgemeinen Stoßrichtung des Folgenden zugestimmt hätte. Ich glaube, das Gegenteil ist der Fall.

Heidegger kann als Protostrukturalist gelesen werden. Durch einen »offenen Widerstand gegen den »Humanismus««[3] will er jene Ordnung phänomenaler Verbundenheit freisetzen, welche von der traditionellen Beschäftigung mit dem »Menschen« verdeckt wird.

---

3 Martin Heidegger, *Wegmarken*, Frankfurt a. M., 1967, S. 176. [*Brief über den »Humanismus«*, in *Gesamtausgabe*, Band 9, herausgegeben von Friedrich-Wilhelm von Herrmann, Frankfurt a. M., 1976, S. 346.]

Er nennt diese Ordnung die »Konstellation des Seins«.[4] Um die unterschwellige Anspielung auf Selbstregulierung, auf *nomos* als Vorschrift und Regel, hervorzuheben, werde ich von »Ökonomien« der Anwesenheit sprechen. Zuerst werde ich zeigen, inwiefern Geschichte dann einem System ähnlich erscheint, wenn sie als Sequenz solcher Ökonomien interpretiert wird. Doch ihre quasi-systemische Analyse wird – gerade in Hinsicht auf die Art der Praxis, die in der »Überwindung« dieser Geschichte vorausgesetzt wird – unerwartete Folgen haben. Das hat mit Ermächtigung und Überschreitung zu tun.

Selbstregulierung

Heidegger hegt eine merkwürdige Faszination für das »Funktionieren«, für die »Kybernetik«. Er beklagt, dass heute »[alles] funktioniert [...]. Das ist gerade das Unheimliche«.[5] Einerseits stellt er rundweg fest, dass die Kybernetik bereits den Platz der Philosophie eingenommen habe,[6] andererseits sagt er aber auch, dass sich die geschichtlichen Epochen von und durch sich selbst eingesetzt haben, dass Denken heiße, einer »schon geschehenen« Wahrheit[7] durch geschichtliche »Selbstauslegung« zu entsprechen, dass die Ökonomien sich »in einer verborgenen Regel gehalten« entfalteten.[8] Ohne derartige Selbstregulierung erschiene es tatsächlich schwierig, von Identität und Differenz in der Geschichte zu sprechen, das heißt, Veränderung zu denken. Bevor gezeigt werden

---

4 Martin Heidegger, *Die Technik und die Kehre*, Pfullingen,1962, S. 46.

5 Martin Heidegger, »Nur noch ein Gott kann uns retten«, in *Der Spiegel*, 1976, Nr. 23, S. 206. [Jetzt als »Spiegel-Gespräch mit Martin Heidegger« in *Antwort. Martin Heidegger im Gespräch*, herausgegeben von Günter Neske und Emil Kettering, Pfullingen, 1988, S. 98.]

6 Ebd., S. 212. [»Spiegel-Gespräch mit Martin Heidegger«, S. 102.]

7 Martin Heidegger, *Holzwege*, Frankfurt a. M., 1950, S. 67. [*Der Ursprung des Kunstwerks*, in *Gesamtausgabe*, Band 5, herausgegeben von Friedrich-Wilhelm von Herrmann, Frankfurt a. M., 1977, S. 68.]

8 »Die Mehrdeutigkeit der Sage [...] beruht in einem Spiel, das, je reicher es sich entfaltet, um so strenger in einer verborgenen Regel gehalten bleibt.« (*Wegmarken*, S. 251). [*Zur Seinsfrage*, in *Gesamtausgabe*, Band 9, S. 423. Der Begriff der »Selbstauslegung« findet sich hingegen in *Sein und Zeit*, Tübingen, 1967[11], so auf S. 312: »Zum Sein des Daseins gehört Selbstauslegung«.]

kann, inwiefern dieser Begriff der Geschichte als ein System philosophischer Vorstellungen von letzten Referenten für das Denken und Handeln ein Ende setzt, müssen wir untersuchen, wie das Problem ökonomischer Selbstregulierung aus der Frage erwächst, die sich als Leitfrage durch Heideggers Schriften zieht. Sie lautet: Wie lässt sich die ontologische Differenz zwischen offenbaren Dingen und ihrer Offenbarung oder ihrem »Sein« qua Zeit verstehen?

Zur Erinnerung: Heidegger bringt mehrere Antworten auf diese Frage bei: (a) zuerst: Zeit ist der Sinn des Seins, und diese Antwort erfordert, die Merkmale derjenigen Entität, die wir selbst sind, zu untersuchen; (b) dann: Zeit ist die Wahrheit des Seins, was wiederum ein Inventar der fundamentalen Züge unserer Geschichte seit den Griechen erforderlich macht; (c) zuletzt: Sein ist das Ereignis, durch welches Phänomene – Dinge, Worte und Handlungen – in einen Zusammenhang gegenseitigen Austauschs eintreten, einen Zusammenhang, den man Kultur nennen kann. Dies war die einzige Antwort, die ihm erlaubte, sein *als* Zeit zu verstehen.[9] Darüber hinaus ist die dritte Antwort (c) mit der zweiten (b) wie eine Bedingung mit einem Bedingten verknüpft. Das (synchronische) Ereignis der Offenbarung und die (diachronische) Entfaltung offenbarer geschichtlicher Ordnungen sind dann die zwei Faktoren, die durch die qua Zeit aufgefasste ontologische Differenz vereint werden. Die Differenz zwischen Offenbarung und offenbarer phänomenaler Ordnung ist das Werkzeug, mit dem sich die Geschichte aufbrechen lässt. Die Methode der Dekonstruktion bringt uns dazu, unsere Vergangenheit unter dem Gesichtspunkt einer solchen zeitlichen Differenz zu betrachten, das heißt, aus einem Blickwinkel, bei dem es nicht um die menschliche Handlungsmacht gehen kann. Der Untersuchungsgegenstand ist vielmehr die geschichtliche Selbstregulierung.

Der systemische Begriff der Geschichte. Auf welche Weise verschiebt die Dekonstruktion das Verständnis von Geschichte weg von den menschlichen Taten und Leistungen hin zu einer Selbstre-

---

9 »[D]en schwersten Gedanken der Philosophie denken, heißt, das Sein als Zeit denken«, Martin Heidegger, *Nietzsche. Erster Band*, Pfullingen, 1961, S. 28. [Jetzt in *Gesamtausgabe*, Band 6.1, herausgegeben von Brigitte Schillbach, Frankfurt a. M., 1996, S. 17.]

gulierung epochaler Ökonomien? Es handelt sich um eine Methode der Entwurzelung des Ereignisses der *phainesthai*, der Offenbarung, aus vergangenen offenbaren Phänomenkonfigurationen; um eine Methode, mit der der Phänomenologe »Anwesen« als das synchronische Ereignis [*event*] – oder Aufkommen [*advent*] – aus den kulturellen Anwesenheitsfeldern und ihren diachronischen Verschiebungen versammelt. In Heideggers Terminologie ist die Dekonstruktion eine Methode des Zurücktretens von den geschichtlichen Modalitäten der Anwesenheit hin zum Sein selbst als Anwesen. Ein solcher Schritt zurück muss, wenn er nicht ins Blaue gehen soll, an Regeln gebunden sein. Hierin ist sich Heidegger mit Kant *einig*: Um von der Erfahrung zu ihren Bedingungen zu gelangen, bedarf es eines Gefüges formaler Konstituenten, das bestimmt, was Phänomen werden kann. Er stellt sich indes *gegen* Kant, insofern die auszuweisenden Phänomene als geschichtliche, und nicht kognitive, aufgefasst werden müssen, die Struktur ihrer Bedingung also nicht länger im erkennenden Subjekt verortet werden kann. Insofern dieser Transzendentalismus die beherrschende »Logik« der abendländischen Geschichte aufdecken will, muss er sich von der Subjektivität ab- und jenen Kategorien zuwenden, die die Abfolge der Epochen verbinden.

Für Heidegger sind die Regeln oder »Züge« im Text unserer Geschichte also die systemischen Eigenschaften, die diese epochalen Dispositionen miteinander verbinden. Diese sind gleichermaßen Regeln der Bewahrung wie der Veränderung. Insofern die Anwesenheitsökonomien selbstreguliert sind, können die Rupturen in der Geschichte nie total sein. In epochalen Brüchen – etwa zu Beginn der Moderne – bestimmt ein Spiel von Differenzen ein neues Etwas, das über die Zeitalter hinweg dasselbe bleibt. Aber was dasselbe bleibt ist lediglich ein Kategoriengefüge. Dieses schließt jeglichen Überrest eines das Werden transzendierenden In-sich-selbst als Anwärter für das, was durch die Zeitalter hindurch fortbesteht, aus. Der systemische Begriff der Geschichte ist nicht nur wesentlich für die Feststellung, dass das »Denken des Seins« nicht über die Dekonstruktion hinauswachsen kann, sondern auch als Versicherung, dass »Sein« nicht als etwas noumenales, quasi-göttliches vorgestellt wird; dass es nur formal, als Gesetz ökonomischen Funktionierens, »Eins« ist.

Wo liegt der Ursprung der geschichtlichen Regelmäßigkeiten? Jede Weise des Lesens organisiert den Text, den sie verständlich machen soll. So ist auch Selbstregulierung ein Instrument der Auslegung, das derjenigen Ökonomie untersteht, die das ganze Unternehmen der Dekonstruktion leitet, nämlich die zeitgenössische Technik. Heideggers Lektüre sowohl der Vorsokratiker als auch der Metaphysiker zielt darauf ab, diesen einen *topos*, der der unsere ist, zu erhellen. Seine Lektüren beabsichtigen nicht, uns in ein goldenes griechisches Zeitalter, womöglich hinter ein vorgebliches metaphysisches Zwischenspiel, zurückzuführen. Die Phänomenologie geschichtlicher Wendungen geht daher retrospektiv vor. Sie ist eine Rekonstruktion, das Gegenstück der Dekonstruktion. Wie die Anwesenheitsmodalitäten aus der Falte, in die wir Menschen des zwanzigsten Jahrhunderts eingezwängt sind, heraus entfaltet werden, so werden die geschichtlichen Regelmäßigkeiten *ex post facto* abgeleitet.

Was trägt der systemische Begriff der Geschichte zu einer Lösung des Problems der ontologischen Differenz bei? Hier kann wiederum die Parallele zu Kant Aufschluss geben. Ebenso wie Kants transzendentale Kritik von einer Tatsache ausgeht, nämlich der der Erfahrung, und die Frage nach ihren apriorischen Bedingungen stellt, so tut dies auch Heideggers geschichtliche Kritik. Ihr Ausgangspunkt ist die heutige phänomenale Ordnung, die Technik als Zeitalter ohne Jenseits. Aus den genannten Gründen kann die Frage, die diese Kritik bezüglich des ihr Gegebenen stellt, nicht die der subjektivistischen Philosophie sein: »Was ist der Mensch?« Sondern es ist jene der Ontologie: »Was ist Sein?« Heidegger untersucht die zeitgenössische Stätte und ihre Entstehung nicht mit dem Ziel, weiterführende Informationen über den Menschen einzuholen. Wenn er fragt: »Wie sind wir dorthin gelangt?«, so tut er das nicht als Diagnostiker der Kultur. Vielmehr geht es darum, die komplexe Struktur der Seinsfrage selbst zu erhellen. Die Frage ist komplex, weil eine Anwesenheitsökonomie – etwa die Technik – kein unmittelbar Gegebenes ist. Sie ist die Anwesenheit dessen, was anwesend ist. Die radikalisierte transzendentale Phänomenologie besteht im Zurücktreten von dieser Anwesenheitsmodalität hin zum Anwesen selbst, dem Ereignis der Offenbarung eines Dings in jeglichem Zusammenhang – das Ereignis, das Heidegger »Sein« oder »Anwesen« nennt.

Selbstregulierung versus letzte Referenten. Wenn zugegeben wird, dass der Ausgangspunkt der Dekonstruktion eine Ökonomie ist, dann wird klarer, warum die ontologische Differenz die drei von mir skizzierten Begriffe vereint, und nicht bloß zwei (z.B. *ta onta*, »Seiende«, und *to einai*, »das Sein«). Der Mittelbegriff ist die Ordnung, die andere Autoren Heidegger folgend im Diskurs verortet und *episteme* oder diskursive Regelmäßigkeit genannt haben.[10]

Das Spiel der Selbstregulierung zwischen diesen drei Begriffen ist die komplexe zeitliche Bedingung von allem, was Phänomen werden kann. Es ist eine Bedingung, die eine *letzte* ist, *ohne Grund zu sein.* Vom Transzendentalismus bewahrt Heidegger also die Suche nach einem Apriori, wenn auch abgelöst nicht nur von der Subjektivität, sondern auch von jeglicher Problematik der Grundlegung. Eine solche Problematik ist unvereinbar mit dem zeitlichen Wesen des Apriori. Tatsächlich ist nichts prekärer als dieses »Offenbaren« oder *phyein* (Anwesen). Die zeitliche Durchdringung transzendentaler Bedingungen bringt die Endlichkeit - die andere Entdeckung der kritischen Philosophie - an ihr Äußerstes. Nicht bloß das menschliche Subjekt, sondern Sein selbst *als Zeit* ist endlich.

Als Beispiel geschichtlicher Selbstregulierung können Bemerkungen dienen, wie wir sie ständig machen, wie etwa »Die Sechziger sind vorbei«, »Der Augenblick ist günstig…«. »Dinge ändern sich«. In Phrasen wie diesen erkennen wir an, dass das Gesetz, *nomos*, unseres Wohnens, *oikos* - unsere Ökonomie - in unaufhörlichem Fluss ist und dass, mit den Worten des französischen Dichters René Char, der »Fluß, […] für mein Haus der Beginn« ist.[11] Was Heidegger das »Ereignis« nennt ist die zeitliche Bedingung dieses ökonomischen Flusses.

---

10 Michel Foucault, *Die Ordnung der Dinge*, übersetzt von Ulrich Köppen, Frankfurt a.M., 1974, S. 24.; *Archäologie des Wissens*, übersetzt von Ulrich Köppen, Frankfurt a.M., 1981, S. 31ff.

11 René Char, »La Sorgue«, übersetzt von Johannes Hübner und Lothar Klünner, in *Und der Schatten der Sanduhr begräbt die Nacht. Gedichte* (Berlin, 1988), S. 99. [Die zweite Strophe des Gedichts lautet in Gänze: »Rivière où l'éclair finit et où commence ma maison, Qui roule aux marches d'oubli la rocaille de ma raison.« (in René Char, *Fureur et mystère*, Paris, 1962, S. 210f.) In der Übersetzung Hübners und Klünners: »Fluß, für den Blitz das Ende, für mein Haus der Beginn, Du spülst das Geröll meiner Vernunft an die Stufen der Vergessenheit hin.«]

Um das Maß der Bescheidenheit zu sehen, welches die Entdeckung der geschichtlichen Selbstregulierung für die Reflektion bedeutet, reicht es, auf die dem Philosophen in der Vergangenheit entgegengebrachten Erwartungen zurückzublicken. Seine Verantwortung, seine wahre Aufgabe, bestand darin, letzte Referenten oder »Prinzipien« sicherzustellen. Ob er die Substanz und ihre Attribute oder das Bewusstsein und seine intentionalen Akte analysierte, stets sprach er als Experte einer tiefen Verankerung, die den Sinn im Diskurs, die Zuverlässigkeit des Geistes, die Objektivität des Wissens, den Wert des Lebens – wenn nicht die mögliche Erlösung von Übertretungen – garantierte. In diesem Sinn war er für die europäische Kultur der Funktionär *par excellence*, der ihr Stimmigkeit und Zusammenhang verlieh. Hieße es, die Gegenwart überzubewerten, wenn man in der Technik das Erlöschen dieses Mandats erkennt und vermutet, dass heute das *Spiel der Prinzipien und seine Ordnung verfällt*? In Heideggers Bekräftigung »d[es] Ende[s] der Philosophie«[12] geht es um dieses Erlöschen, da die prinzipialen Konstellationen oder »Gepräge« der Anwesenheit ihre Glaubwürdigkeit verlieren.

Die Konzeption der geschichtlichen Selbstregulierung wird also nicht nur aus der zeitgenössischen Ordnung der Dinge heraus *entdeckt*, sie ist vielmehr *um derentwillen* konstruiert: um der Hypothese willen, dass mit dem technischen Zeitalter eine bestimmte Geschichte ihr Ende erreicht hat. Heidegger nennt diese Geschichte »Metaphysik«, und er beschreibt sie als Suche nach einer Rechtfertigung verleihenden Grundlegung. Die Metaphysik ist ein System, in dem Vorstellungen eines Grundes einander über die Zeitalter hinweg ablösen. Er zählt einige auf: »Die Metaphysik ist der Geschichtsraum, worin [...] die übersinnliche Welt, die Ideen, Gott, das Sittengesetz, die Vernunftautorität, der Fortschritt, das Glück der Meisten, die Kultur, die Zivilisation ihre bauende Kraft einbüßen und nichtig werden.«[13] Mit dem technischen Zeitalter,

---

12 Martin Heidegger, *Zur Sache des Denkens*, Tübingen, 1969, S. 61 [*Das Ende der Philosophie und die Aufgabe des Denkens*, jetzt in *Gesamtausgabe*, Band 14, herausgegeben von Friedrich-Wilhelm von Herrmann, Frankfurt a. M., 2007, S. 67–90.]

13 Heidegger, *Holzwege*, S. 204. [*Nietzsches Wort Nietzsches Wort « Gott ist tot »*, in *Gesamtausgabe*, Band 5, S. 221. Schürmann lässt die Wendung »zum Geschick wird, daß« aus, ohne sie als Auslassung zu kennzeichnen.]

mit der »Kybernetik«, so behauptet er, werden diese letzten Referenten unwirksam.

Der umfassende Begriff, von dem aus systemische Selbstregulierung und praktische Überschreitung sich überhaupt erst denken lassen, ist die Hypothese, dass in der Spätmoderne alle Vorstellungen eines unerschütterlichen Grundes verkümmern. Die Technik (der Name der Zivilisation, die im zwanzigsten Jahrhundert global geworden ist) erscheint januskopfig, auf eine »Ökonomie« zurück- und auf eine andere vorausschauend. Der Hypothese der metaphysischen Schließung zufolge erlischt die prinzipiale Ökonomie in unserem Zeitalter, und das Nichtprinzipiale wird zur konkreten Möglichkeit. Um diese Möglichkeit, dieses in der heutigen Ordnung der Dinge enthaltene Potenzial zu verwirklichen, wäre es nötig, die Abwesenheit einer jeglichen bedeutungsverleihenden Mitte zu akzeptieren und aus dem Zeitalter des Janus in das des Proteus überzutreten. Tatsächlich haben wir diesen Schritt vielleicht schon vor geraumer Zeit getan.

Das Ende der Philosophie als gründende und bauende bringt daher eine Aufgabe für das Denken mit sich. Es muss seinen alten Reflex, die Suche nach unveränderlichen Maßstäben, *verlernen* und es muss *lernen*, genau das zu tun, was es schon immer getan hat: die Modalität beachten, in der Phänomene sich in einer gegebenen Ökonomie ereignen. Solches Verlernen erfordert es, dass wir die von uns über unsere Geschichte seit den Griechen hinweg hegemonisch gemachten Referenten hinterfragen. Und solches Lernen erfordert es, dass die ökonomischen Veränderungen, die dem »Ereignis«, in dem Phänomene in Verbindung miteinander treten, eine immer neue Form verleihen, als einziges Maß des Denkens beibehalten werden.

Die Hypothese der schwindenden Normen läuft auf eine Theorie der Emanzipation hinaus unter der Bedingung, dass das »Denken« weder als »harte« Gehirnaktivität noch als »weiche« Kontemplation (die Aktivität des *apex mentis*) verstanden wird. Für die radikale Phänomenologie ist der »Ausgang des Menschen aus seiner selbst verschuldeten Unmündigkeit« – Kants Beschreibung der Aufklärung[14] – nur denkbar als der Ausgang durch das Denken aus

14 Immanuel Kant, »Beantwortung der Frage: Was ist Aufklärung?« (1784), *Akademie-Ausgabe: Kants Gesammelte Schriften*, 23 Bände, Leipzig, 1902–, S. 35.

den letzten Vorstellungen, die die Metaphysik ausgemacht haben. Unsere Unmündigkeit war selbst verschuldet, weil alle maßgebenden Einbildungen im Denken ihren Ursprung nehmen. Wie Hannah Arendt es nach Heidegger ausgedrückt hat: »Wenn irgend etwas am Denken die Menschen davon abhalten kann, Schlechtes zu tun, so muß es eine Eigenschaft der Tätigkeit selbst [...] sein«[15] – eine Eigenschaft des Denkens selbst, wenn es von den Schöpfungen *befreit* ist, die fiktiv mit Letztheit ausgestattet wurden. Die Befragung höchster Referenten schließt eine Theorie der Emanzipation ein, wenn, und nur wenn »Denken« bedeutet, dem Fluss der ökonomischen Selbstregulierung zu entsprechen; wenn es (in Heideggers fragwürdiger Etymologie) »Danken« heißt. Eine solche Theorie ist der sogenannten Kritischen Theorie direkt entgegengesetzt. Deren heutige Vertreter sprechen in der Tat so, als seien sie die letzten Verfechter der *Letztbegründung*.[16] Für Heidegger ist die Emanzipation »ökonomisch«, denn das Denken – und das Leben im Allgemeinen – findet sich zu immer neuen und immer anderen Orten berufen. Eine solche Emanzipation ist ein Andenken [*responding*] und ein der topologischen Selbstregulierung Entsprechen [*corresponding*] – eine Aufgabe, die weniger grandios ist als die antike Mission des Philosophen, Gründe sicherzustellen. Nichtsdestotrotz ist es eine schwierige Aufgabe. Sie läuft den Fibern unseres kulturellen Gewebes, dem tief verwurzelten Rekurs auf eine maßgebende Erstheit –

---

15 Hannah Arendt, *Vom Leben des Geistes*, 2 Bände, München, 1979, Bd.1: Das Denken, S. 179. In der Einleitung zu diesem Text erklärt Arendt, der unmittelbare Impuls zu der Arbeit sei aus ihrer Teilnahme am Eichmann-Prozess in Jerusalem entstanden. Sie beschreibt die Abwesenheit jeglichen bestimmenden Charakterzugs im Angeklagten, außer einem: »nicht Dummheit, sondern *Gedankenlosigkeit*« (S. 14). Damit wiederholt sie Heidegger: »Die Gedankenlosigkeit ist ein unheimlicher Gast, der in der heutigen Welt überall aus- und eingeht« (*Gelassenheit*, Pfullingen, 1959, S. 13). Arendt betrachtet metaphysische Hypostasierungen – die sie »Irrtümer« nennt – als einen Denkfehler: »Wissen wir denn nicht alle, wie verhältnismäßig leicht es immer war, mindestens die Gewohnheit, wenn nicht das Vermögen des Denkens zu verlieren?« (Bd. 2: Das Wollen, S. 79). [Von »metaphysischen Irrtümer[n]« [*metaphysical fallacies*] spricht Arendt unter anderem in der Einleitung zu *Vom Leben des Geistes*, Bd. 2, S. 10.]

16 Vgl. Karl-Otto Apel, *Transformation der Philosophie, Band II. Das Apriori der Kommunikationsgemeinschaft*, Frankfurt a.M., 1973, S. 222. [Schürmanns Unterscheidung zwischen »ultimacy« und »ultimate grounding« wird in der Übersetzung in der zwischen »Letztheit« und »Letztbegründung« wiedergegeben.]

sei dies die »Ursache« oder der »Vater« – entgegen. Vielmehr geht es um eine Emanzipation von den letzten Vorstellungen, die Heidegger zufolge die Hybris vollenden und in deren Namen Menschen einander zahlloses Leid zugefügt haben und noch immer zufügen. Wenn es zutrifft, dass in den westlichen Ländern heute weniger Unterdrückung herrscht als in vergangenen Jahrhunderten (was ich nicht zu beurteilen wage), dann mag das die Hypothese bestätigen, nach der die traditionellen geistigen Werkzeuge der Unterdrückung, die epochalen Prinzipien, tatsächlich »ihre bauende Kraft einbüßen und nichtig werden«.

Indes ist das Verschwinden prinzipialer Vorstellungen nur eine Möglichkeit, ein Potenzial. Als solche bringt es den »Menschen« zurück auf die Bildfläche.

Ein praktisches Apriori. Für den frühen Heidegger war das Gebiet der Phänomene, welches die Wiedergewinnung der Frage »Was ist Sein?« erlaubte, das der alltäglichen Handlungen, wie etwa der Umgang mit Werkzeugen. Die Praxis hatte eine *heuristische* Priorität gegenüber der Theorie. Es gibt indes noch eine andere Priorität der Praxis in seinen Schriften, die schon in *Sein und Zeit* aufscheint und durch alle seine Arbeiten hindurch wirksam bleibt: Um die Seinsfrage aus dem Blickwinkel der Zeit wiederzugewinnen, bedarf es einer bestimmten Lebensweise. Um eigentliche Zeitlichkeit zu verstehen, muss man »eigentlich existieren«; um Sein als das Seinlassen von Phänomenen zu denken, muss man selbst »alle Dinge sein lassen«; um dem Spiel ohne warum des Anwesens zu folgen, muss man »leben ohne Warum«. Hier ist die Priorität der Praxis nicht länger eine heuristische. Sie ist ein praktisches Apriori, ohne welches das Denken – im starken Sinne als ein den fluktuierenden Orten der Anwesenheit Entsprechen – der Unmöglichkeit verfällt. Der Hauptströmung der metaphysischen Tradition nach folgt das Handeln dem Sein; Heidegger hingegen erscheint eine besondere Weise des Handelns als die *Bedingung* des Verstehens von Sein als Zeit. Diese Weise des Handelns nennt er »Lassen«. Das praktische Apriori, anhand dessen generalisierte Herrschaft und Beherrschung durchzuarbeiten sind, besteht in der »*Gelassenheit* (zur Technik – R.S.)«.[17] Hier bestimmt die Praxis das Denken.

17 Heidegger, *Gelassenheit*, S. 25.

Die auf *Sein und Zeit* folgenden Schriften geben zu verstehen, dass diese Praxis notwendig politischer Natur ist.

Ich habe angedeutet, dass es die Untersuchung konkreter Epochen und ihrer Regulierung ist, die die Phänomenologie des späteren Heidegger an die Erfahrung bindet. Da dies nicht die Erfahrung eines Individuums ist, stellt sich das Problem der Phänomenologie als ein im weiten Sinne politisches heraus. Eine Anwesenheitsökonomie ist die Weise, auf die sich in einem gegebenen Zeitalter die Totalität dessen, was phänomenal wird, in gegenseitigen Beziehungen anordnet. Jede Ökonomie ist daher notwendig eine öffentliche.

Aber eine Anwesenheitsökonomie ist darüber hinaus auch in einem strengeren Sinne politisch. Dies wird am offenkundigsten in der retrospektiven Lektüre der Epochen, beginnend mit der Technik als letztes »Gepräge« des abendländischen Geschicks. Das *Gestell*, wie Heidegger dieses Gepräge nennt, ist die unausweichliche Bestimmung unserer Zeit. Es wird also nicht ausreichen, die Technik lediglich als die zeitgenössische öffentliche Form der Anwesenheit zu beschreiben. Als Willenshaltung drängt sie auf *Herrschaft*. Retrospektiv kann die Entwicklung hin zur globalen Beherrschung bis zu jener epochalen Wende zurückverfolgt werden, die mit Platon und Aristoteles die Metaphysik eingesetzt hat. Sie kommt in Schwung mit dem cartesischen *cogito*, verstanden als *co-agitatio*, »zusammenfassen«. Sie triumphiert mit Nietzsches Willen zur Macht als dem Wesen des »atomaren Zeitalters« – die Philosophen sind stets diejenigen, die am gründlichsten auf die phänomenale Disposition reagieren, die sie einschließt und sie verortet. Für den Dekonstruktivisten umfasst der Begriff des Politischen daher mehr als die bloße öffentliche Beschaffenheit eines epochalen Gepräges; er umfasst aber weniger als die traditionellen Begriffe des Politischen, die das Gebiet der Stadt (im Gegensatz zu dem des Haushalts), die Zivilgesellschaft oder auch die auf dem Gesellschaftsvertrag gegründete Gemeinschaft bezeichnen. Die epochalen Gepräge der abendländischen Geschichte waren politisch, weil sie, was mit jedem ihrer Stadien deutlicher sichtbar wurde, das Netz der Dinge, der Worte und der Handlungen eines Zeitalters in eine Logik der Herrschaft hineingezwungen haben.

In diesem Zusammenspiel von Dingen, Worten und Handlungen »handelt«[18] das Denken und bereitet eine mögliche nachtechnische Ökonomie vor, die nicht primär von institutionalisierter Gewalt geprägt ist.

Überschreitung

Gelassenheit zur Technik würde bedeuten, dem in der heutigen Ordnung der Dinge enthaltenen Potenzial zu folgen, um alle Vorstellungen von Transzendenz zu stürzen. (Dass dies nicht heißt, für einfache Eindimensionalität einzutreten, sollte aus den drei oben skizzierten Begriffen der zeitlichen Differenz deutlich werden.) Als Höhepunkt der tief verankerten und sehr alten Herrschaftslogik ist die Technik der gewaltsamste prinzipiale Griff, den es je gegeben hat. Da sie aber auch die Rationalität der Kontrolle zur vollen Entfaltung bringt, birgt sie gleichzeitig die *Möglichkeit* der Kehre hin zu einem nicht-prinzipialen Anwesenheitsmodus. »Höher als die Wirklichkeit steht die *Möglichkeit*«.[19] Es ist diese mögliche Kehre, die die Gelassenheit vorbereitet. Aus der politischen Beschaffenheit der Anwesenheitsökonomien folgt, dass die Überschreitung ihrer prinzipialen Modalitäten nicht Privatsache sein kann. Das wäre absurd.

Poiein kata physin. Der Hypothese der Schließung zufolge tritt die Kehre in der Anwesenheitsmodalität des zwanzigsten Jahrhunderts auf. Verglichen mit ihr ist die Kehre in Heideggers Denken zweitrangig, ein Echo der Kehre in der zeitgenössischen Anordnung von Phänomenen. Wenn nun diese Kehre, die heute möglich geworden ist, eine Bewegung vollendet, die vor zweitausendfünfhundert Jahren begonnen hat, dann wirkt sie sich auf das Feld des Machbaren ebenso aus wie auf das des Denkens. Wenn weiterhin diese Kehre in der Emanzipation von epochalen Prinzipien besteht, dann werden wir nicht länger einige unter uns mit der besonderen Aufgabe betrauen müssen, Referenzpunkte auszumachen, die Praxis

---

18 Heidegger, *Wegmarken*, S. 106, 145, 191. [*Was ist Metaphysik*, in *Gesamtausgabe*, Band 9, S. 311; *Brief über den »Humanismus«*, in *Gesamtausgabe*, Band 9, S. 313, 361.]

19 Martin Heidegger, *Sein und Zeit*, Tübingen, 1957[8], S. 38.

legitimieren. »Philosophen« genannte Funktionäre wird es nicht mehr geben, aber vielleicht wird es »Denker« geben.

Die Philosophie wie die Vernunft im Allgemeinen steht mit den epochalen Prinzipien im Bund. Die Vernunft prägt, erlegt auf, unterrichtet. Denken seinerseits entspricht wesentlich dem Fluss des Anwesens, sich selbst bildenden und lösenden Konstellation. Denken heißt, dem Ereignis zu folgen, in dem Phänomene sich überschneiden, um eine Kultur hervorzubringen, ihrem *phyein* (im Deutschen entspricht dem das Verb *wesen*) zu folgen. Deshalb gibt es nur eine Regel für die Richtung des Denkens: *physis* als die Bewegung zu verstehen, durch die jegliches Phänomen aus der Abwesenheit in die Anwesenheit hervortritt. Welche Art Handlung würde eine von letzten Vorstellungen befreite Ökonomie vorbereiten? Es wäre eine Handlung, die genau dieser Regel folgt. Heraklit beschrieb sie als *poiein kata physin*, »dem Anwesen gemäß Handeln«.[20]

Institutionalisierte Gewalt und das Ende der prinzipialen Selbstregulierung. Das Äußerste, das die »systemische« Analyse geschichtlicher Konstellationen zu leisten imstande ist, ist die Beschreibung der Fügung in den einfachen Vorgang des *phyein* als ein in unserer Anwesenheitsökonomie enthaltenes Potenzial. Hier eine Passage aus Heidegger Essays *Der Ursprung des Kunstwerks*, die einen Imperativ zur Überschreitung der Linie der prinzipialen Ökonomie nahelegt – etwas, das weder der »Strukturalismus« noch der »Funktionalismus« jemals in Betracht ziehen könnten. Der Text beginnt mit einem Wortspiel, welches das Wort »Konzept« auf *capere*, fangen oder greifen, zurückführt (wie der *Begriff* im Deutschen von *greifen* kommt), und legt eine Entsetzung oder »Beseitigung« nahe:

> [D]er geläufige Dingbegriff [...] faßt [...] in seinem Greifen nicht das wesende Ding, sondern er überfällt es. Läßt sich vielleicht ein solcher

---

20 »Das *poiein* nimmt die *physis* zum Maß – es ist *kata physin*." (Martin Heidegger, *Heraklit*, in Gesamtausgabe, Band 55, herausgegeben von Manfred S. Frings, Frankfurt a. M., 1979, S. 367). Es braucht nicht hinzugefügt werden, dass *poiein* in diesem voraristotelischen Zusammenhang nicht dem *prattein* entgegengesetzt ist, sondern dieses beinhaltet.

> Überfall vermeiden und wie? Wohl nur so, daß wir dem Ding gleichsam ein freies Feld gewähren, damit es sein Dinghaftes unmittelbar zeige. Alles, was sich an Auffassung und Aussage über das Ding zwischen das Ding und uns stellen möchte, muß zuvor beseitigt werden.[21]

Auf den ersten Blick sagen diese Zeilen nicht viel über Praxis. Sie legen jedoch nahe, dass die begriffliche Sprache einer Jagd ähnelt, für die die Philosophen ausgeklügelte Waffen entwickelt haben. Sie legen auch nahe, dass wir niemals so einfache Sachen wie, was ein Ding ist, verstehen werden, wenn wir nicht das harte begriffliche Erfassen durchbrechen und Phänomenen das gewähren, was Heidegger hier als ein freies Feld bezeichnet. Worum genau geht es?

Es geht zuerst einmal um die Metaphysik des Vollbesitzes. Denken ist *nicht* Sache eines Subjekts, das ein Gegenstand durch eine Vorstellung oder einen Begriff voll in seinen Besitz nimmt. Gemäß ihrer Beschaffenheit und ihres Zwecks verortet uns begriffliche Sprache in einer Angriffsstellung. »Das Wort ist ein Instrument der Jagd und des Treffens, nämlich im ›Prozeß‹ und in der ›Arbeit‹ der schußsicheren Vergegenständlichung von allem. Das Maschinengewehr, der Photoapparat, das ›Wort‹, das Plakat haben alle dieselbe Grundfunktion der Sicherstellung der Gegenstände.«[22] Unsere gewöhnlichsten ererbten Worte »greifen« Dinge, aber sie »[g]reifen nicht das wesende Ding«, das Ding, wie es im ökonomischen Zusammenhang um seiner selbst und nicht um des Subjekts willen anwest.

Ein »Gegenstand« unterscheidet sich also dadurch von einem »Ding«, dass er in Reichweite des Besitzstrebens des Subjekts liegt. Indem er begriffliche oder gegenständliche Sprache anprangert, fordert Heidegger die lange Geschichte der Versuche des Menschen heraus, sich als Herr der Erde zu inszenieren. Der Rat der Bibel (»bevölkert die Erde, *unterwerft* sie euch«[23]) genauso wie der des Aristoteles (»die Vernunft [...] muß [...] unvermischt

21 Heidegger, *Holzwege*, S. 14f. [*Der Ursprung des Kunstwerks*, in *Gesamtausgabe*, Band 5, S. 10.]

22 Heidegger, *Heraklit*, S. 70f.

23 Gen. 1, 28.

sein, [...] um zu *beherrschen*, das heißt um zu erkennen«[24]) wird mit dem cartesischen *cogito* zum übergeordneten Zweck der Philosophie, und mit der globalen Reichweite des Verarbeitens und der Kontrolle zu dem des Lebens im Allgemeinen. Was bei Heidegger noch radikaler auf dem Spiel steht als die Metaphysik des Vollbesitzes, ist diese wachsende gewaltsame Unterwerfung des Menschen und der Natur unter technische Verfahren.

Die Anwesenheitsmodalität, die er als »Überfall« beschreibt, hat tiefe geschichtliche Wurzeln. Sie ist jedoch erst im heutigen Zeitalter zur völligen Vorherrschaft gelangt. Sie ist die späte und extreme Konsequenz der griechischen und jüdischen Einflüsse auf die abendländische Kultur. Ihren langen Verlauf hindurch ist das Muster von Herrschaft durch begriffliche Vergegenständlichung eine der systemischen Eigenschaften der »Metaphysik« gewesen. Die andere besteht in ihrem Bezug auf eine maßgebende letzte Autorität. Begriffliches Erfassen erlangt den Vollbesitz des von ihm Vergegenständlichten nur unter diesem *pros hen*-Bezug. Metaphysiker haben die Autorität als von einem höchsten Sein ausgehend und durch ein Naturrecht garantiert gedeutet; heute, da solche höchsten Stifter ihre Glaubwürdigkeit verloren haben, hat die *auctoritas* ihren *auctor* verloren und sich in Unterwerfung ohne Subjekt verwandelt.

Was wir heute beobachten ist also eine Vergegenständlichung durch Konzeptualisierung, die in einer generalisierten Gewalt gemündet hat, die zerstörerischer ist als Kriege: »Wir brauchen gar keine Atombombe, die Entwurzelung des Menschen ist schon da. [...] die Entwurzelung [...], die da vor sich geht, ist das Ende, wenn nicht [...] Denken und Dichten zur gewaltlosen Macht gelangen«.[25] Angesichts dieses drohenden Endes fragt Heidegger: »Läßt sich vielleicht ein solcher Überfall vermeiden und wie?«

Der institutionalisierten Gewalt, durch die er unsere Zivilisation kennzeichnet, setzt Heidegger keine Gegengewalt entgegen, oder zumindest keine Gewalt vergleichbarer Art. Er ruft nicht zum

---

24 Aristoteles, Über die Seele, III, 4; 429 a 19. [Mit Einleitung, Übersetzung (nach W. Theiler) und Kommentar herausgegeben von Horst Seidl, Hamburg, 1995, S. 167.]
25 Heidegger, »Nur noch ein Gott kann uns retten«, S. 206–209. [»Spiegel-Gespräch mit Martin Heidegger«, S. 98.]

Gegenangriff auf. Er sucht nicht die Konfrontation. Konfrontation würde lediglich die Gewalt verstärken, die im Kern dessen liegt, was er als unsere fundamentale geschichtliche Stellung bezeichnet. »Ich habe nie *gegen* die Technik gesprochen«.[26] Was er jedoch gezeigt hat ist eine spezifische Praxis, die uns zur Verfügung steht, ein Abbauen, das am Ende der langen Geschichte des begrifflichen Erfassens, das unerschütterliche Fundamente garantiert, möglich und notwendig wird. Alles, »was sich [...] zwischen das Ding und uns stellen möchte, muß zuvor beseitigt werden«.

Wenn wir uns nun daran erinnern, dass die abendländische Geschichte seit den klassischen Griechen »metaphysisch« gewesen ist, weil ihre Epochen durch verschiedene Figuren einer Erstheit selbstreguliert wurden, dann wissen wir, was es ist, das sich zwischen den einfachen Vorgang des Anwesens und uns selbst zu schieben neigt: Es handelt sich um die Vorstellung einer autoritativen Entität, deren zahlreiche durch die Zeitalter hindurch erschienenen Gestalten heute »ihre bauende Kraft einbüßen und nichtig werden«. Die Überwindung systemischer Gewalt kann daher nicht durch eine Kontraktion des Willens erreicht werden. Heidegger zufolge steht uns nur ein einziges Verhalten zur Verfügung, das Kontrolle und »Überfall« vielleicht brechen kann: Phänomenen »ein freies Feld [zu] gewähren«. Aber solches Gewähren »[gehört] *nicht* in den Bereich des Willens«.[27] Es ist das Tun, das eine Anwesenheitsökonomie vorbereitet, die der letzten, maßgebenden Vorstellungen beraubt ist. Es leitet damit die Überschreitung einer von Herrschaft geprägten epochalen Ordnung und der aus dieser Prägung resultierenden Gewalt ein.

Es stimmt, das Sterben epochaler Prinzipien dauert länger als ihre Herrschaft. In der Folge dessen, was Nietzsche den Tod Gottes nannte, suchen alle die oben aufgezählten Referenten – die übersinnliche Welt, die Ideen, Gott, das moralische Gesetz, die Autorität der Vernunft, Fortschritt, das Glück der größten Zahl – weiterhin wie Götzen unsere Welt heim. Die Feststellung ihrer Machtlosigkeit betrifft den Problembereich, der möglicherweise der drängendste ist, nämlich die Frage, wie in einer Kultur zu leben sei,

---

26 *Martin Heidegger im Gespräch*, herausgegeben von Richard Wisser, Freiburg, 1970, S. 73. [Jetzt in *Antwort. Martin Heidegger im Gespräch*, S. 25.]

27 Heidegger, *Gelassenheit*, S. 35.

deren primäre systemische Eigenschaft Herrschaft ist: nicht Herrschaft des Menschen über den Menschen (wovon es heute in der westlichen Welt vielleicht weniger gibt als in der Vergangenheit), sondern Herrschaft als diejenige Haltung, zu der jeder in allem, was er denkt oder tut, aufgerufen ist, während in Wirklichkeit alle substanziellen Referenten leer geworden sind.

Heideggers Weise, die Technik infrage zu stellen geht zielsicherer auf den Kern systemischer Gewalt als die Diskussion von Alternativen zur Standardisierung und Mechanisierung. Er fragt: Was ist das *Wesen* der Technik? Und er entdeckt: Es ist dasselbe wie das der Metaphysik, nämlich die Suche nach Letztheit durch *capere* und *concipere*, ein Erfassen und Begreifen, das Suchen nach dem letzten Halt. Nun hat diese Suche für uns aber ihren legimitierenden Grund verloren. Der Schritt, den sein *Denken* macht, um die metaphysische Herrschaft einer letzten Repräsentation zu überschreiten, erscheint weniger harmlos, wenn seine Voraussetzung gesehen wird, die darin besteht, einen die technische Herrschaft globaler Regulierung überschreitenden Schritt in der *Praxis* zu machen. Die »Beseitigung« der Überreste autoritativer Referenten ist die Erfassung und Überfall entgegengesetzte Bewegung, welche die Metaphysik seit ihren Anfängen in der Antike bis zu ihrem heute möglichen Abschluss kennzeichnen. Als derartige Gegenbewegung läuft die Überschreitung noch nicht auf das »[Gewähren] ein[es] freie[n] Feld[es]« hinaus. Sie ist das vorbereitende Tun, das mehr als nur eine Ergänzung des vorbereitenden Denkens ist, denn Denken und Tun sind für Heidegger wesentlich dasselbe.

Vom »Vorwegnehmen« und »Vorbereiten« einer nicht von einer autoritativen Erstheit geprägten Anwesenheitsökonomie zu sprechen bedeutet, eine letztendliche Schließung der Metaphysik zu formulieren. Auf der Grenzlinie, die ihr Feld umgibt, werden klassische Gegensätze wie »Theorie versus Praxis« ebenso wie moderne Gegensätze wie »Struktur versus Mensch« untergraben. Wir können nicht anders, als in ererbten Dichotomien zu denken; doch die Hypothese der Schließung wirft sie, in ihrer Verwendung, aus der Bahn. Strukturelle Selbstregulierung und humanistische Überschreitung sind keine sich gegenseitig ausschließenden Prämissen der Sozialwissenschaften, wenn die Technik das Zeitalter ist, in dem die prinzipiale Selbstregulierung bereits außer Funktion gesetzt worden ist – das Zeitalter, in dem ererbte Referenten

»ihre bauende Kraft einbüßen und nichtig werden«. Wir mögen mehr durch das Beschleunigen ihres Dahinschwindens zu gewinnen haben als dadurch, dass wir für sie theoretische, lebensverlängernde Apparate entwerfen.

Die Moderne – die letzte Epoche einer geschlossenen Geschichte?

On n'est dans le vrai qu'en obéissant aux règles d'une ›police‹ discursive.
Im Wahren ist man nur, wenn man den Regeln einer diskursiven »Polizei« gehorcht.
(OD 37/25)*

In einigen der lebhaftesten philosophischen Zirkel scheint es heute ausgemacht, dass wir im Begriff sind, in die »postmoderne Epoche« einzutreten, oder dies sogar bereits getan haben. Die klassische humanistische Tradition wird dabei als ein zum Abschluss kommendes Diskursfeld behandelt. Was die heutige Aufgabe der

---

* In den Verweisen auf die Arbeiten Michel Foucaults werden die folgenden Abkürzungen verwendet:

Für die französischen Ausgaben

- Cr Préface à la transgression, *Critique* 195/196 (1963), S. 751–769. [*Dits et Écrits, 1954–1988, tome I: 1954–1969*, herausgegeben von Daniel Defert und François Ewald unter Mitarbeit von Jacques Lagrange, Paris, 1994, S. 233–250.]
- LMC *Les mots et les choses*, Paris, 1966.
- AS *L'archéologie du savoir*, Paris, 1969.
- OD *L'ordre du discours* [*Leçon inaugurale au Collège de France prononcée le 2 décembre 1970*], Paris, 1971.
- HF *Histoire de la folie à l'âge classique*, zweite Ausgabe, Paris, 1972.
- VS *Histoire de la sexualité, I. La volonté de savoir*, Paris, 1976.

Für die deutschen Übersetzungen

- VÜ Vorrede zur Überschreitung, übersetzt von Hans-Dieter Gondek, in *Schriften in vier Bänden. Dits et Écrits. Band I: 1954–1969*, herausgegeben von Daniel Defert und François Ewald unter Mitarbeit von Jacques Lagrange, Frankfurt a. M., 2001, S. 320–342.
- DI *Die Ordnung der Dinge*, übersetzt von Ulrich Köppen, Frankfurt a. M., 1974.
- AW *Archäologie des Wissens*, übersetzt von Ulrich Köppen, Frankfurt a. M., 1981.
- OD *Die Ordnung des Diskurses*, übersetzt von Walter Seitter, Frankfurt a. M., 1991.
- WG *Wahnsinn und Gesellschaft*, übersetzt von Ulrich Köppen, Frankfurt a. M., 1969.
- WW *Sexualität und Wahrheit, Erster Band. Der Wille zum Wissen*, übersetzt von Ulrich Raulff und Walter Seitter, Frankfurt a. M., 1983.

Philosophen betrifft, sagt man, so beschränke sich diese auf das »Dekonstruieren der Metaphysik«, das heißt, auf ein – wie von außen kommendes – Beschreiben derjenigen inneren Regeln, die den philosophischen Diskurs seit den alten Griechen reguliert haben.

Der vorliegende Text beabsichtigt nicht, diese dekonstruktivistische Position infrage zu stellen. Vielmehr geht es hier darum, die Bedingungen aufzuzeigen, unter denen wir auf verantwortungsvolle Weise die Metaphysik als ein Ganzes, als ein Feld behandeln können. Eine dieser Bedingungen ist, dass uns die Dekonstruktion der Metaphysik eine historische Deduktion der Kategorien, die dieses Feld bestimmen, ermöglicht. Und ein Ergebnis einer solchen Dekonstruktion müsste sein, dass sie uns erlaubt, auf eine Weise von unserer eigenen Zukunft zu sprechen, wie es weder der Positivismus noch der Marxismus zu leisten imstande ist (ganz zu schweigen von der linguistischen Analyse).

Als Ausgangspunkt dient mir das oben zitierte Epigraph von Michel Foucault. Es handelt sich hierbei um eine radikal antiphilosophische Feststellung. Philosophische Wissensansprüche gehorchen demnach den »Regeln einer diskursiven ›Polizei‹«. Mir scheint, dass derartige Regeln sich innerhalb dessen verorten lassen, was Heidegger als die »›Destruktion‹, die kein anderes Anliegen kennt, als im Abbau geläufig und leer gewordener Vorstellungen die ursprünglichen Seinserfahrungen der Metaphysik zurückzugewinnen«, bezeichnete.[1] Auf diesem Wege sollte Foucault in einer philosophischeren Gestalt erscheinen. Gleichzeitig mag diese Dekonstruktion einige der Regeln aufdecken, die die Metaphysik überwacht [*policed*] haben.

I. Identität und Differenz in Foucaults *Archäologie des Wissens*

Im Zusammenhang der *Archäologie des Wissens* ist die Notwendigkeit des Begriffs der »Polizei« leicht aus Foucaults Definition seiner Arbeitshypothese ersichtlich: »Ich setze voraus, daß in jeder Gesell-

---

1 Martin Heidegger, *Zur Seinsfrage* (Frankfurt a. M., 1959), S. 36. [In *Gesamtausgabe*, Band 9, herausgegeben von Friedrich-Wilhelm von Herrmann, Frankfurt a. M., 1976, S. 417.

schaft die Produktion des Diskurses zugleich kontrolliert, selektiert, organisiert und kanalisiert wird – und zwar durch gewisse Prozeduren« (OD 10–11/10–11). Diese diskursiven Prozeduren »verknappen« den Diskurs, indem sie Dinge vom Gesagtwerden oder Subjekte vom Sprechen ausschließen. In jedem gegebenen Moment gibt es eine Vielzahl von Akteuren, deren Vereinigung eine »diskursive Polizei« produziert. Das, was vordem als der am hellsten leuchtende Phönix der Philosophen betrachtet wurde, die »Wahrheit«, wird nun in »ein Ausschließungssystem (ein historisches, veränderbares, institutionell zwingendes System)« (OD 16/14) eingeordnet. Die Akteure des Rasters, die Gegenstände aus dem Diskurs ausschließen, können ihm äußerlich (sie wirken dann als Tabus) oder innerlich sein. Auch die inneren Akteure klassifizieren, ordnen und kanalisieren alles, was gesagt werden kann. Die Akteure, die Subjekte vom Sprechen ausschließen, wählen Individuen nach ihrer Kompetenz und Expertise aus. Wahrheit besteht dann im Funktionieren dieses Netzwerks diskursiver Prozeduren, im Funktionieren epistemischer Felder. Es gibt viele dieser Felder, sowohl solche, die einander diachronisch folgen als auch solche, die sich synchronisch überschneiden. Innerhalb eines solchen Netzwerks zu sprechen bedeutet, »im Wahren« zu sein, être dans le *vrai*. Daher: »Im Wahren ist man nur, wenn man den Regeln einer diskursiven ›Polizei‹ gehorcht.«

1. Empirische Differenz und kategorische Identität

Eine Frage muss im Zuge der De-Sedimentierung dieser epistemischen Felder jedoch aufgeworfen werden.[2] In allen seinen Büchern besteht Foucault auf den Brüchen, den Rupturen, den Diffraktionen, den Diskontinuitäten zwischen solchen Feldern. Foucault schreibt: »Das Problem bleibt zu wissen, wie sie sich in der Geschichte verteilen. Eine Notwendigkeit, die sie verkettet, sie unvermeidlich macht, sie genau nacheinander an ihren Platz stellt und daraus die sukzessiven Lösungen ein und desselben

2 [A.d.Ü.: Jacques Derrida schreibt in der *Grammatologie* (übersetzt von Hans-Jörg Rheinberger und Hanns Zischler, Frankfurt a. M., 1974, S. 23), eine erweiterte und radikalisierte Rationalität beginne »mit der Destruierung und, wenn nicht der Zerschlagung, so doch der De-Sedimentierung, der Dekonstruktion aller Bedeutungen, deren Ursprung in der Bedeutung des Logos liegt«.]

Problems macht?« (AS 85/AW 94) Den historischen idealistischen Konstruktionen der Notwendigkeit stellt Foucault »[d]ie Endlichkeit, von der aus wir sind, denken und wissen« (LMC 387/DI 449) gegenüber, eine Endlichkeit, in der es keine andere Notwendigkeit gibt als die der positiven Ordnung des Diskurses, die alles, was zu einer gegebenen Zeit gesagt werden kann, überwacht [*polices*]. Auf die Idee einer notwendigen Einheit in der Geschichte antwortet er mit »ein[em] philosophische[n] Lachen« (LMC 354/DI 412). Er fügt hinzu: »Vielleicht ist es jedoch möglich, zwischen ihnen (diesen epistemischen Feldern – R.S.) eine Regelmäßigkeit festzustellen, und [...] das gemeinsame System ihrer Formation zu definieren« (AS 86/AW 94).[3] Das bedeutet nicht, dass epistemische Felder auf irgendwelche »Ursprünge« zurückführbar sind – und der Begriff der »Archäologie« darf nicht als »Diskurs über die *archē*«, den Ursprung, übersetzt werden. Foucault vergleicht seine Arbeit mit der eines Archäologen, weil seine eigene Dekonstruktion darin besteht, die epistemische Sedimentierung Schicht um Schicht abzutragen. Die eine Frage, die aufzuwerfen man nicht umhinkann, ist die nach dem Einen und den Vielen in dieser De-Sedimentierung; die Frage nach Identität und Differenz zwischen den epistemischen Feldern. Wir haben von den Griechen gelernt, dass das Mannigfaltige als solches undenkbar ist. Eine reine und einfache Dispersion diskursiver Positivitäten ließe sich niemals versammeln, auch nicht in einer Genealogie. Kantisch gesprochen: Vom bloß Empirischen gibt es kein Wissen. Umgekehrt würde einem die Positivität diskursiver Formationen sicherlich entgleiten, wollte man ihre Verbreitung in dem »Thema eines gleichermaßen verlorenen und wiedergefundenen, entschiedenen und immer wieder entstehenden Widerspruchs im undifferenzierten Element des Logos« (AS 204/AW 223) artikulieren. Kantisch gesprochen: Vom Noumenalen gibt es ebenfalls kein Wissen. Zwischen der Scylla der noumenalen Historie und der Charybdis des geschichtlichen Positivismus ver-

---

3 [A.d.Ü.: Schürmann verändert Foucaults Formulierung in seiner englischen Übersetzung des Satzes. Dementsprechend ist die deutsche Übersetzung hier abgeändert. Im Original heißt es: »A moins qu'il ne soit possible de trouver entre elles une régularité et qu'on ne soit à même de définir le système commun de leur formation«. Die deutsche Übersetzung von Ulrich Köppen lautet: »Es sei denn, es bleibt unmöglich, zwischen ihnen eine Regelmäßigkeit festzustellen, und man bleibt unfähig, das gemeinsame System ihrer Formation zu definieren.«]

folgt der Archäologe die Linie kategorialer »Serien«. Solche Serien kategorialer Regeln helfen, Foucaults Auffassung von *episteme* zu konkretisieren: Diese Auffassung definiert weder eine Form des Wissens noch irgendetwas über das wissende Subjekt, sondern sie definiert ein System von Kategorien, die geschichtlich, epochal, wirksam sind. Die *episteme*, sagt man uns, »ist die Gesamtheit der Beziehungen, die man in einer gegebenen Epoche innerhalb der Wissenschaften entdecken kann, wenn man sie auf der Ebene der diskursiven Regelmäßigkeiten analysiert« (AS 250/AW 273).[4]

Damit besitzen wir eine erste Antwort auf die Frage nach Identität und Differenz in der De-Sedimentierung epistemischer Felder. Die Differenzen zwischen Feldern sind positiv, aber nicht kategorial irreduzibel. Ich spreche hier von »Kategorien« weder im Sinne einer Metaphysik der sinnlichen Substanz noch im Sinne der Kritik des transzendentalen Subjekts. Vielmehr verwende ich den Begriff in dem Sinne, in dem Foucault etwa den Zufall eine solche »Kategorie in [der] Produktion des (epistemischen – R.S.) Ereignisses« (OD 61/38) nennt. Indem wir das Kategoriale als das einzige Bereich der Identität in der Geschichte festhalten, verstehen wir Foucaults folgende Erklärung:

> Die grundlegenden Begriffe, die sich jetzt aufdrängen, sind nicht mehr diejenigen des Bewußtseins und der Kontinuität (mit den dazugehörigen Problemen der Freiheit und der Kausalität), es sind auch nicht die des Zeichens und der Struktur. Es sind die Begriffe des Ereignisses und der Serie, mitsamt dem Netz der daran anknüpfenden Begriffe: Regelhaftigkeit, Zufall, Diskontinuität, Abhängigkeit, Transformation. (OD 58–59/36)

Hat man einmal verstanden, dass der Ausdruck »Kategorie« hier von seinen metaphysischen Aneignungen getrennt wird – das heißt, ist er einmal »dekonstruiert« – dann gibt es keinen Grund, einen derart ehrwürdigen Begriff nicht in Anspruch zu nehmen. Man könnte in diesem Zusammenhang auch, wie es Heidegger in

---

4 [A.d.Ü.: Die Übersetzung ist hier entsprechend dem Original angepasst. Dort ist nicht wie in der deutschen Übersetzung von »einer gegebenen Zeit«, sondern von »une époque donnée« die Rede. Schürmann übersetzt ebenfalls als »a given epoch«.]

seinem Programm des »Abbaus« tut, von »Grundzügen« oder »Leitfäden« sprechen.

Viel ist erreicht, wenn man einmal den Bereich des Kategorialen als die Stätte entdeckt hat, in der das verortet ist, was durch die Geschichte hindurch dasselbe bleibt: Nichts bleibt dasselbe, doch die Dispersion epistemischer Ereignisse lässt sich anhand formaler Züge oder Regeln beschreiben. Es gibt in Foucaults *Archäologie des Wissens* vier Klassen solcher Kategorien, die sich jeweils auf die Formation der Gegenstände, die Formation der subjektiven Positionen, die Formation der Begriffe und die Formation dessen, was er strategische Entscheidungen nennt, beziehen. Diese vier Kategorienklassen »korrespondieren mit den vier Gebieten, in denen sich die Aussagefunktion auswirkt« (AS 152/AW 169); das heißt, sie artikulieren, sie schneiden in die riesige Menge dessen, was über die Jahrhunderte hinweg gesagt wurde, um »Objekte, Äußerungen, Begriffe, [...] Optionen« (AS 95/AW 105) aufzudecken. Diese Kategorienklassen bleiben dieselben, ob man nun die Verschiebung von der »Analyse des Reichtums« zur »politischen Ökonomie« oder zur »Geburt der Klinik« verfolgt oder zeigt, dass »die Sexualität in ihrem historischen Ursprung bürgerlich ist« (VS 168/WW 125).

2. Die Geschichte der Philosophie als diskursive »Serie«

Der Diskurs ist also keine neue Version des selbstidentischen Subjekts der Geschichte; was durch die Zeitalter hindurch identisch bleibt, sind lediglich »Züge« oder Kategorien. Ist das einmal erkannt, stellt sich dennoch erneut die Frage nach dem Einen und den Vielen. In einem zweiten Schritt ist es nötig, zwischen zwei Typen der Beschreibung innerhalb des allgemeinen Programms der Archäologie zu unterscheiden, und zwar zwischen der kritischen und der genealogischen Beschreibung. Die kritische Beschreibung verfolgt die Spuren der Formen des Ausschlusses, der Verknappung des Diskurses; sie geht den Weisen nach, auf die Äußerungen durch die Zeitalter hindurch der »diskursiven ›Polizei‹« gehorcht haben. Die genealogische Beschreibung hingegen zeigt, wie diskursive Formationen sich selbst behauptet haben, wie man trotz oder sogar mittels dieser Zwangssysteme »[i]m Wahren« sein konnte. Durch kritische Beschreibung erkennt der Archäologe des Wissens »das negative Spiel einer Beschneidung und Verknappung des

Diskurses« (OD 54/34). In dieser Linie kann Foucault als Historiker einer Anzahl von Phänomenen operieren, die von den sogenannten Geistes- und Sozialwissenschaften vernachlässigt worden sind, wie Wahnsinn, Krankheit, Kriminalität und Sexualität. Durch genealogische Beschreibung verfolgt der Archäologe »das spontane Auftauchen der Diskurse, die sich unmittelbar [...] der Selektion und der Kontrolle unterworfen sehen« (OD 68/42).[5] Die genealogische Beschreibung behandelt die übermittelten Diskurspositivitäten als diskontinuierliche Praktiken, als gewaltvolles Aufzwingen einer Ordnung auf Dinge, als Serie von Zufallsereignissen. Die genealogische durch die kritische Beschreibung zu ergänzen bedeutet, noch einmal zu zeigen, dass man nur »[i]m Wahren« sein kann, indem man den Regeln einer Vielzahl von Autoritäten gehorcht; dass der Diskurs sich nur als schon umzäunter behaupten kann.

Für diese zweite Annäherung an das Spiel von Identität und Differenz möchte ich ein Gebiet von Positivitäten herausgreifen, über das Foucault tatsächlich sehr wenig gesagt hat, nämlich die Geschichte der Philosophie. Die Frage ist nun die folgende: Wenn die in dieser bestimmten Serie von Feldern und Falten getätigten Äußerungen ebenfalls »[i]m Wahren« waren, insofern sie der »diskursiven ›Polizei‹« gehorchten, wie kommen Kritik und Genealogie dann auf diesem Gebiet zur Geltung? Welche Kategorien würden es uns erlauben, diese bestimmte Geschichte archäologisch zu dekonstruieren? Wie ich zu zeigen versucht habe, stellt sich, wenn man dem Mittelweg zwischen Idealismus und Historizismus folgen will, unvermeidlich die Frage der Kategorien. Allerdings sind die vier oben genannten Kategorien – Gegenstände, subjektive Positionen, Begriffe und Strategien – zu allgemein, da sie per Definition für alle diskursiven Serien gelten. Auf eine ähnliche Weise, wie Foucault zum Beispiel die klassische Sprachtheorie als Analyse des Diskurses nach Aussage, Artikulation, Benennung und Ableitung beschreibt, müsste man fragen: Ist es möglich, Züge zu isolieren, die für diese bestimmte Diskursformation gelten, die die Geschichte der Philosophie ist?

Eine erste Antwort liegt nahe: Die Philosophie tritt in jeder Epoche in das vorherrschende Diskurssystem ein. So ist, sagt man uns,

5 [A.d.Ü.: Deutsche Übersetzung angepasst.]

»der kartesianische Schritt des Zweifels […] die große Beschwörung des Wahnsinns. Descartes schließt seine Augen und verstopft seine Ohren, um besser die wahre Helligkeit des wesentlichen Tages zu sehen; so ist er gegen die Blendung des Irren gesichert« (HF 262/WG 247). Eine solche Beschwörung des Wahnsinns ist nur ein Aspekt des heraufkommenden Zeitalters des Menschen, das – zumindest in Foucaults frühen Büchern – das Zeitalter der Vernunft, des Bewusstseins, der Dialektik ist. Die cartesische Beschwörung des Wahnsinns wäre demnach lediglich das Gegen-Teil des einsetzenden Zeitalters der Vernunft. Auf ähnliche Weise entsteht der Marxismus innerhalb einer neuen Disposition der Erkenntnis: »[E]r hat sich ohne Schwierigkeit […] in eine erkenntnistheoretische Disposition gestellt, die ihn günstig aufgenommen hat (da gerade sie es war, die ihm Platz einräumte) […]. Der Marxismus ruht im Denken des neunzehnten Jahrhunderts wie ein Fisch im Wasser« (LMC 274/DI 320). Man könnte verallgemeinern und den – schon vor Foucault nicht gerade unerhörten – Schluss ziehen, dass der philosophische Diskurs in einer gegebenen Epoche der gleichen Ordnung der Gegenstände, der Modalitäten des Ausdrucks, der Begriffe und der Strategien gehorcht wie jede andere, von einer epochalen *episteme* ermöglichte diskursive Formation. Zumindest aus der Perspektive der späteren Schriften ist dies jedoch ein ungenauer Schluss, weil diskursive Praktiken in der *Archäologie des Wissens* Serien, nicht Epochen begründen, und weil die archäologische De-Sedimentierung mehrere solcher diskursiven Serien als nebeneinander existierend und sich vermischend aufweist. Von einem »Zeitalter der Klassik« zu sprechen, heißt dann, von »einer Verflechtung von Kontinuitäten und Diskontinuitäten« zu sprechen, aber »[d]ie *Epoche* ist weder ihre (der Archäologie – R.S.) Grundeinheit, noch ihr Horizont oder ihr Gegenstand« (AS 230/AW 251). Ein synchronischer Schnitt in die *episteme* ähnelt einer archäologischen Bohrung: Sie legt eine Vielzahl diskursiver Serien offen, die von verschiedener Länge sein können. So ist zum Beispiel die ›Psychoanalyse‹ genannte diskursive Serie diachronisch kürzer als die diskursive Serie, die sich von Sokrates zu Nietzsche erstreckt, und die ich entsprechend ihren inneren Regeln entflechten will.

Wir haben gesehen, dass der Archäologe des Wissens, der eine De-Sedimentierung der Geschichte der Philosophie vornimmt, sich nicht mit dem einfachen Schluss zufriedengeben kann, dass die

Philosophie in jeder gegebenen Epoche in ein allgemeines Diskurssystem eintritt. Darüber hinaus verfehlt die Beschreibung der »*Epochenschwellen*« (Hans Blumenberg) die innere »Verflechtung« von Kontinuitäten und Diskontinuitäten innerhalb dessen, was Historiker als Perioden bezeichnen. Daraus folgt dann, dass das positive Wissen, das unter dem Titel »Philosophie« produziert wird, als eine mit anderen Serien koexistierende, sich mit ihnen vermischende, sich ihnen entgegenstellende und die meisten unter ihnen um viele Jahrhunderte überlebende Serie behandelt werden muss. Was der Archäologe nicht behaupten kann, ist zum Beispiel, dass Kant und der Marquis de Sade auf dieselbe Weise zwei Optionen innerhalb derselben epistemischen Ordnung repräsentieren wie, auf einem anderen Gebiet und ein halbes Jahrhundert später, der biologische Fixismus und der Evolutionismus zwei mögliche – wenn auch entgegengesetzte – Antworten auf das Problem des »Lebens« sind, welche beide in die »Biologie« fallen. Sade überschreitet die Philosophie genannte diskursive Serie und produziert dadurch, vielleicht zum ersten Mal, ihre Schließung.[6] Kant und Sade lediglich als zwei Figuren innerhalb derselben Epoche zu sehen, die in ihr schwimmen wie zwei Fische im selben Wasser, würde bedeuten, die zeitgenössischen Brüche zwischen Serien, sprich, die topologische Dispersion zu missachten, die der Diskurs zu jedem gegebenen Moment durchläuft.

Diese Anmerkungen erlauben es uns zumindest, die Frage nach Identität und Differenz im allgemeinen Projekt einer Archäologie des Wissens zu verorten: Als kategoriale Bestimmungen gelten Identität und Differenz nicht für Epochen und die diskursive Vielheit in ihnen. Die Entdeckung diskursiver Vielheiten unterbricht

---

6 Es ist richtig, dass Foucault in »La pensée du dehors«, *Critique* 229 (1966), S. 523–546 das »Denken des Außen«, das auch ein Denken außerhalb der Philosophie ist, auf »jene[s] mystische[] Denken, das sich seit den Schriften des Pseudo-Dionysius an den Rändern des Christentums gehalten hat« zurückverfolgt. [Deutsch als »Das Denken des Außen«, übersetzt von Michael Bischoff, in *Schriften in vier Bänden. Dits et Écrits. Band I: 1954–1969*, herausgegeben von Daniel Defert und François Ewald unter Mitarbeit von Jacques Lagrange, Frankfurt a. M., 2001, S. 670–697, hier S. 674. Französisch in *Dits et Écrits. I: 1954–1969*, Paris, 1994, S. 518–539, hier S. 521.] Wie Foucault hinzufügt, ist es indes weniger abenteuerlich, den Anfang dieses Denkens dem Marquis de Sade zuzuschreiben und sein Wiederaufleben bei Friedrich Hölderlin, Friedrich Nietzsche, Antonin Artaud, Georges Bataille, Pierre Klossowski und Maurice Blanchot zu erkennen.

gerade die Selbstidentität der Epochen, ob diese Identität nun als empirische, kategoriale oder noumenale verstanden wird. Das Eine und die Vielen können dann nicht behandelt werden, als bezeichneten sie jeweils eine Epoche und deren inneren Heteromorphismus. Vielmehr muss man innerhalb einer diskursiven Serie wie der Naturgeschichte und, nach ihr, in der Biologie nach einer kategorialen Lösung für das alte Problem der Identität und Differenz suchen. Oder: Behandelt man die Geschichte der Philosophie als eine diskursive Serie, muss man innerhalb dieser Serie nach einem kategorialen Einen und einem kategorialen Vielen suchen. Vor Foucaults ›Archäologie‹ sehe ich mich deshalb gezwungen, wie Luther vor dem Reichstag zu Worms zu erklären: »Hier stehe ich, ich kann nicht anders« – nicht anders als philosophische Fragen zu stellen, die Foucault jedoch eher beiläufig behandelt. Die nun zu stellende Frage betrifft die Einheit dieser einen diskursiven Serie, dieser einen »Bewegung, die, mit Sicherheit seit Sokrates, die abendländische Weisheit geprägt hat«, der Serie, die von der Bedeutung »des sprechenden Subjekts der Philosophie – dessen offenkundige und geschwätzige Identität von Plato bis Nietzsche niemand in Frage gestellt hatte« (Cr 761–762/ VÜ 332–333) geprägt ist.

II. Historische Deduktion der Kategorien

Foucault beschreibt die Ruptur, die ›Geschichte der abendländischen Philosophie‹ genannte diskursive Serie eröffnet, wie folgt: »Zunächst werde ich auf die Epoche der Sophistik und ihrer Debatte mit Sokrates beziehungsweise mit der Platonischen Philosophie eingehen, um zu sehen, wie sich der wirksame Diskurs, der rituelle Diskurs, der mit Mächten und Gefahren ausgestattete Diskurs, allmählich der Grenzziehung zwischen wahrem und falschem Diskurs untergeordnet hat« (OD 64/39–40). Die diskursive Serie, die mit dem Platonischen Bruch zu ihrem Ende kommt, ist die der griechischen Dichter:

> [N]och bei den griechischen Dichtern des 6. Jahrhunderts war der wahre Diskurs [...] der Diskurs, der Recht sprach und jedem sein Teil zuwies [...]. Aber schon ein Jahrhundert später lag die höchste Wahr-

> heit nicht mehr in dem, was der Diskurs *war*, oder in dem, was er *tat*, sie lag in dem, was er *sagte* [...]. Zwischen Hesiod und Platon hat sich eine Teilung durchgesetzt, welche den wahren Diskurs und den falschen Diskurs trennte (OD 16–17/14).

Die Sokratische Wende zum Bewusstsein instituiert eine bestimmte diskursive Serie, die von der Grenzziehung zwischen Wahrheit und Falschheit regiert wird. Die »große[] Platonische[] Teilung« führt einen gewissen Typ der diskursiven Praxis ein, die durch innere Regeln oder Kategorien reguliert wird, ganz so wie die Newtonsche Physik zu Beginn des 17. Jahrhunderts und die »positivistische Ideologie« des frühen 19. Jahrhundert eine vergleichbare Diskursserie einleiten (OD 64–65/40).[7] Der Serie, die von der Grenzziehung zwischen Wahrheit und Falschheit beherrscht wird, kann man vielleicht ebenso ein Ende zuschreiben – Nietzsches Entdeckung, dass es »vielerlei ›Wahrheiten‹, und folglich [...] keine Wahrheit [gibt]«.[8]

Wenn wir also berechtigt sind, die Metaphysik als ein geschlossenes System verknappten Diskurses zu behandeln, dann besteht unsere Aufgabe darin, die Kategorien dieses Systems zu entschlüsseln. Wenn weiter Dekonstruktion bedeutet, »die ursprünglichen Seinserfahrungen der Metaphysik zurückzugewinnen«, dann verfügen wir auch über den Ausgangspunkt für eine historische Deduktion derjenigen Kategorien, die die Metaphysik bestimmen. Der Ausgangspunkt lässt sich gewinnen, wenn es möglich ist, festzustellen, welche Art der Erfahrung am Anfang der Grenzziehung zwischen Wahrheit und Falschheit steht. Diese Ausgangssituation ist keine einfache. Ihre Beschreibung wird die der Platonischen Teilung vorausgehende diskursive Praxis berücksichtigen müssen, weil der vorsokratische Diskurs etwas »war« und »tat«, was das geschlossene metaphysische System in der Folge ausschloss. Die Beschreibung wird auch das Prinzip solchen Ausschlusses berück-

---

7 [A.d.Ü.: Von der »grand partage platonicien« ist in OD 19/15 die Rede. Die deutsche Übersetzung lautet hier »großen Platonischen Grenzziehung«, Schürmann betont mit »great Platonic divide« die Teilung. Die deutsche Übersetzung ist hier entsprechend Schürmanns englischer Übersetzung angepasst worden.]

8 Friedrich Nietzsche, *Der Wille zur Macht*, § 540. [*Nachgelassene Fragmente Herbst 1884–Herbst 1885*, in *Kritische Gesamtausgabe Werke*, Band VII/3, herausgegeben von Giorgio Colli und Mazzino Montinari, Berlin, 1974, Fragment 34 [230], S. 218.]

sichtigen müssen, welches erst zum Ende der fraglichen diskursiven Serie sichtbar wird. Wir müssen also mit einem gekreuzten Blick auf die ›Metaphysik‹ genannte diskursive Serie schauen: Sie wird ihre innere Regulierung nur einem Lesen offenbaren, das zugleich prospektiv, aus ihrem Anfang in ihre Erschöpfung vorlaufend, und retrospektiv, von der gegenwärtigen Konstellation zur Platonischen Teilung zurückgehend, ist. Zuletzt wird eine dritte Reihe von Regeln erforderlich sein, um den Anfang und das Schwinden dieser Serie als solche zu verstehen. Aus der Positivität metaphysischer Verknappung lassen sich so drei Kategorienklassen versammeln: prospektive Kategorien, retrospektive Kategorien, Kategorien des Übergangs. Es braucht nicht hinzugefügt werden, dass Michel Foucault selbst die philosophische Tradition – anders als die mit Sprechen, Klassifizierung und Austausch oder mit Wahnsinn, Krankheit, Kriminalität und Sexualität befassten Diskursformationen – keiner solchen »angewandten« Archäologie unterworfen hat.

1. Die prospektiven Kategorien

Foucault benennt die Kategorie, aus der das abendländische Denken – und vielleicht auch die abendländische Zivilisation – entstanden ist ohne Umschweife: Es handelt sich um den »Logos, der gleichsam den Geburtsort des abendländischen Denkens darstellt« (*Critique* 229 [1966], S. 525).[9] Man muss hinzufügen, dass »die ursprüngliche[n] Seinserfahrung[] der Metaphysik« nicht in irgendeinem *logos* sitzt; vielmehr, und auch wenn der Ausdruck »Ontologie« erst Anfang des 18. Jahrhunderts aufkommt, ist der ursprüngliche *logos* ein *logos tou ontos*, eine Selbstordnung des Seins. Ich übersetze *logos* hier als »Selbstordnung«, da es vor der Sokratischen Wende kaum »Diskurs, Doktrin, Wort« bedeutete. Tatsächlich ist er nicht menschlich, da, wie oben gesagt wurde, »bei den griechischen Dichtern des 6. Jahrhunderts [...] der wahre Diskurs [...] Recht sprach und jedem sein Teil zuwies«. Der vor-

---

9 [A.d.Ü.: Das Zitat ist dem in Anmerkung 3 zitierten Text (»La pensée du dehors«) entnommen, zu finden in *Dits et Écrits. I: 1954–1969*, S. 521, und in deutscher Übersetzung als »Das Denken des Außen«, in *Dits et Écrits. Band I: 1954–1969*, S. 673–674.]

sokratische *logos* kann nur metaphorisch »Diskurs« genannt werden; er bezeichnet die Weisen, auf die Dinge sich entsprechend ihrer Folge von Anwesenheit und Abwesenheit anordnen.[10] Wenn der relativ junge Neologismus »Ontologie« die frühe Erfahrung des Denkens am besten wiedergibt, dann muss die leitende Kategorie des *logos* als ein Sich-Zeigen verstanden werden, als die Beziehung oder das Verhältnis von Dingen, das jedem seinen Teil beimisst. Das Verbum *legein*, die wesentliche prospektive Kategorie, ist also nicht auf Phänomene der Sprache beschränkt.

Der *logos* ist eine Kategorie und ein durch die Metaphysik hindurch beständiger Zug nicht primär im Sinne einer Wissenschaft – der ersten Philosophie, nach der bei Aristoteles »gesucht wird« –, sondern in dem Sinne, dass, was auch immer Wissenschaft oder Wissen werden können soll, *sich* zuerst dem Metaphysiker *aussetzen* muss. Aus kategorialer Sicht ist solches Sich-Aussetzen die Bedingung, die alle besonderen Wissenskonfigurationen möglich macht. In der Tradition der Epik bedeutet *legein*, dass man sich einer Sache zuwendet, ihr Aufmerksamkeit schenkt und sie so vom Rest der Dinge, die keine Aufmerksamkeit verdienen, absondert. Bemerkenswert an dieser vom *logos* vollzogenen Unterscheidung – die ihn zu einem »Grundzug« der Geschichte der abendländischen Philosophie macht – ist, dass die Abgrenzung zwischen anwesenden Dingen und abwesenden Dingen weder vom Standpunkt des Menschen als diese versammelndem noch von dem der Dinge, die versammelt werden, aus betrachtet wird. Die Ordnung, die vom vorsokratischen *logos* vollbracht wird, kann weder auf irgendein »objektives« Prinzip, das die Welt organisiert, noch auf ein »subjektives« Gesetz, das den Diskurs, die Belehrung und das Denken

10 Eine späte und »humanisierte« Version des Begriffs des *logos* findet sich in Wilhelm Diltheys Prinzip des »*Das Leben legt sich selber aus*« [Englisch: »life interprets itself«], zitiert in Hans-Georg Gadamer, *Wahrheit und Methode*, Tübingen, 1990, S. 230. Die [englische] Übersetzung von »auslegen« als »interpret« verfehlt die Verwandtschaft zwischen »*legein*«, »*legere*« und »*legen*«. [Schürmanns Bemerkung bezieht sich auf die englische Übersetzung des Buchs von Hans-Georg Gadamer, *Truth and Method*, übersetzt von Joel Weinsheimer and Donald G. Marshall, New York, 1975, S. 199. Gadamers Verweis auf Dilthey lautet wörtlich »Das Leben selbst legt sich aus.«]

reguliert, reduziert werden.[11] Das *legein* bezeichnet die Bewegung, durch welche eine Ökonomie der anwesenden und abwesenden Dinge sich hervorbringt, sich selbst auslegt. Der vorsokratische Diskurs, wie er in den Fragmenten und Epen übermittelt ist, ist so reguliert, dass eine Auffassung des *logos* als nicht-diskursives Zeigen der Dinge zentral für sein Funktionieren ist. Mit der »großen Platonischen Teilung« weicht nicht die Zentralität des *logos*, sondern seine umfassende Bedeutung. Der Bedeutungsumfang und die Ausdehnung des *logos* wird zunehmend eingeschränkt. Angefangen bei Platon und Aristoteles erhält *logos* die Bedeutungen »Aussage«, »kosmische Ordnung«, »Ordnung der Beweisführung«, »Begriff« und zuletzt, zumindest in Heideggers Dekonstruktion, »Kybernetik« und »Logistik«.[12] Hier haben wir eine erste Instanziierung kategorialer Identität und Differenz: der »Zug« des *logos* besteht durch das abendländische Denken hindurch, durchläuft aber von Ruptur zu Ruptur Umwandlungen. Die entsprechende retrospektive Kategorie wird es uns erlauben, diese epochalen Rupturen weiter zu artikulieren. An diesem Punkt erscheint die Geschichte der Philosophie als eine diskursive Serie, weil der *logos* ihr zentrales Merkmal ist.

Die zweite wesentliche prospektive Kategorie ist *on* (oder das archaische *eon*). Die vormetaphysische Einheit der »Onto-Logie« ergibt sich aus diesen beiden »Leitworten«. *Eon* bezeichnet das, wovon *logos* das Sich-Zeigen ist. Das Partizip Präsens deutet – im Griechischen wie im Englischen – von selbst auf eine Differenz hin. Zu sagen, dass eine Oberfläche »scheint« [*is »shining«*] etwa bedeutet zuerst einmal zu sagen, dass sie weder matt noch dunkel ist, sondern dass sie »scheint« [*»shines«*]. Die Form »Scheinen« [*»shining«*] partizipiert somit in der Verbalform. Gleichzeitig bezeichnet sie die Oberfläche (das Meer oder ein Metall), die scheint, und in diesem Sinne partizipiert sie in der Nominalform. »Scheinen« [*»shining«*] heißt: Etwas *scheint* [*»shines«*] und *etwas*

---

11 Diese – weder objektive noch subjektive – Beschaffenheit des *logos* wurde zuerst von Karl Reinhardt in *Parmenides und die Geschichte der griechischen Philosophie* (Bonn, 1916, S. 217ff.) nachgewiesen.

12 Martin Heidegger, *Nietzsche. Zweiter Band*, Pfullingen, 1961, S. 487 [Jetzt in *Gesamtausgabe*, Band 6.2, herausgegeben von Brigitte Schillbach, Frankfurt a. M., 1997]; *Zur Sache des Denkens*, Tübingen, 1969, S. 63ff., 79. [»Protokoll zu einem Seminar über ›Zeit und Sein‹«, jetzt in *Gesamtausgabe*, Band 14, herausgegeben von Friedrich-Wilhelm von Herrmann, Frankfurt a. M., 2007, S. 72f., 89.]

scheint. Ebenso heißt »Sein«: Etwas, das *ist* und *etwas*, das ist; »sein« [»*to be*«] und »ein Sein« [»*a being*«]. Wenn Parmenides dem Partizip einen Artikel voranstellt (*t'eon*, Fragment VI), dann vollzieht er nicht nur den Übergang von der epischen zur philosophischen Sprache, sondern artikuliert auch die Duplizität, die in dieser grammatischen Form enthalten ist. Die vollständige Wendung »das Sein-sein« (*t'eon emmenai*) macht diese Differenz zwischen Verb und Nomen im Partizip lediglich explizit. Der *logos* ist dann das Verhältnis, die Ordnung der Differenz zwischen verbalem und nominalem »Sein«, er deutet auf die Weisen hin, auf die Dinge den Schauplatz der Anwesenheit betreten und sich von ihm zurückziehen. Die vormetaphysische Einheit von *on* und *legein* bezeichnet die Einsetzung einer Ordnung der Dinge, das Fortdauern ihrer epochalen Anordnung und ihren Rückzug von der Bühne des Diskurses. Aber weder ist *logos* selbst dieser Diskurs, noch macht Diskurs auf irgendeine Weise Dinge anwesend. *Logos* bezeichnet die Weise, auf die *einai* in jedem Moment der Geschichte von *ta onta* differiert. Aus diesem Blickwinkel lässt sich die Verbindung zwischen *logos* und dem, was Foucault die »[d]rei Einschnitte in der Morphologie unseres Willens zum Wissen« nennt, ausdrücklicher darstellen, als er selbst es tut. Um lediglich den letzten dieser drei Einschnitte zu nehmen, das heißt, den Anfang des neunzehnten Jahrhunderts: Was auch immer dort in den Diskurs eintritt, es macht sich selbst auf noch nie dagewesene Weise anwesend: Neu ist das *einai*, die Seinsweise der *onta*, die mit »den großen Gründungsakten der modernen Wissenschaft, der Entstehung einer Industriegesellschaft und der sie begleitenden positivistischen Ideologie« (OD 64–65/40) hervortreten. Diese neue Weise, auf die sich Dinge an einem Wendepunkt der Geschichte anwesend machen müssen, stimmt am ehesten mit der vorklassischen Bedeutung von *legein* überein. An jeder Schwelle der Geschichte artikuliert sich die Differenz zwischen anwesenden Dingen und ihrem Anwesen neu. Diese epochale Selbst-Artikulation ist das immer neue *legein* dessen, was Heidegger die »ontologische Differenz« nennt.[13]

---

13 Weil das *legein* derart an das *epechein* (d.h. an die »Epochen«, die »Kehren« oder »Wenden« der Geschichte) gebunden ist, ist »[d]ie Geschichte des Seins, [...] einzig das Sein selbst«, Heidegger, *Nietzsche. Zweiter Band*, S. 486.

T'eon (Sein) ist zusammen mit *logos* eine Kategorie der diskursiven Serie, die das »abendländische Denken« beherrscht. Auf einer ersten Evidenzebene ist es eine prospektive Kategorie, insofern Parmenides' Entdeckung der doppelten – nominalen und verbalen – Bedeutung im Partizip Präsens die späteren Versionen dieser Dualität oder Differenz ankündigt und ermöglicht: *ousia* und *on*, *ens* und *entitas*, *das Seiende* und *Seiendheit*. Auf einer zweiten – nicht historischen, sondern phänomenologischen, das heißt, vom Blickwinkel der Dekonstruktion der Diskursformationen aus betrachteten – Evidenzebene indes operiert die im *eon* enthaltene Differenz prospektiv, weil die ganze abendländische Metaphysik als eine diskursive Serie erscheint, die entsprechend der Wenden im Sich-Zeigen der anwesenden Dinge diachronisch artikuliert wird. Die archäologische De-Sedimentierung des Diskurses erscheint daher als abhängig von (und tatsächlich eine Instanziierung) der phänomenologischen Dekonstruktion epochaler Modi der Anwesenheit.[14]

2. Die retrospektiven Kategorien

Die Regelmäßigkeit eines Wissensfeldes lässt sich Foucault zufolge erst dann analysieren, wenn das Feld zum Abschluss kommt. Eine Geschichte der Krankheit oder des Wahnsinns wird erst dann möglich, wenn es einen Diskurs über sie gibt; genauso wird die Beschreibung des Feldes »Naturgeschichte« erst dann möglich, wenn es dem der »Biologie« gewichen ist. Auch die De-Sedimentierung der philosophischen Tradition operiert unter der Hypothese der Schließung. Die Stätte, von der aus Foucault spricht, ist eine »der Vollendung und des Endes«; eine Stätte, die »uns glauben läßt, daß etwas Neues zu beginnen im Begriff ist«; eine Stätte, in der »die ganze Konfiguration jetzt ins Wanken gerät« (LMC 396–397/DI 459–460, 461). Die für diesen Moment der Vollendung und des Endes der metaphysischen Serie, in dem wir – der Hypothese der Schließung zufolge – heute leben, gültigen Kategorien zu versammeln, ist keine leichte Aufgabe. Wenn wir annehmen, dass die heutige Konstellation am

---

14 So jedenfalls verstehe ich Heideggers Bemerkung, wonach »[d]as Verhältnis des Menschen zur Sprache [...] sich [...] analog dem Wandel des Verhältnisses zum Sein verwandeln« könnte. *Zur Sache des Denkens*, S. 55. [»Protokoll zu einem Seminar über ›Zeit und Sein‹«, in *Gesamtausgabe*, Band 14, S. 61.]

besten mit dem Titel »Technik« zu beschreiben ist, wird die Aufgabe darin bestehen, die grundlegenden Züge dieser besonderen Ordnung der Dinge herauszuarbeiten. Aber »Technik« ist keine diskursive Formation. Mir scheint, dass Heideggers Interpretation Nietzsches einige elementare Kategorien für die Behandlung der Technik als diskursive Formation bereitstellt. Außerdem werden in Heideggers Gebrauch – oder Missbrauch – Nietzsches die Umwandlungen, die *logos* und *eon* durchlaufen, expliziert: Sie werden zur »ewigen Wiederkunft des Gleichen« und zum »Willen zur Macht«.

Gehen wir also davon aus, dass diese retrospektiven Kategorien formal Nietzsche entnommen sind, aber wesentlich von Technik sprechen; und dass hier weder das Denken Friedrich Nietzsches noch die Rolle, die es in Foucaults Archäologie spielt, zur Debatte steht, sondern einfach eine Reihe zweckmäßiger Züge, die für »das Ende der Metaphysik« gelten. Gehen wir also, anders gesagt, davon aus, dass diese Züge als Ergebnis von Heideggers Verdrehung Nietzsches für unsere Zwecke nützlich werden. Tatsächlich trifft Heidegger zwei Arten von Aussagen über den Ort, an dem die Metaphysik zum Abschluss kommt. Einerseits hat, »[i]n diesen Tagen«, in denen wir »Panzerwagen, Flugzeuge und Nachrichtengeräte« besitzen, die »Metaphysik sich in das Unbedingte gewandelt«;[15] andererseits wird von Nietzsche gesagt, er sei der »letzte[] Denker[] der Metaphysik«.[16] Man mag die – ihrem Wesen nach topologische – Vertauschung, durch die Nietzsche in die Rolle des Sprechers der Technik gezwungen wird, kritisieren. Ich würde solcher Kritik zustimmen. Aber darum geht es hier nicht. Vielmehr möchte ich zeigen, wie der Begriff »ewige Wiederkunft« retrospektiv ein anderes Licht auf *logos*, und wie »Wille zur Macht« ein anderes auf *eon* wirft; wie die »ewige Wiederkunft« das erreicht, was der *logos* im abendländischen Denken immer zu erreichen gestrebt hat, nämlich die »beständigste Beständigung des Bestandlosen«, und wie der »Wille zur Macht« im Zeitalter der Schließung zum »Sein[] alles Seienden«, *eon*, wird.[17] Wenn sich diese retrospektive Wirksamkeit der

15 Heidegger, *Nietzsche. Zweiter Band*, S. 165.

16 Martin Heidegger, *Holzwege*, Frankfurt a. M., 1950, S. 94. [»Die Zeit des Weltbildes«, in *Gesamtausgabe*, Band 5, herausgegeben von Friedrich-Wilhelm von Herrmann, Frankfurt a. M., 1977, S. 102.]

17 Heidegger, *Nietzsche. Zweiter Band*, S. 287, 403; 264, 232.

beiden Begriffe Nietzsches, die nun für »Onto-Logie« stehen, zeigen lässt, werden wir ein zweites Paar von Bestimmungen besitzen, das für die ganze Philosophie seit der »Platonischen Teilung« gilt.

Die »ewige Wiederkunft«, als Eigenschaft der Technik aufgefasst, bezeichnet die letzte Bindung alles Anwesenden in einen Kreis. Indem er alles innerhalb seiner Reichweite einräumt, ist dieser Kreis ein vom Menschen um sich selbst gezogener. Wie Foucault zu sagen, dass der *logos* »den Geburtsort des abendländischen Denkens darstellt«, heißt zu sagen, dass im *logos* etwas ganz anderes als die bloße Selbst-Artikulation anwesender Dinge am Werk gewesen ist; dass eine Kraft, oder ein Interesse im *logos* operiert hat, die erst am Ende des abendländischen Denkens zur vollen Entfaltung kommt. Gewiss, phänomenologisch bezeichnet *legein* für jede Epoche das Sich-Zeigen der Ordnung der anwesenden Dinge. Aber der Diskurs, in dem der *logos* gewirkt hat, hat, auf die Beherrschung der Natur abzielend, alles das »gerahmt«, was in den menschlichen Horizont eingetreten ist, um dem Menschen so die Kontrolle zu sichern. Das abendländische Denken erscheint dann als eben dieses Projekt: die Ordnung des Menschen allem ihm Verfügbaren aufzuzwingen; alles, was da ist, in Bestand zu verwandeln. In diesem Licht gelesen, fixiert die ewige Wiederkunft das Werden in die geometrische Dauerhaftigkeit des Kreises. Die ewige Wiederkunft zu denken ist »das wesentliche Sichhalten im Wahren als dem Festgemachten«; »dann macht dieser Gedanke der ewigen Wiederkunft des Gleichen den ewigen Fluß fest«.[18] Das Sich-Zeigen der Dinge wird durch den Zugriff des Menschen verdeckt, dessen Wirksamkeit der ursprünglichen Funktion des *legein* zuwiderläuft. Was zählt ist, dass dieser Zugriff, wenn er durch die Konstellation der Technik hindurch gelesen wird, als mit der Platonischen Umwandlung des *logos* in »Vernunft« – das heißt, mit dem Aufkommen des abendländischen Denkens – einsetzend erscheint. Seit er sich als *zṓon lógon échon* begreift, als dasjenige lebende Seiende, das mit Vernunft und Sprache begabt ist, hat der Mensch sich selbst in den Mittelpunkt der Dinge gestellt. Vernunft, Sprache

18 Martin Heidegger, *Nietzsche. Erster Band*, Pfullingen, 1961, S. 407. [Jetzt in *Gesamtausgabe*, Band 6.1, herausgegeben von Brigitte Schillbach, Frankfurt a. M., 1996. Die Seitenangabe scheint in diesem Fall abzuweichen, das Zitat findet sich auf S. 364.]

und Beherrschung sind austauschbare Beinamen des abendländischen Menschen, des metaphysischen Tiers.[19]

Diese Bemerkungen deuten an, in welchem Sinn Technik – entsprechend der Dekonstruktion und unter der Hypothese der Schließung – das Streben nach totaler Herrschaft vollständig ans Licht bringt. Dieses Streben erscheint als zum Projekt der Metaphysik der Vernunft selbst gehörig. Die Gleichung zwischen Vernunft, Sprache und Herrschaft stellt sich als genauso alt heraus wie die Verschiebung vom nicht anthropozentrischen, vorsokratischen *legein*, zum *legein* als etwas, dessen der Mensch fähig ist. Die letzte Figur des *legein*, verstanden als menschliches Vermögen, ist die technische Reichweite, die vom Kreis der Wiederkunft symbolisiert wird. Das cartesische *cogito* zum Beispiel bezeichnet, wenn man es als Nachfahren der griechischen »Logik« betrachtet, eine Handlung des Geistes; wenn es aber als Vorgänger der Technik, des beständigten und beständigenden Kreises der Wiederkunft, betrachtet wird, dann bezeichnet es »*co-agitatio*«, ein gewaltvolles Sammeln aller Dinge. Ebenso bezeichnet der hegelsche Begriff, wenn er in seiner platonischen Abstammung betrachtet wird, einen Akt des Denkens; wird er aber als Vorgänger der Technik gesehen, bezeichnet er einen Akt des Angriffs.

Wie das menschliche Subjekt in der ersten prospektiven Kategorie, *logos*, abwesend war, sich aber im Mittelpunkt der ersten retrospektiven Kategorie, der »ewigen Wiederkunft«, niederlässt, so ist es auch im *eon*, der zweiten prospektiven Kategorie, abwesend, betritt aber wiederum die Bühne mit der zweiten retrospektiven Kategorie, dem »Willen zur Macht«. Als Zug der Technik kennzeichnet der »Wille zur Macht« die letzte Form der menschlichen Selbst-Setzung. In dieser heideggerschen Lesart bezeichnet der Wille zur Macht den Triumph der Subjektivität. Nicht nur herrscht

---

19 [A.d.Ü.: »Vernunft« übersetzt hier »rationality«. Letzteres wird an anderen Stellen im Text, wo es in Verbindung mit abendländisch auftritt, in Übereinstimmung mit der deutschen Übersetzung von Foucaults »raison occidentale« als »Denken« übersetzt. Diese Unstimmigkeit lässt sich nicht vermeiden, da, wie weiter unter im dritten Teil dieses Abschnitts deutlich wird, Schürmann einerseits Denken (»thinking«) und Vernunft (»reason«) unterscheidet (eben nur das abendländische, d.h. metaphysische Denken ist »Vernunft« im engeren Sinne), andererseits »rationality«, insofern es Foucaults »raison« übersetzt, nicht als »Rationalität« wiedergegeben werden kann.]

das Subjekt vor und befehligt alle anderen Dinge, indem es sie in Gegenstände verwandelt, sondern es, so sagt man uns, verleiht ihnen auch ihr Sein. Dieses Sein der Gegenstände als vom Subjekt auferlegt ist der Wille zur Macht, der deshalb »de[r] Grundcharakter alles Seienden«, »die Wirklichkeit des Wirklichen«, »das Sein des Seienden« genannt wird.[20]

Die im *eon* enthaltene Differenz wird jetzt zu bloßer Verdoppelung: »Wille zur Macht« ist nichts als der Wille zu mehr Willen, er ist »Wille zum Willen«. Daher verweist die Kategorie, die am anderen Extrem des *eon* in der Metaphysik genannten diskursiven Serie erscheint, nicht nur auf den Menschen allein, sondern sie lässt auch die ontologische Differenz mit einfacher Verdoppelung zusammenfallen. Der Triumph des totalitären »Humanismus« über die Selbst-Offenbarung der Anwesenheit; der Triumph der Zielgerichtetheit – auf das Selbst – über das ziellose Sich-Zeigen anwesender Dinge in einer epochalen Ordnung: der Triumph der Wiederholung des identischen Nomens über die Differenz zwischen Nomen und Verb. Dies sind die Hauptelemente des »Sinn[s] des Seins«, wie er im Moment der metaphysischen Schließung erscheint. Den dekonstruktivistischen Begriff des Willens zur Macht zu verstehen heißt, in diesem dreifachen technischen Triumph – des Subjekts, des Ziels und der Verdopplung – den Abschluss der Richtung zu sehen, die die Philosophie seit der »Geburt des abendländischen Denkens« eingeschlagen hat. Seit der Platonischen Teilung war der Mensch stets das »unerträglich verwöhnte[] Kind, das allzu lange die philosophische Szene beherrscht und jede ernsthafte Arbeit dadurch verhindert hat, daß es eine ausschließliche Aufmerksamkeit beanspruchte«.[21] Retrospektiv wird das humanistische Wesen der Metaphysik im technischen »Willen zum Willen« sichtbar. Der Triumph dieses sonderbaren Humanismus ist möglich, insofern der Wille seine eigenen Bedingungen setzt, die Werte genannt werden. Der Wille muss fortwährend seine Werte erneuern, um sich fortwährend selbst zu überwinden. Die im Kern aller Kräfte liegende

---

20 Heidegger, *Nietzsche. Erster Band*, S. 26; *Holzwege*, S. 223. [Wiederum findet sich das erste Zitat in *Gesamtausgabe*, Band 6.1, S. 18; das zweite und dritte Zitat findet sich in »Nietzsches Wort ›Gott ist tot‹«, in *Gesamtausgabe*, Band 5, S. 241.]
21 Claude Lévi-Strauss, *Mythologica IV. Der nackte Mensch 2*, übersetzt von Eva Moldenhauer, Frankfurt a. M., 1976, S. 808.

Notwendigkeit, stets über sich selbst hinauszugehen, ist nicht nur das Ergebnis eines Willens zur Macht, der sich an die Stelle des *eon* setzt, sondern das Wesen dieser Substituierung selbst. Die zwischen der griechischen Metaphysik und der heutigen Technik stehenden philosophischen Texte, wie die Descartes' und Hegels, können und müssen sowohl auf die vor ihnen liegende Geburt des Denkens als auch auf die nach ihnen kommende Schließung dieses Denkens bezogen werden. Platon selbst muss sowohl prospektiv als auch retrospektiv gelesen werden: »Aus der Metaphysik des Willens zur Macht her begriffen, müssen die Ideen als Werte [...] gedacht werden«; prospektiv jedoch sind »[d]ie Ideen Platons [...] nicht Werte«.[22] Dasselbe gilt für Aristoteles: Retrospektiv betrachtet ist das *hypokeimenon* eine Stellung, die die Selbst-Setzung des *subiectum* im Sinne des sich selbst wollenden Subjekts vorwegnimmt; in prospektiver Betrachtung hingegen bezeichnet es »ein von sich her Vorliegendes«[23] und nicht eine frühe Version des Ichs.

Aus dieser symmetrischen Entsprechung zwischen *logos* und ewiger Wiederkunft, zwischen *eon* und Willen zur Macht, offenbart sich eine Strategie, die in der abendländischen Kultur wirksam ist und die bis auf ihren Beginn zurückgeht: die Strategie des Umwandelns der Gesamtheit der Seienden in Gegenstände für das Erhaltung und Verstärkung suchende Subjekt. Derart ist die Einheit in der Metaphysik genannten diskursiven Serie, welche die retrospektiven Kategorien offenlegen. Die letzte Klasse der Kategorien muss nun die Andersheit, das Prinzip der Plurifizierung, das diesen identischen Zug in der abendländischen Geschichte zum Abschluss bringt, freilegen.

3. Die Kategorien des Übergangs

Die prospektiven Kategorien wurden aus der vorsokratischen Diskursstrategie, die retrospektiven aus dem eher auf künstliche und gewaltsame Weise zum Sprachrohr der technischen Strategie stilisierten Diskurs Nietzsches herausgearbeitet. Um die Schließung der

---

22 Heidegger, *Nietzsche. Zweiter Band*, S. 273.

23 Heidegger, *Nietzsche. Zweiter Band*, S. 141, 435; *Holzwege*, S. 98. [»Die Zeit des Weltbildes«, in *Gesamtausgabe*, Band 5, S. 106.]

›Metaphysik‹ genannten diskursiven Serie zu verstehen, muss die Möglichkeit der Beendigung dieser Serie ebenso wie des Beginns einer anderen Serie ausgewiesen werden. Die Kategorien des Übergangs sind daher notwendig doppelte, so wie jede Schwelle doppelgesichtig ist. Das Problem von Identität und Differenz im diskursiven Feld der Philosophie, dessen Ende seit anderthalb Jahrhunderten angekündigt worden ist, läuft auf das Phänomen des Bruchs oder der Ruptur selbst hinaus. Von den Abgrenzungen zwischen Feldern kann man nur in doppelter Sprache sprechen, indem man sich der Grenzlinie zuerst von innerhalb des geschlossenen Gebiets der Metaphysik, dann – wenn möglich – von außerhalb dieses Gebiets annähert. Im späten Heidegger erscheint die Technik als wesentlich janusköpfig, als sowohl zurück als auch nach vorn blickend. Die leitende formale Idee in der Herausarbeitung dieser Züge des Übergangs bleibt die der »Ontologie«, aber die Kategorie, die jetzt dem *logos* und der »ewigen Wiederkunft« entspricht wird zweifach sein müssen: »Epoche/Lichtung«. Ebenso wird die Kategorie des Übergangs, die dem *eon* und dem »Willen zur Macht« entspricht, zweifach sein müssen: »ontologische Differenz/Welt und Ding«. In beiden Fällen markiert der Schrägstrich die Linie, die das Gebiet der Metaphysik abschließt.[24] Einige wenige Hinweise müssen ausreichen, um diese Doppelstrategie der Kategorien des Übergangs darzustellen.

Wenn das Dekonstruieren der Metaphysik bedeutet, ihre Geschichte ausdrücklich als eine Sequenz von Konfigurationen der Weisen, auf die Dinge anwesen, zu verstehen, und wenn die Beschreibung solcher Konfigurationen eher phänomenologisch als metaphysisch ist, dann wird das Projekt der Dekonstruktion selbst erst am Ende der »Epochen« möglich. Der Begriff der *epoché* ist hier nicht Husserl, sondern den Stoikern entliehen, wo es so viel bedeutet wie »Zurückhaltung«, »Aufschiebung« und »Anhalten«. Die Ordnung des Anwesens »hält sich zurück«, verweigert sich durch die metaphysische diskursive Serie hinweg dem Gedanken. Dieses *epechein* ist es, was Heidegger etwas pathetisch die »Seinsvergessenheit« nennt. Die Technik ist doppelgesichtig, weil sie sowohl die Gefahr endgültiger Verdummung in ihrem orga-

---

24 Die Metapher der Linie hat Heidegger dem Schriftsteller Ernst Jünger entlehnt, vgl. Heidegger, *Zur Seinsfrage*, S. 7–8. [*Gesamtausgabe*, Band 9, S. 385–386.]

nisierten Griff wie auch die Möglichkeit einer neuen Denkweise enthält. Doch, und das ist entscheidend, »[d]ie Gefahr ist die Epoche des Seins«.[25] Die in der Technik liegende Gefahr resultiert aus der Macht ihrer Errungenschaften selbst, aus der Verwandlung von »Dingen« in »Bestand«. Die Gefahr ist, dass die Überfülle des Bestands die Ordnung der Dinge *als Ordnung* verdeckt, und dadurch die bloße Frage nach ihrem *legein*, ihrem Modus des Anwesens, sinnlos macht. Da das Projekt der Dekonstruktion nichts anderes als das Wiedergewinnen vergangener Konstellationen der Anwesenheit bedeutet, setzt das Freilegen der aufeinanderfolgenden Ökonomien aus sich selbst heraus den »Epochen« ein Ende. Die Dekonstruktion ist die Überschreitung des abendländischen Denkens.

Als solche Überschreitung schlägt die Dekonstruktion eine doppelte Ordnung der Dinge bzw. zwei Orte des Versammelns vor: eine, in der das Versammeln und Ordnen als solches versteckt bleibt und eine andere, in der solches Versammeln und Ordnen ausdrücklich beibehalten wird. Der zuerst genannte *topos* erstreckt sich von Platon bis hin zur »Gefahr« der Technologie, während der zweite als mit dem, was in der Technik »befreiend« ist, einsetzend betrachtet wird. Beide durch die Schließung voneinander getrennten diskursiven Felder sind Anordnungen anwesender Dinge; sie unterscheiden sich voneinander in ihrer Modalität der Anwesenheit: ständige Verfügbarkeit im Feld der Metaphysik, das Ereignis des Anwesens außerhalb dieses Feldes. Um diesen Charakter des Ereignisses anzudeuten, stellt Heidegger dem Begriff der *epoché* den der Lichtung gegenüber. »Von der Lichtung jedoch weiß die Philosophie nichts.«[26] Statt alte Lichtmetaphern zu wiederholen, drückt »Lichtung« hier den Prozess des Sicht-Zeigens aus. Sie spricht nicht von einer Ordnung, sondern vom Ordnen. Die Krise, in der die »Epochen« der »Lichtung« weichen, ist der Moment, in dem die Dekonstruktion möglich wird. Die erste Kategorie des

---

25 Martin Heidegger, *Die Technik und die Kehre*, Pfullingen, 1962, S. 42. Zum janusköpfigen Charakter der Technik zitiert Heidegger diesen Vers Hölderlins (S. 41):
»Wo aber Gefahr ist, wächst
Das Rettende auch.«

26 Heidegger, *Zur Sache des Denkens*, S. 73. [»Das Ende der Philosophie und die Aufgabe des Denkens«, in *Gesamtausgabe*, Band 14, S. 82.]

Übergangs zeigt daher das formale Ordnen der Dinge als den Faktor, der jenseits der Brüche und Rupturen in der Geschichte der Anwesenheit bleibt. Die Modalitäten dieses Ordnens führen Differenz in die ökonomische Identität ein.

Die zweite Kategorie des Übergangs setzt diese für das Problem der Identität und Differenz in der Geschichte gegebene Lösung durch. Innerhalb des metaphysischen Feldes sind die Epochen Einbrüche einer neuen Konstellation des *eon* in anwesende Dinge, eine neue Weise, in der »Sein« von Seienden differiert. Mit jeder Epoche drücken sich Dinge in einer neuen Ordnung aus. Wenn aber Anwesenheit außerhalb des metaphysischen Feldes das Ereignis des Selbst-Ordnens und nicht die Permanenz konkreter Ordnungen bedeutet, dann wird es, schreibt Heidegger,

> vom Ereignis her nötig [...], dem Denken die ontologische Differenz zu erlassen. Vom Ereignis her zeigt sich dagegen dieses Verhältnis nun als das Verhältnis von Welt und Ding, ein Verhältnis, das zunächst noch in gewisser Weise als das Verhältnis von Sein und Seiendem aufgefaßt werden konnte, wobei aber dann sein Eigentümliches verloren geht.[27]

Was den Übergang von der »ontologischen Differenz« zur Differenz zwischen »Welt und Ding« radikal macht, ist, dass letztere die Transzendenz abschafft. »Sein«, als von Seienden unterschieden, »ist das *transcendens* schlechthin«.[28] Aber »die Welt« wird nicht als »das Ding« transzendierend betrachtet. Sie strukturiert das Ding von innen her, nicht als sein Horizont. Eine solche Umwandlung der ontologischen Differenz erlaubt uns, das zu tun, was kein Metaphysiker tun kann, nämlich das individuelle Ding als Individuum, die äußerste Dispersion der Dinge zu denken. Wenn abendländisches Denken derart in ein Denken verwandelt wird, das für das Vielfältige und das Kontingente eintritt, dann ist seine Schließung in der Tat vollständig und seine Grenzlinie überschritten. Dinge, der Mensch und die Welt erscheinen dann auf eine Weise, die, soll sie gedacht werden, das Einnehmen einer

---

27 Heidegger, *Zur Sache des Denkens*, S. 40–41. [»Protokoll zu einem Seminar über ›Zeit und Sein‹«, in *Gesamtausgabe*, Band 14, S. 46.]

28 Martin Heidegger, *Sein und Zeit*, Halle a. d. Saale, 1941, S. 38. [Bei Heidegger ist der ganze Satz kursiv gesetzt.]

neuen Haltung erforderlich macht: Heidegger schreibt, dass das Ding dann nur zum Ding *wird*, während zuvor »sein Wesen noch nie zu erscheinen vermochte«; außerdem müssen »[d]ie vernünftigen Lebewesen [...] erst zu Sterblichen werden«; und die Welt »[weltet] jäh [...] als Welt«.[29] Diese drei plötzlichen Umwandlungen scheinen auf einen Bruch hinzudeuten zwischen der ›Metaphysik‹ genannten diskursiven Serie und »irgendein[em] Ereignis, dessen Möglichkeit wir höchstens vorausahnen können, aber dessen Form oder Verheißung wir im Augenblick noch nicht kennen« (LMC 398/DI 462).

Um die Möglichkeit einer neuen diskursiven Serie zu zeigen, die mit derjenigen Philosophie bricht, die die Moderne und das ganze abendländische Denken geprägt hat, war es notwendig, Kategorien zu erarbeiten, die die Geschichte der Philosophie als eine diskursive Formation umgürten. Das epistemische Feld, dessen »Möglichkeit wir höchstens vorausahnen« können – als Möglichkeit jenseits der Schließung der Moderne – mag dann eine Periode der Dispersion, der dem Vielfältigen widerfahrenden Gerechtigkeit sein – eine Möglichkeit, die der französische Dichter René Char wie folgt beschreibt: »Dieser nie fixierte Teil, der in uns schlummert, aus dem MORGEN DAS MANNIGFALTIGE hervorbrechen wird.«[30]

---

29 Martin Heidegger, *Vorträge und Aufsätze*, Pfullingen, 1954, S. 169, 177, 180. [»Das Ding«, jetzt in *Gesamtausgabe*, Band 7, herausgegeben von Friedrich-Wilhelm von Herrmann, Frankfurt a. M., 2000, S. 173, 180, 183.]

30 »Cette part jamais fixée, en nous sommeillante, d'où jaillira DEMAIN LE MULTIPLE.« René Char, »Transir«, in *Commune presence*, Paris, 1964, S. 255.

»Was soll ich tun?« am Ende der Metaphysik

Ethische Normen und die Hypothese einer geschichtlichen Schließung

> Der *nomos* ist nicht nur Gesetz, sondern ursprünglicher die in der Schickung des Seins geborgene Zuweisung. Nur diese vermag es, den Menschen in das Sein zu verfügen. Nur solche Fügung vermag zu tragen und zu binden. Anders bleibt alles Gesetz nur das Gemachte menschlicher Vernunft. Wesentlicher als alle Aufstellung von Regeln ist, daß der Mensch zum Aufenthalt in die Wahrheit des Seins findet.[1]

Diese Zeilen aus Heideggers *Brief über den Humanismus* zeigen an, was den ethischen Normen in seinem Gesamtentwurf des Abbaus der Metaphysik widerfährt. Sie erscheinen als bedingt durch das, was er »Schickungen« nennt. Dies ist offensichtlich ein transzendentaler Schritt: Heidegger tritt in diesen Zeilen zurück von dem Gesetz als Faktum hin zu den Bedingungen, die ein solches Faktum ermöglichen. Was ist die Bedingung a priori des Gesetzes im Allgemeinen und ethischer Normen im Besonderen? »[D]ie in der Schickung des Seins geborgene Zuweisung«. Anders ausgedrückt: die Bedingungen werden von der Modalität geliefert, entsprechend derer die Phänomene zu einem beliebigen Zeitpunkt in der Geschichte miteinander in Beziehung treten. Was nicht nur das positive, sondern mutmaßlich auch das natürliche und das göttliche Gesetz möglich macht, ist die Konstellation der phänomenalen Verbundenheit, in der wir in einem gegebenen Zeitalter »wohnen« oder in die wir »gefügt« sind. Es ist dann »wesentlicher«, der epochalen Konstellation der *aletheia* zu gehorchen, als Gesetze zu erlassen und durchzusetzen. Unsere primäre Verpflichtung gilt, so scheint es, dem

---

1 Martin Heidegger, *Wegmarken*, Frankfurt a. M., 1967, S. 191. [Martin Heidegger, *Brief über den »Humanismus«*, in *Wegmarken*, *Gesamtausgabe* [im Folgenden abgekürzt als *GA*], Band 9, herausgegeben von Friedrich-Wilhelm von Herrmann, Frankfurt a. M., 1976, S. 361.

nomos als aletheiologischem; und unsere sekundäre Verpflichtung dem *nomos* als »vernünftigem«. Die Beschreibung des Gesetzes als »das Gemachte menschlicher Vernunft« klingt wie eine kaum verhohlene Anspielung auf Kant und das Gesetz, dass die Vernunft sich selbst gibt. Verstehen wir richtig, dass das moralische *Sollen*,[2] durch das sich die reine praktische Vernunft selbst bindet, genauso sekundär ist wie das positive Gesetz? Sicher ist, dass die zitierten Zeilen Kant auf bemerkenswerte Weise gegen sich selbst wenden. Die Unterscheidung zwischen *nomos* als bindender epochaler Ordnung und *nomos* als Akt der Vernunft verortet Kants Suche nach Universalität und Notwendigkeit geschichtlich in der Moral. Mit Kant hatten wir die Zuversicht erlangt, dass das Rechte und das Falsche von jedem vernünftigen Wesen entdeckt werden kann; aber nun hören wir, dass solches Vertrauen in die Vernunft nur eine Weise angibt, auf die man sich selbst in die Geschichte des Seins »gefügt« findet, nur eine Weise, auf die »in der Schickung des Seins geborgene Zuweisung« zu antworten.

Wenn das eine annehmbare Darstellung von Heideggers Strategie in dem zitierten Epigraph ist, dann versteht man, dass die Frage »Wann schreiben Sie eine Ethik?«, die ihm nach 1927 gestellt wurde,[3] auf einem Missverständnis über den radikalen Charakter seines Unternehmens beruhte. Dieses ist in der Tat radikal, da es darin besteht, eine bestimmte vernünftige Verwurzelung der Moralität zu entwurzeln. Und bevor wir vorschnell die Niederlage der Vernunft und die Rückkehr des Irrationalen beklagen wäre es klug, herauszuarbeiten, wie eine solche Subversion sich selbst legitimieren kann.

Eine erste Legitimierung für die geschichtliche Verortung von Normen und normativer Ethik lässt sich im Inhalt der »Kehre« Heideggers um 1930 selbst finden. Was er in dieser Zeit entdeckte, war, dass das In-der-Welt-Sein eine Geschichte hat; dass die existenzialen Strukturen, wie sie in *Sein und Zeit* ausbuchstabiert sind, nicht so zeitlos sind, wie sie es dort zu sein schienen. Die »Seins-

---

2 [A.d.Ü.: Während »das moralische *Sollen*« hier »the moral ought« übersetzt, lautet die titelgebende Frage dieses Essays »What must I do?«. Mit der Differenz von *ought* und *must* markiert Schürmann den Unterscheid zwischen einem metaphysischen (moralischen) und einem anderen, anarchischen Sollen, dessen Bedingungen er im Folgenden herausarbeitet.]

3 Siehe unten, Anmerkung 43. [Die Jahreszahl bezieht sich auf die Erstveröffentlichung von Heideggers *Sein und Zeit*.]

geschichte« betrifft alle Bereiche des Lebens – diejenigen, die traditionell theoretisch ebenso wie diejenigen, die traditionell praktisch genannt wurden. Die Herrschaft der Normen hat eine Geschichte, und dasselbe gilt für die Suche nach universalen und notwendigen Handlungsprinzipien.

Eine zweite, entscheidendere Rechtfertigung liegt in dem Gegenstand, der den Ausgangspunkt der Phänomenologie des späteren Heideggers darstellt: nicht mehr unsere täglichen Aktivitäten in einer aus zuhandenen Dingen bestehenden Welt, sondern Technik. Und zwar Technik als eine Ära der westlichen Geschichte.[4] Wie für Kant das *Faktum* der Erfahrung und die *Frage* nach Bedingungen a priori den Ausgangspunkt bilden, so bilden für den späteren Heidegger das *Faktum* der Technik und die *Frage* nach dem »Sein« den Ausgangspunkt. Diese beiden Fokuspunkte erlauben ihm, von der Technik als dem Ende der Metaphysik zu sprechen. Und wenn sich herausstellen sollte, dass dieses Ende als das allmähliche Verschwinden von Normen (in einem noch zu spezifizierenden Sinn) beschrieben werden kann, dann zwingen uns die beiden Fokuspunkte zu fragen: Was geschieht mit der Frage »Was soll ich tun?« am Ende der Metaphysik? Und darüber hinaus: Was soll ich am Ende der Metaphysik tun?

Epochale Prinzipien und die Hypothese der Schließung

Die beeindruckende Aufgabe der Philosophen bestand stets darin, ein organisierendes erstes Prinzip sicherzustellen, auf das sich Theoretiker der Ethik, der Politik, des Rechts usw. beziehen konnten, um ihre je eigenen Diskurse vernünftig zu verankern. Diese Punkte der letzten Verankerung verschaffen den *principia*, den in der Ordnung der Intelligibilität als selbstverständlich betrachteten Aussagen, ihre Legitimität. Sie verschaffen auch dem *princeps*, dem Herrscher oder der Institution, die die letzte Macht in der Ordnung der Autorität innehat, Legitimität. Sie bereiten die Wege, denen der Verlauf der Ausbeutungen und der Diskurs der Explika-

4 [A.d.Ü.: Zur Technik, siehe auch den Text »Technizität, Topologie, Tragödie« in diesem Band, S. 163–192 sowie dort die Anmerkung zur Übersetzung auf S. 164, Anm. 4.]

tionen folgen,[5] und sie werden in einer gegebenen Epoche fraglos eingehalten. Sobald sie infrage gestellt werden kommt das Netzwerk des Austauschs, das sie geöffnet haben, durcheinander, und die von ihnen begründete Ordnung verfällt. Ein Prinzip wie die sinnliche Substanz des Aristoteles, der christliche Gott der Philosophen des Mittelalters, das *cogito* der Modernen hat seinen Aufstieg, seine Herrschaftsperiode und seinen Zerfall. Wir können den Aufstieg, die Herrschaft und den Verfall eines so durch eine Erstheit instituierten Modus der Anwesenheit nachvollziehen – das heißt, wir können die *archē*, den Ursprung als die eine Ära begründende Handlung nachvollziehen. Auch die theoretischen und praktischen Begründungen, auf die diese Ära sich stützte, ihren Ursprung im Sinne sowohl des *principium* als auch des *princeps*, können wir freilegen. Aber die Frage ist, ob wir von einem Ursprung sprechen können, aus dem heraus diese Linie der als autoritativ, maßgebend geltenden Vorstellungen hervorgegangen ist. Können wir von einem Anfang und einem Ende der diversen Gestalten, welche die beeindruckende Aufgabe der Konstruktion einer »ersten Philosophie« oder »allgemeinen Metaphysik« angenommen hat, sprechen? Ist die in den Geistes- und Sozialwissenschaften wahrgenommene Auflösung ein Indikator dafür, dass diese Prinzipien einen Stammbaum, eine Genealogie und eine Nekrologie haben? Ich behaupte, dass wir mehr dadurch erreichen können, das allmähliche Verschwinden dessen, was ich epochale Prinzipien nenne, zu beschleunigen, als durch den Versuch, sie wiederzubeleben.

Der erste, der eine Genealogie solcher Figuren nachgezeichnet hat, die in einem bestimmten Zeitalter als die höchsten geschätzt werden, war Nietzsche. Auf nur einer Seite legte er dar, was für die heutigen Dekonstruktivisten und Archäologen des Wissens zum Modell geworden ist. Auf dieser einen Seite, die den Titel trägt: »Wie die ›wahre Welt‹ endlich zur Fabel wurde«,[6] zählt Nietzsche sechs Stadien metaphysischer Erstheiten auf. In jedem Stadium diente die

---

5 [A.d.Ü.: Im Original »course of exploitations and discourse of explications« – kaum übersetzbare Parallelisierung zwischen ausbeuterischen Praktiken und erklärendem (legitimierendem) Diskurs.]

6 Friedrich Nietzsche, *Götzen-Dämmerung*, in *Kritische Gesamtausgabe Werke* (im Folgenden abgekürzt als *KGW*), Band VI/3, herausgegeben von Giorgio Colli und Mazzino Montinari, Berlin, 1969ff., S. 74f.

Erstheit der Regulierung und Sanktionierung aller wiss- und machbaren Dinge, und durch die Stadien hindurch erschöpft es sich nach und nach in dieser Funktion. Diese Stadien sind: der »tugendhafte« Mensch Platons, die christliche Erlösung, die kantische Pflicht, der Positivismus, der »freie Geist« des Skeptizismus, und zuletzt Nietzsches eigener, freudiger Nihilismus, in dem die »wahre Welt« zur Fabel geworden ist. Was Nietzsche verschwinden sieht ist nicht einfach irgendeine Vorstellung eines Ideals, sondern die Sequenz letzter Maßstäbe des Denkens und des Handelns selbst. Seine »fröhliche Wissenschaft« besteht darin, den »Höhepunkt der Menschheit« zu begrüßen, wenn die alte Suche nach unerschütterlichem und unzweifelhaftem Grund an ihr Ende gekommen und wenn die »Unschuld des Werdens wieder hergestellt« ist.[7]

Diese Genealogie der Metaphysik in Nietzsche erlaubt es uns, den Begriff der epochalen Prinzipien etwas genauer zu bestimmen. Sie beruhen gänzlich auf der Vorstellung einer Beziehung, die Aristoteles als *pros hen* (Beziehung zu dem Einen) bezeichnete. Sie sind Entitäten, auf die sich Wissen und Tun – Theorie und Praxis – wie auf einen Maßstab beziehen. Hinzuzufügen wäre hier, dass bei Aristoteles die *pros hen*-Beziehung eigentlich nur im Zusammenhang der Herstellung gilt, in dem alle Fertigungsschritte auf den zu produzierenden Gegenstand ausgerichtet sind und in dem die in Holz oder Marmor zu verwirklichende »Idee« als Arbeitsmaß dient. Von der *Physik* zur *Metaphysik* vollzieht sich eine *metabasis eis allo genos*, eine unzulässige Übertragung, durch die die *pros hen*-Beziehung zum Herzstück jeder ersten Philosophie wird – und diese erste Philosophie, zur Doktrin eines letzten Grundes.

Nietzsches Genealogie erlaubt es uns auch, einen weiteren technischen Ausdruck einzuführen, der uns dabei behilflich sein kann, den Ort zu bezeichnen, auf den unser Unwissen über die Moral in den Sozialwissenschaften verweist. Dieser Begriff ist die »Hypothese der Schließung«. Nietzsches Genealogie der »idealen Welt« arbeitet mit der Hypothese, der zufolge die Jahrhunderte, in denen Theorie und Praxis an einem idealen Maßstab gemessen werden

7 [A.d.Ü.: Für das letzte Zitat fehlt die Quellenangabe. Es findet sich ebenfalls in Nietzsche, *Götzen-Dämmerung*, *KGW*, Bd. VI/3, S. 90.]

konnten, zum Ende gekommen sind.[8] Daher der Untertitel, mit dem er diese eine Seite versieht: »Geschichte eines Irrthums«.

Epochale Prinzipien und die Hypothese der Schließung konstituieren die zwei Koordinaten von Heideggers »Abbau der Metaphysik«. Bekanntlich kündigte er am Ende der Einleitung zu *Sein und Zeit* eine »phänomenologische[] Destruktion der Geschichte der Ontologie« an.[9] Später sprach er vom »Abbau geläufig und leer gewordener Vorstellungen [um] die ursprünglichen Seinserfahrungen der Metaphysik zurückzugewinnen«.[10] Was seinen Gesamtentwurf betrifft, leugnet er nicht seine Verpflichtung gegenüber »Nietzsche, in dessen Licht und Schatten jeder Heutige mit seinem »für ihn« oder »wider ihn« denkt und dichtet«.[11] Diese Verpflichtung wird deutlich, wenn Heidegger die epochalen Prinzipien aufzählt, die seiner Ansicht nach konkret über die westliche Geschichte geherrscht haben: »die Ideen, Gott, das Sittengesetz, die Vernunftautorität, der Fortschritt, das Glück der Meisten, die Kultur, die Zivilisation«. Aber seine Verpflichtung ist auch dort offenkundig, wo er diese Reihung unter die Hypothese der Schließung stellt. Metaphysik ist der Geschichtsraum, schreibt er, in dem es unser Geschick wird, dass diese Figuren »ihre bauende Kraft einbüßen und nichtig werden«.[12] Dementsprechend ist der Abbau

---

8 [A.d.Ü.: Nietzsche gebraucht den Begriff der »idealen Welt« in *Ecce Homo* analog zu dem der »wahren Welt«. Vgl. *KGW*, Bd. VI/3, S. 256.]

9 Martin Heidegger, *Sein und Zeit*, Tübingen, 1967[11], S. 39.

10 Martin Heidegger, *Zur Seinsfrage*, Frankfurt a. M., 1959, S. 36. [Vgl. *Zur Seinsfrage*, in *Wegmarken*, *GA*, Bd. 9, S. 417.] Heidegger sprach bereits in der Vorlesung »Die Grundprobleme der Phänomenologie« aus dem Jahr 1927 von »Abbau« (*GA*, Band 24, herausgegeben von Friedrich-Wilhelm von Herrmann, Frankfurt a. M., 1975, S. 31).

11 Heidegger, *Zur Seinsfrage*, S. 43 [*Wegmarken*, *GA*, Bd. 9, S. 424.]

12 Heidegger, *Holzwege*, Frankfurt a. M., 1950, S. 204. [Martin Heidegger, *Nietzsches Wort »Gott ist tot«*, in *Holzwege 1935–1946*, *GA*, Band 5, herausgegeben von Friedrich-Wilhelm von Herrmann, Frankfurt a. M., 1977, S. 221.] Vgl. die ähnliche Liste in seinem *Nietzsche*, Pfullingen, 1961, Band 2, S. 273. [*Nietzsche. Zweiter Band*, *GA*, Band 6.2, herausgegeben von Brigitte Schillbach, Frankfurt a. M., 1997, S. 273.] Heideggers technischer Ausdruck für diese Konfigurationen ist »Prägung«. »Es gibt Sein nur je und je in dieser und jener geschicklichen Prägung: *Physis*, *Logos*, *Hen*, *Idea*, *Energeia*, Substanzialität, Objektivität, Subjektivität, Wille, Wille zur Macht, Wille zum Willen«, in *Identität und Differenz*, Pfullingen, 1957, S. 64. [Martin Heidegger, *Die onto-theo-logische Verfassung der Metaphysik*, in *Identität und Differenz*, *GA*, Band 11, herausgegeben von Friedrich-Wilhelm

die Methode, durch welche die Sequenz der epochalen Prinzipien unter der Voraussetzung der Hypothese der Schließung freigelegt wird. Was diese Hypothese betrifft, ist Heidegger sehr vorsichtig. Sein Denken zieht es vor, sich »über« die Linie, die das geschlossene Feld der Metaphysik umkreist, zu bewegen (»über die Linie« im Sinne von »*de linea*«, nicht in dem von »*trans lineam*«, über die Linie hinweg).[13] An anderer Stelle sagt er jedoch deutlich, dass die Frage »Was ist Metaphysik?« zu stellen bereits bedeute, »die Metaphysik in gewisser Weise [zu] verlassen«.[14] Was zählt, ist, dass die Methode des Abbaus eine topologische ist: Sie weist uns unseren Ort zu, und zwar an der Grenzlinie, an der die »spezielle Metaphysik« aus der »allgemeinen Metaphysik«, der Körper der Geistes- und Sozialwissenschaften aus der »ersten Philosophie« oder, noch allgemeiner, der kulturelle aus dem philosophischen Diskurs entwurzelt wird.

Dabei ist zu beachten, dass der Abbau ein phänomenologischer bleibt. Die Prinzipien werden nicht spekulativ konstruiert, sondern als epochale Formen des Apriori beschrieben. Diese Phänomenologie ist also eine transzendentale nicht in dem Sinne, dass Phänomene auf ihre subjektiven Bedingungen hin untersucht werden, sondern insofern die Prinzipien die synchronisch universalen und notwendigen Bedingungen liefern, denen entsprechend alles, was erscheint, sich zeigen kann. Diese phänomenologische Methode kann transzendental und trotzdem gleichzeitig antihumanistisch sein, und zwar aus dem einfachen Grund, dass ihr Ausgangspunkt in einer Bewegung besteht, die sich vom Menschen als konstitutiv für Anwesenheit entfernt. Ihr Ausgangspunkt ist, wie ich gesagt habe, die Entdeckung, dass das In-der-Welt-sein (oder die »Lebenswelt«) eine Geschichte hat. Der Ausgangspunkt dieses

---

von Herrmann, Frankfurt a. M., 2006, S. 72f.] Zentral ist, dass mit dem »Ende der Metaphysik« diese epochalen »Prägungen« gänzlich verschwinden: »das Ereignis [ist] nicht eine neue seinsgeschichtliche Prägung des Seins«, in *Zur Sache des Denkens*, Tübingen, S. 44. [Vgl. »Protokoll zu einem Seminar über ›Zeit und Sein‹«, in *Zur Sache des Denkens*, *GA*, Band 14, herausgegeben von Friedrich-Wilhelm von Herrmann, Frankfurt a. M., 2007, S. 49.]

13 *Zur Seinsfrage*, S. 7f. [*Wegmarken*, *GA*, Bd. 9, S. 386f.]

14 Martin Heidegger, *Was ist Metaphysik?*, Einleitung, Frankfurt a. M., 1960, S. 9. [Martin Heidegger, *Einleitung zu »Was ist Metaphysik?*, in *Wegmarken*, *GA*, Bd. 9, S. 367.]

ganzen Unternehmens ist also kein besonders innovativer. Es ist das überlieferte Erstaunen angesichts der Epochen und ihres Nachgebens: Wie ist es möglich, sich die Tatsache zu erklären, dass im Herzen einer epochalen Einschließung (die Einschließungen, die »polis«, »Römisches Reich«, »Mittelalter«, usw. genannt werden, oder die kaum differenziertere Aufteilung, »siebzehntes«, »achtzehntes«, »neunzehntes« Jahrhundert) bestimmte Praktiken möglich und sogar notwendig sind, die es in anderen Epochen nicht sind? Wie kommt es, dass eine Revolution im Mittelalter unmöglich war, genauso wie eine Internationale während der Französischen Revolution und eine Kulturrevolution zum Zeitpunkt der Ersten Internationale unmöglich war? Oder, einer Perspektive folgend, die der Frage nach den »Prinzipien« weniger fremd ist als es scheinen mag: Wie kommt es, dass ein Duns Scotus, obwohl er als *Doctor subtilis* bekannt ist, genauso wenig eine Kritik der reinen Vernunft wie Kant eine Genealogie der Moral schreiben konnte? Anders ausgedrückt: Wie kommt es, dass ein Bereich des Möglichen und Notwendigen instituiert wird, eine Zeitlang andauert und dann unter der Wirkung einer Mutation nachgibt? »Wie kommt es?«: eine deskriptive Frage, die nach den Möglichkeitsbedingungen fragt, und die nicht zu verwechseln ist mit der auf Ursachen bezogenen Frage: »Warum ist es der Fall, dass…?« Die kausalen Lösungen, die auf diese Mutationsphänomene angewandt werden – seien sie »spekulativ«, »ökonomisch«, oder was auch immer – lassen uns gerade wegen ihrer kausalen Voraussetzung, die es ihnen nicht zu *verorten* gelingt, unbefriedigt zurück. Denn diese Voraussetzung ist nur ein epochales Auftreten des *pros hen*-Schemas.

Mit der »Kehre« in Heideggers Denken ist nicht länger der menschliche »Entwurf« das Vorrangige in der Ordnung phänomenaler Konstitution, sondern die Modalitäten der Anwesenheit, die immer neuen aletheiologischen Konstellationen, das heißt, die »Seinsgeschichte«. Innerhalb des geschlossenen Feldes der Metaphysik werden diese Konstellationen von der Vorstellung eines realsten Grundes reguliert. »Die principia sind solches, was an erster Stelle steht, in der vordersten Reihe. Die principia sind auf eine Reihung und Ordnung bezogen. […] Wir befolgen sie ohne Besinnung.«[15] Das

---

15 Martin Heidegger, *Der Satz vom Grund*, Pfullingen, 1957, S. 40 and 42. [*GA*, Band 10, herausgegeben von Petra Jaeger, Frankfurt a. M., 1997, S. 30f.]

heißt nicht, dass sie allein eine Wirkkraft hätten – eine idealistische Konstruktion, für die schon Karl Marx Proudhon verspottete:

> Jedes Prinzip hat sein Jahrhundert gehabt, worin es sich enthüllte. Das Autoritätsprinzip hat z.B. das 11. Jahrhundert gehabt wie das Prinzip des Individualismus das 18. Folgerichtigerweise gehörte das Jahrhundert dem Prinzip, nicht das Prinzip dem Jahrhundert. Mit anderen Worten: Das Prinzip macht die Geschichte [...].[16]

Eine Hypostasierung dieser Art kann im Abbau nicht vorkommen, da er auf die Beschreibung von Modalitäten der Anwesenheit beschränkt bleibt. Diese Modalitäten haben nichts Noumenales an sich. Sie sind aber auch keine empirischen Fakten: Der Abbau ist kein historizistisches Unterfangen. Zwischen der Scylla der noumenalen Geschichte und der Charybdis des bloßen Historizismus folgt er dem Mittelweg des Kategorialen. Grundlegende kategoriale Eigenschaften der Anwesenheit, die durch die »Seinsgeschichte« hindurch dieselben bleiben, sind in Heideggers Vokabular etwa »Verborgenheit und Entborgenheit«. Aber eine geschichtliche Deduktion der Kategorien würde »etwas Durchgängig[er]es«[17] enthüllen als diese beiden Züge.

Das Wort *Dekonstruktion* ist in jüngerer Zeit von Jacques Derrida popularisiert worden.[18] Obwohl er, was die Hypothese der Schließung angeht, triumphierender ist als Heidegger,[19] und auch wenn er der Methode einige brauchbare Begriffe, wie »Logozentrismus«, »Differenz/Différance« usw. hinzufügt, sehe ich nicht,

---

16 Karl Marx, *Das Elend der Philosophie*, in *Werke-Schriften, Band 2. Frühe Schriften*, herausgegeben von Hans-Joachim Lieber und Peter Furth, Darmstadt, 1975, S. 750. [Karl Marx, *Das Elend der Philosophie*, in *Marx-Engels-Werke*, Band 4, Berlin, 1977, 63–182, hier S. 134.]

17 Heidegger, *Der Satz vom Grund*, S. 153f. und *Identität und Differenz*, S. 65f. [*GA*, Bd. 10, S. 135; *Der Satz der Identität*, in *Identität und Differenz*, *GA*, Bd. 11, 2006, S. 73f.]

18 Jacques Derrida, *De la grammatologie*, Paris, 1967, insb. S. 21, 55. [Für die deutsche Übersetzung, vgl. *Grammatologie*, übersetzt von Hans-Jörg Rheinberger und Hanns Zischler, Frankfurt a. M., 1974, S. 23f., 67f.]

19 »Im geduldigen Nachdenken und in der strengen Erforschung [...] äußert sich vielleicht die Irre (errance) eines Denkens, das treu und aufmerksam auf eine unaufhaltsame kommende Welt gerichtet ist, die, jenseits der Geschlossenheit (clôture), sich der Gegenwart kundtut« (ebd., S. 14; Übers., S. 15).

inwiefern Derrida – wie er behauptet – mit Blick auf das Problem der Dekonstruktion selbst über Heidegger hinausgeht.[20]

Die Hypothese der Schließung beruht gänzlich auf einer Phänomenologie der Technik, die für Heidegger wesentlich zweideutig ist. Im Weltbereich der Technik kommt das Prinzipiendenken zu seiner vollen Entfaltung. Gleichzeitig könnte dieser Höhepunkt seine Vollendung bedeuten. Für Heidegger wird die Zweideutigkeit der Technik von den folgenden Zeilen Hölderlins angedeutet: »Wo aber Gefahr ist, wächst / Das Rettende auch.«[21] Die Technik ist wesentlich janusköpfig: mit dem starrsten prinzipialen Blick zurück- und mit einem anarchischen nach vorn schauend.

Das »Prinzip der Anarchie«

Wir können jetzt von Neuem auf die Frage ›Was soll ich tun?‹ blicken und darauf, wie sie mit dem Schicksal der Metaphysik verbunden ist. Wenn es wahr ist, dass die Frage der Normen wesentlich von einer ersten Philosophie – oder eine Kritik der praktischen Vernunft von einer der reinen Vernunft – abhängt, und wenn, andererseits, die Technik die Ära solcher Ableitungen »schließt«, dann versetzt uns die Technik in einen sonderbaren Zustand des Unwissens. Mit dem allmählichen Verschwinden letzter Prinzipien – seien es, wie bei den Philosophen des Mittelalters, substanzielle, oder, wie bei Kant, formale – scheint es, als ob nur eine Antwort auf die Frage ›Was soll ich tun?‹ übrigbliebe, und zwar: Ich weiß es nicht. Schauen wir uns dieses Unwissen genauer an. Vielleicht ist es weder zufällig noch dem Fehlen einer spezifischen Einsichtsfähigkeit verschuldet. Jedenfalls kann eine Parallele mit einigen »Eingeständnissen« des Unwissens in Heideggers Schriften gezogen werden, die dieses Unwissen in einen Zusammenhang stellen wird:

---

20 Ebd., S. 21–39, 142, 206. Übers., S. 23–48, 174f., 255f.

21 »Wo aber Gefahr ist, wächst / Das Rettende auch.« Zitiert unter anderem in Heidegger, *Vorträge und Aufsätze*, Pfullingen, 1954, S. 36. [Martin Heidegger, *Die Frage nach der Technik*, in *Vorträge und Aufsätze 1936–1953*, *Gesamtausgabe*, Band 7, herausgegeben von Friedrich-Wilhelm von Herrmann, Frankfurt a. M., 2000, S. 29.]

Je größer das Denkwerk eines Denkers ist, das sich keineswegs mit dem Umfang und der Anzahl seiner Schriften deckt, um so reicher ist das in diesem Denkwerk Ungedachte, d. h. jenes, was erst und allein durch dieses Denkwerk als das Noch-nicht-Gedachte heraufkommt.[22]

Daß sich seit Platon das Wirkliche im Lichte von Ideen zeigt, hat Platon nicht gemacht. Der Denker hat nur dem entsprochen, was sich ihm zusprach.[23]

Die Mehrdeutigkeit des Wesens der Wirklichkeit im Beginn der neuzeitlichen Metaphysik ist das Zeichen eines echten (epochalen – R.S.) Übergangs.[24]

[D]asjenige [...] eigens sichtbar zu machen, was Kant über die ausdrückliche Formulierung hinaus in seiner Grundlegung ans Licht gebracht hat. Dieses aber vermochte Kant selbst nicht mehr zu sagen, wie denn überhaupt in jeder philosophischen Erkenntnis nicht das entscheidend werden muß, was sie in den ausgesprochenen Sätzen sagt, sondern was sie als noch Ungesagtes durch das Gesagte vor Augen legt.[25]

Wie die Werke Platons, Descartes' und Kants durchzieht auch *Sein und Zeit* etwas Ungedachtes oder Ungesagtes, das nicht zufällig ist: »[L]iegt in unserem eigenen Bemühen, wenn wir es überhaupt vergleichen dürfen, am Ende nicht auch ein verborgenes Ausweichen vor etwas, was wir – und zwar nicht zufällig – nicht mehr sehen?«[26]

---

22 Heidegger, *Der Satz vom Grund*, S. 123f. [*GA*, Bd. 10, S. 105.]

23 Heidegger, *Vorträge und Aufsätze*, S. 25. [*Die Frage nach der Technik*, *GA*, Bd. 7, S. 18.]

24 Heidegger, *Nietzsche*, Band 2, S. 428. [*GA*, Bd. 6.2, S. 428.]

25 Martin Heidegger, *Kant und das Problem der Metaphysik*, Frankfurt a. M., 1973, S. 195. [*GA*, Band 3, herausgegeben von Friedrich-Wilhelm von Herrmann, Frankfurt a. M., 1991, S. 201.]

26 Ebd., S. 237f. [*GA*, Bd 3, S. 245.] Das ausdrücklichste »Eingeständnis des Unwissens« bei Heidegger betrifft die Frage der Politik: »Es ist für mich heute eine entscheidende Frage, wie dem heutigen technischen Zeitalter überhaupt ein – und welches – politisches System zugeordnet werden kann. Auf diese Frage weiß ich keine Antwort. Ich bin nicht überzeugt, daß es die Demokratie ist« (Martin Heidegger, »Nur noch ein Gott kann uns retten«, *Der Spiegel*, 31. Mai 1976, S. 206. [»SPIEGEL-Gespräch mit Martin Heidegger (23. September 1966)«, in *Reden und*

Ein ganz bestimmtes Unwissen scheint daher in den Momenten des Übergangs zwischen Epochen, in den »entscheidenden« (*decidere* bedeutet im Lateinischen *abschneiden, trennen*) Momenten, vorzuherrschen. Was, wenn das Bekenntnis des Unwissens wesentlich für die Konstellation der Anwesenheit in der Postmoderne wäre? Was, wenn dieses Unwissen derart notwendig für die gegenwärtige Ordnung des Diskurses wäre, dass die Sozialwissenschaften heute ohne ein solches Eingeständnis nicht länger einen wirklichen Text, ein von internen Gesetzen reguliertes Gefüge, konstituieren würden? Der Abbau kann auf die Annahme, dass ein epochaler Diskurs eine »autonome Entität, bestehend aus internen Abhängigkeiten« (Hjelmslevs Definition von Struktur) konstituiert, nicht verzichten. Lässt sich dann sagen, dass, jenseits des empirisch zu beobachtenden »Verlusts von Maßstäben«, der heutige Diskurs über den Menschen und seine Taten einer geringen Anzahl von Regeln entsprechend strukturiert ist, von denen eine direkt dieses Unwissen betrifft? Dass dieses Unwissen eng mit der Textur des heutigen Theoretisierens verwoben ist, *weil* es auf der Ebene des Diskurses das Echo eines Bruchs, einer Ruptur, einer *Kehre* in der Weise ist, auf die Dinge, Worte und Handlungen heute in Austausch miteinander treten? In Heideggers eigener Laufbahn wird die Kehre in seinem Denken lediglich als der Widerhall einer Kehre in der Ordnung der Dinge erfahren. Es ist bekannt, dass er die Technik als das *Gestell* beschreibt. Mit Bezug auf Hölderlin kann er sagen: »Das Wesen des Gestells ist die Gefahr. [...] Im Wesen der Gefahr *verbirgt* sich darum die Möglichkeit einer Kehre, [...] daß mit *dieser* Kehre die Wahrheit des Wesens des Seins in das Seiende eigens einkehrt«.[27] Wie wir sehen werden, bezeichnet »die Wahrheit des Wesens des Seins« nicht mehr und nicht weniger als das allmähliche Verschwinden der epochalen Prinzipien; eine Anwesenheitsmodalität, sodass die »Fabel« der idealen Welt – Heideggers Begriff der *epoche* – nicht länger notwendig ist, um ihr Kohärenz und Kohäsion zu verleihen. Die »Wahrheit«, *aletheia*, des Seins bezeichnet den völlig kontingenten Fluss des Austauschs

---

andere Zeugnisse eines Lebensweges, GA, Band 16, herausgegeben von Hermann Heidegger, Frankfurt a. M., 2000, S. 668.]).

27 Martin Heidegger, *Die Technik und die Kehre*, Pfullingen, 1962, S. 40. [*Die Kehre*, in *Identität und Differenz, GA*, Bd. 11, S. 118.]

zwischen Dingen ganz ohne die Steuerung durch eine metaphysische Erstheit.

Da der Grund, auf dem eine Handlungstheorie gelegt werden kann, zurückweicht, muss die postmoderne Kehre der Weise, auf die Dinge einander anwesend sind, als der Moment der größten Gefahr erscheinen. Seit Sokrates haben die Philosophen diese »Tugend des Wissens« immer aufs Neue wiederholt; dass die praktische Vernunft ihre Architektur von der reinen Vernunft empfängt; und dass *theōria*, da sie das Vornehmste in unserem Bereich ist, die Wege zur *praxis* vorschreibt. Die Methode des Abbaus jedoch erlaubt uns nicht länger zu behaupten, dass *agere sequitur esse*, dass Handeln dem Sein folgt. Schlimmer noch: Sie unterbricht nicht nur die Einheit von moralischem oder »praktischem« und wissenschaftlichem oder »theoretischem« Diskurs, sondern sie macht, indem sie Denken und Handeln ihres Modells und ihres Kanons beraubt, beide sprichwörtlich an-archisch.

Die Methode des Abbaus trennt somit nicht nur »Sein und Handeln« voneinander. Sie führt zur Zerreibung der spekulativen Basis, auf der das Leben seine Stetigkeit, seine Legitimierung und seinen Frieden finden soll. Die Metaphysik abzubauen bedeutet, das, was Kant die »Doktrinen« der ersten Philosophie nannte, zu zerlegen. Der Abbau unterbricht die Ableitungen zwischen erster Philosophie und praktischer Philosophie, wirft sie aus der Bahn. Er zertrennt nicht bloß die antike Einheit von Theorie und Praxis. Es handelt sich um die Methode des Fragens nach der Anwesenheit, und zwar so, dass Fragen des Handelns und der Moral schon ihre Lösung – oder vielmehr ihre Auflösung – finden, weil der Grund, auf dem sich diese Fragen überhaupt stellen können, verloren geht. Zu fragen ›Was soll ich tun?‹ heißt, im Vakuum des von den aufeinanderfolgenden Vorstellungen eines unerschütterlichen Grundes verlassenen Ortes zu sprechen. Die epochalen Konstellationen der Anwesenheit haben immer schon nicht nur die Begriffe, mithilfe derer die Frage der Moral gestellt werden kann und muss (ousiologische, theologische, transzendentale, linguistische Begriffe), sondern auch den Grund, von dem aus sie beantwortet werden kann und muss (Substanz, Gott, *cogito*, diskursive Gemeinschaft) ebenso wie die Arten von Antworten, die beigebracht werden können und müssen (Hierarchie der Tugenden, Hierarchie der göttlichen, natürlichen und menschlichen Gesetze;

Hierarchie der Imperative; und Hierarchie diskursiver, d.h. kognitiver und emanzipatorischer Interessen) vorgeschrieben. Der Abbau der geschichtlichen Konstellationen der Anwesenheit zeigt also, dass man zumindest in einer Hinsicht von der geschlossenen Einheit metaphysischer Epochen sprechen kann: der des Interesses daran, eine praktische oder eine Moralphilosophie aus einer ersten Philosophie *abzuleiten*. »Metaphysik« ist dann der Titel für das Ensemble spekulativer Anstrengungen, die auf eine *archē* für den theoretischen und den praktischen Diskurs abzielen. Im Lichte des Abbaus erscheint dieses Ensemble als ein geschlossenes Feld. Die Hypothese der Schließung oder, wie wir jetzt sagen können, des Übergangs zur anarchischen Anwesenheit, funktioniert doppelt (auch wenn der Gegensatz zwischen System und Geschichte der Überarbeitung bedarf): Es ist eine *systematische* Schließung, insofern die Handlungsnormen formal aus den entsprechenden ersten Philosophien »hervorgehen«, und es ist eine *geschichtliche* Schließung, weil der abbauende Diskurs nur aus dem Grenzbereich der Ära, auf die er angewendet wird, entstehen kann. Die Hypothese der Schließung überträgt ihre Zweideutigkeit auf das gegenwärtige Philosophieren: noch in der Problematik der Anwesenheit eingeschlossen, aber bereits außerhalb des Machtbereichs, in dem Anwesenheit als beständige Anwesenheit, als Identität des Selbst mit sich selbst, als unerschütterlicher Grund, funktioniert.

Die Hypothese der Schließung überträgt ihre Radikalität auch auf den abbauenden Zug: Um seine *archē* beraubtes Handeln ist nur in dem Moment denkbar, in dem die von dem geschlossenen Feld der Metaphysik ererbte, aber an seiner Schwelle einer Umwandlung, einem Übergang, unterworfene Problematik des »Seins« aus den Ontologien heraustritt und diese verwirft. Wenn in der Epoche der Postmoderne (kurz gesagt, seit Nietzsche) die Frage der Anwesenheit nicht länger fähig zu sein scheint, sich selbst als erste Philosophie zu artikulieren, und wenn das allmähliche Verschwinden der epochalen Prinzipien das Streben nach vollständigem Selbstbesitz des Selbst auslöscht, dann erweist sich in der epochalen Konstellation des zwanzigsten Jahrhunderts der mögliche Diskurs über Gesellschaft ebenso wie das mögliche gesellschaftliche Handeln als wesentlich an-archisch.

»Anarchie« ist lediglich das Gegenstück zu den beiden Prämissen, die ich aufgestellt habe, nämlich, (1) dass traditionelle Doktrinen der *praxis* diesen Begriff auf eine unüberwindliche erste Wissenschaft beziehen, aus der die auf strenges Schlussfolgern über das Handeln anwendbaren Schemata hervorgehen; (2) dass im Zeitalter der metaphysischen Schließung dieses Hervorgehen aus oder diese Legitimierung durch eine erste Wissenschaft sich als *epochal* – regional, überholt, endlich und fertig – im doppelten Sinne des Wortes erweist: vollendet und beendet. Entsprechend bedeutet Anarchie hier: (1) Das primäre Schema, dass die praktische ebenso wie die Moralphilosophie traditionell der ersten Philosophie entliehen hat, ist der Bezug auf eine *archē*, die *pros hen*-Beziehung. Dieses attributiv-partizipative Schema resultiert, wenn es in die Doktrinen der Praxis übersetzt wird, in einer Einordnung von Handlungen unter einen maßgebenden Fokuspunkt. Keine der beständigen Verschiebungen oder Übertragungen dieser Fokuspunkte in der Geschichte zerstört das attributive, partizipative und deshalb normative Muster selbst. Die *archē* funktioniert in Bezug auf Handlung stets, wie eine Substanz in Bezug auf ihre Akzidenzen funktioniert – sie verleiht ihnen einen Sinn und ein *telos*. (2) In der Epoche der Schließung kann die Regularität der Prinzipien, die über das Handeln geherrscht haben, überlagert werden. Das Schema der Bezugnahme auf eine *archē* stellt sich dann als das Produkt einer bestimmten Art des Denkens heraus, eines Ensembles philosophischer Regeln, die ihre Entstehung, ihre Blütezeit, und ihren Niedergang haben. Anarchie in diesem Sinne wird als Begriff erst wirksam in dem Moment, da der große Bogen der Konstellationen, die die Anwesenheit in beständiger Anwesenheit fixieren, sich in sich selbst zusammenfaltet, sich schließt. Der Körper der Sozial- und Humanwissenschaften erscheint im Zeitalter der Kehre, wenn Anwesenheit als letzte Identität sich in Anwesenheit als irreduzible (oder lediglich kategorial reduzierbare) Differenz umkehrt, ohne gemeinsamen Diskurs – und das Handeln, ohne Prinzip. Wenn sich darin die Umrisse des Programms des Abbaus abzeichnen, dann beginnt man, die Notwendigkeit des Bekenntnisses des Unwissens zu erahnen; die Frage eines normgebenden Maßstabs für das Verhalten selbst betrifft prinzipiale Konstruktionen.

Der angemessenste Ausdruck, um das Ganze dieser Prämissen abzudecken, wäre der des *Prinzips der Anarchie*. Das Wort *Anarchie* wird allerdings leicht missverstanden. Das Paradox dieses Ausdrucks ist nichtsdestotrotz aufschlussreich, schillernd. Ist nicht das Rückgrat der Metaphysik – was auch immer die weiteren Bestimmungen wären, durch die dieser Begriff spezifiziert werden müsste – die Regel, stets eine Erstheit zu suchen, von der aus die Welt intelligibel und beherrschbar wird, die Regel des *scire per causas*, der Gründung von »Prinzipien« für das Denken und das Tun? *Anarchie* andererseits bezeichnet hier das allmähliche Verschwinden einer solchen Regel, die Lockerung ihres Griffs. Dieses Paradox ist ein schillerndes, weil es in zwei Worten sowohl in die Schließung der Metaphysik hinein- als auch über sie hinausweist und damit die Grenzlinie dieser Schließung selbst darstellt. Das Paradox, das der Ausdruck *Prinzip der Anarchie* artikuliert, verortet das Vorhaben des Abbaus und der Dekonstruktion, es deutet auf den Ort, an dem es situiert ist: noch in die Problematik des *ti to on* (Was ist Sein?) eingebettet, aber diese bereits aus dem *pros hen*-Schema, das mit dieser Problematik verwachsen war, entwurzelnd; Anwesenheit bewahrend, aber sie aus dem attributiven Schema entortend; noch Prinzip, aber Prinzip der Anarchie. Es ist notwendig, diesen Widerspruch zu denken. Der Prinzipialreferenz scheint dann, sowohl in ihrer Geschichte als auch in ihrem Wesen, eine Kraft der Entortung, der Plurifizierung entgegenzuwirken. Der referenzielle *logos* wird zum »archipelagischen Sprechen«, »zum pulverisierten Gedicht« (»parole en archipel«, »poème pulvérisé«).[28] Der Abbau ist ein Diskurs des Übergangs. Wenn die beiden Worte *Prinzip* und *Anarchie* nebeneinandergestellt werden, dann ist damit eine Vorbereitung dieses epochalen Übergangs gemeint.

Die Anarchie, um die es hier geht, ist der Name einer Geschichte, die den Grund oder das Fundament des Handelns betrifft, eine Geschichte, deren Grundfeste nachgeben und in der offenkundig wird, dass das Prinzip der Kohäsion, sei es das der Autorität oder das der Vernunft, nicht länger mehr als eine um ihre gesetzgeberische, normative Macht beraubte Leerstelle ist. Anarchie drückt ein Geschick des Niedergangs aus, den Verfall der Prinzipien, auf die der westliche Mensch seit Platon seine Handlungen und Taten bezogen hat, um sie dort zu verankern und um sie der Veränderung und dem Zweifel zu entziehen. In der Tat tun »im Prinzip« alle Menschen das gleiche…

28 René Char, *La parole en archipel*, Paris, 1962, der Titel und S. 73.

Das Bekenntnis des Unwissens bezüglich eines moralischen Kriteriums für das Handeln im technologischen Zeitalter erscheint nun schlüssiger, oder zumindest besser in die allgemeine Einheit der epochalen Textur, die die abbauende Methode darstellt, eingeschrieben. Wenn die Frage nach moralischen Kriterien nur innerhalb prinzipialer Anwesenheitsmodalitäten problematisch werden kann und wenn andererseits die Abstammungslinie der epochalen Prinzipien im Zeitalter der Schließung an ihr Ende gelangt, dann ist die Abwägung der verschiedenen Methoden, mittels derer praktisches Wissen darüber erlangt werden kann, wie wir leben sollen, eine eher unzeitgemäße Weise, unsere Möglichkeiten und Grenzen zu betrachten. In Heideggers Schriften kann die Unvermeidbarkeit des Unwissens in mehrerlei Hinsicht gezeigt werden.

Erstens, und dies ist der bekannteste Faktor, kann sie durch den Gegensatz zwischen Denken und Wissen gezeigt werden. Bei Heidegger verbindet keine Dialektik Denken und Wissen, keine Synthese macht es möglich, vom einen zum anderen überzuwechseln. »Die Wissenschaft denkt nicht.« Dieser von Kant geerbte Gegensatz begründet zwei Territorien, zwei Kontinente, zwischen denen es weder eine Analogie noch auch nur eine Ähnlichkeit gibt. »Es gibt von den Wissenschaften her zum Denken keine Brücke«.[29] Wir »denken Sein« und seine Epochen, aber wir »kennen Seiende« und ihre Gesichtspunkte. Das Denken ist also in all seinen Vorstößen von einem verallgemeinerten Unwissen geschlagen. Heidegger ruft dieses notwendige Elend der Philosophie nur deshalb derart vordergründig auf, weil es der Platzhalter [*lieu-tenant*] einer Notwendigkeit innerhalb der »Seinsgeschichte« ist.

Darüber hinaus liegt der Gegenstand des Denkens auf der Grenzlinie, die eine lange Geschichte umschließt, für Heidegger darin, Anwesenheit zu »wiederholen« oder wiederzuholen, durch den »Abbau geläufig und leer gewordener Vorstellungen die ursprünglichen Seinserfahrungen der Metaphysik zurückzugewinnen«.[30] Wenn diese lange Geschichte wirklich ihr Ende erreicht, dann verliert in der Krise die Struktur dieses Feldes ihre Ordnung; die Prinzipien ihres Zusammenhangs verlieren ihre Wirksamkeit; und

29 Heidegger, *Vorträge und Aufsätze*, S. 133f. [*Was heißt Denken?*, *GA*, Bd. 7, S. 133.]

30 Siehe oben, Anmerkung 5.

der *nomos* unseres *oikos*, die uns umschließende Ökonomie, produziert immer weniger Gewissheiten. Der Moment, in dem eine epochale Schwelle übertreten wird, ist unausweichlich einer des Unwissens.

Schließlich resultiert das notwendige Unwissen über moralische Kriterien und ihre jeweiligen Vorzüge aus der Konstellation der Anwesenheit, deren Anbruch uns beschrieben wird: das Nachgeben der Prinzipien, die Entthronung des Prinzips der epochalen Prinzipien und der Anfang einer Ökonomie des Übergangs, der Anarchie. In der Epoche des Übergangs würden Worte, Dinge und Handlungen also derart anwesen, dass ihre öffentliche Wechselbeziehung auf keinerlei Systematik reduzierbar wäre.

Ist das einmal gesagt und verstanden, muss dennoch hinzugefügt werden, dass das Bekenntnis des Unwissens seitens des Dekonstruktivisten natürlich eine Finte ist. Und zwar eine mehr als strategische Finte – außer, wenn *Strategie* nicht in Bezug auf menschliche Handlungen, sondern auf Anwesenheitsökonomien gedacht wird. Dann sehen wir, dass es gewichtige Gründe für ein Täuschungsmanöver gibt. Nachdem wir das allmähliche Verschwinden der Prinzipien konturiert haben, ist es tatsächlich schwierig, Fragen der folgenden Art zu umgehen: Wie soll man das Handeln dann überhaupt bewerten? Was ist Ihre Staatstheorie? Und Ihre Eigentumstheorie? Wie steht es um die Rechtstheorie im Allgemeinen? Was wird aus der Verteidigung? Und aus unseren Autobahnen? Heidegger, um bei ihm zu bleiben, macht sich rar. Eine seiner direktesten Entwicklungen dessen, was man ontologische Anarchie nennen könnte, und die an einer kritischen Stelle durch den Begriff des »Lebens ohne Warum« ausgedrückt wird, den er von Meister Eckhart (über Angelus Silesius) entlehnt, schließt Heidegger folgendermaßen: »[D]er Mensch [ist] im verborgensten Grunde seines Wesens erst dann wahrhaft […], wenn er auf seine Weise so ist wie die Rose – ohne Warum«. Das »ohne Warum« deutet über die Schließung hinaus; deshalb kann ihm nicht nachgegangen werden. Der plötzliche Einhalt der Darlegung – »Diesem Gedanken können wir hier nicht weiter nachgehen«[31] – ebenso wie das angetäuschte Unwissen ist unvermeidbar, wenn ein »anderes Denken« versucht

31 Heidegger, *Der Satz vom Grund*, S. 72f. [*GA*, Bd. 10, S. 57f.]

werden soll. Um diesen Punkt noch etwas zu stärken: Ein Leben »ohne Warum« meint gewiss ein Leben ohne Ziel, ohne *telos*; er sagt auch: »[I]m verborgensten Grunde seines Wesens« muss der Mensch also vollständig seines *telos* beraubt werden. Damit der Mensch »auf seine Weise so ist wie die Rose«, müsste die praktische Teleologie abgeschafft werden. Es ist klar, dass sich dagegen zahlreiche Einwände erheben werden: Aber ohne *telos* wäre Handeln nicht länger Handeln... Genau. Daher die Notwendigkeit der Finte.

Anarchische Anwesenheit als Maß des Denkens und Handelns

Indem sie das Ende der von epochalen Prinzipien regierten Anwesenheitsmodalitäten enthüllt, zieht die Phänomenologie der technischen »Kehre« mehrere Konsequenzen für die Frage ›Was soll ich tun am Ende der Metaphysik?‹ nach sich. Es ist ein weiterer Aspekt des doppelgesichtigen Charakters der Technik, dass wir nach wie vor lediglich ›Was soll ich tun?‹ fragen können, und dass wir uns gleichzeitig als unfähig erweisen, auf ein letztes Maß des Handelns zu verweisen. Ich habe gesagt, dass die Technik noch ein Prinzip ist, aber bereits ein Prinzip der Anarchie.

1. Die sichtbarste – und vielleicht auch am leichtesten zu tolerierende – Konsequenz besteht in einem gewissen Zusammenbruch der traditionellen Aufteilungen der Wissenschaften vom Menschen. Der Grund für diesen Zusammenbruch ist jedoch nicht jener, der häufig angeführt wird, wenn Wissenschaftler sich über die Undurchlässigkeit der disziplinären Trennungen beschweren – nämlich, dass der Mensch und die menschliche Natur eins seien, und dass daher die traditionelle Teilung in Forschungsfelder eine artifizielle sei. Im Gegenteil: Der phänomenologische Abbau, so wie ich ihn umrissen habe, wird nicht von einem Traum der Vereinigung geleitet. Die Figur des »Menschen« als *einem* ist gerade das zentrale epochale Prinzip, dass mit der sokratischen Wende instituiert wurde – der Wende, aufgrund derer »das Eigentümliche aller Metaphysik [sich] darin [zeigt], daß sie »humanistisch« ist«.[32] Die eigentlich prinzipielle Rolle des Menschen ist noch jüngeren

32 Martin Heidegger, *Wegmarken*, Frankfurt a. M., 1967, S. 153. [*Brief über den »Humanismus«*, *GA*, Bd. 9, S. 321.]

Datums, sie geht auf den Anfang der Moderne zurück: er ist »knapp drei Jahrhunderte alt«.[33] Mit der Wende aus der epochalen, prinzipialen, metaphysischen – und das heißt, humanistischen – Geschichte, kann der Mensch nicht länger als Maß des Diskurses in den als *Sozial-* und *Human*wissenschaften bezeichneten Wissenschaften dienen. Es ist daher nicht die einheitliche Figur des Menschen, die zu der Beobachtung führt, dass das Leben im Zeitalter der Technik entsprechend ökonomischer, soziologischer, anthropologischer und weiterer Perspektiven vergegenständlicht wird. Die Trennungen sind nicht deswegen artifiziell, weil ihr Sachverhalt letztlich ein einfacher ist, sondern im Gegenteil weil er, sobald die *epoche* überwunden ist, als irreduzibel vielfach erscheint.

2. Ein so irreduzibel vielfacher Sachverhalt erfordert vielfache Modi des Diskurses. »Nur ein mehrfältiges Denken gelangt in das entsprechende Sagen der Sache jenes Sachverhalts.«[34] Eine »Mehrdeutigkeit der Sage« ist erforderlich, um dem »allspielende[n] Gefüge der nie ruhenden Verwandlung«[35] in einer Modalität der Anwesenheit zu entsprechen, die nicht länger von der »Fiktion« einer »idealen Welt« verstellt wird, das heißt, einem nicht länger sich »zurückhaltenden« (*epechein*) Anwesen. Die unaufhörliche Verwandlung in der Konstellation der Anwesenheit und damit im Diskurs jenseits der technischen Schließung ist das, was Heidegger der »Vergegenständlichung« entgegenstellt, die er in den Sozial- und Humanwissenschaften beklagt. Es gibt nicht zu viele Arten des Diskurses über »den Menschen und seine Gesellschaft«, sondern eher zu wenige.

3. Die Plurifizierung im Denken und Sprechen, die aus der Hypothese der Schließung folgt, bedingt eine Subversion – einen Sturz (*vertere*) der Fundamente (*sub-*) – die nicht mit dem bloßen

---

33 Martin Heidegger, *Gesamtausgabe*, Bd. 55, S. 132. [*Der Anfang des abendländischen Denkens*, in *Heraklit*, *GA*, Band 55, herausgegeben von Manfred S. Frings, Frankfurt a.M., 1979.] Diese These ist von Michel Foucault popularisiert worden, vgl. *Les mots et les choses*, Paris, 1966, S. 15, 319–323, 396–398 [*Die Ordnung der Dinge*, übersetzt von Ulrich Köppen, Frankfurt a.M., 1974, S. 27, 372–377, 459–462.]

34 Martin Heidegger, *Vorwort zu William Richardson, Heidegger: Through Phenomenology to Thought*, Den Haag, 1963, S. xxiii. [Martin Heidegger, *Ein Vorwort. Brief an Pater William J. Richardson (1962)*, *GA*, Bd. 11, S. 152.]

35 Heidegger, *Zur Seinsfrage*, S. 42. [*GA*, Bd. 9, S. 423.]

Wunsch nach diskursiver Verbreitung endet. Der am gründlichsten und entscheidendsten durch die *pros hen*-Beziehung strukturierte Bereich ist die Grammatik. Das metaphysische Denken muss als die Universalisierung der Beziehung gedacht werden, durch die ein Prädikat einem Subjekt attribuiert wird. Diese primäre attributive Beziehung müsste verlernt werden, wenn die Grenzlinie des metaphysischen Feldes irgend überschritten werden sollte (das heißt, wenn die Metaphysik »durchgearbeitet« werden sollte, so wie man Kummer oder Schmerz verwindet).[36] Am Ende seines letzten öffentlichen Vortrags beklagte sich Heidegger über das Haupthindernis: »(Dieser Vortrag – R.S.) hat nur in Aussagesätzen gesprochen«.[37] Er deutet an, dass wir lediglich »den Wandel unseres Bezuges zur Sprache um ein Geringes vorbereiten« können.[38]

> Das Schwierige liegt in der Sprache. Unsere abendländischen Sprachen sind in je verschiedener Weise Sprachen des metaphysischen Denkens. Ob das Wesen der abendländischen Sprachen in sich nur metaphysisch [...] geprägt ist, oder ob diese Sprachen andere Möglichkeiten des Sagens [...] gewähren, muß offen bleiben.[39]

4. Neben der Grammatik ist der andere Bereich, in dem die *pros hen*-Beziehung unangefochten geherrscht hat, die Ethik. Aristoteles formuliert die methodologische Teleokratie gleich in den ersten Zeilen der *Nikomachischen Ethik*: »Jedes praktische Können und jede wissenschaftliche Untersuchung, ebenso alles Handeln und Wählen strebt nach einem Gut, wie allgemein angenommen wird«.[40] In all unseren Unternehmungen zielen wir auf ein *telos*.

---

36 Die Bezugnahme auf Freuds *Durcharbeiten* scheint gewollt zu sein, wenn Heidegger schreibt, das *Verwinden* der Metaphysik sei »ähnlich dem, was geschieht, wenn im menschlichen Bereich ein Schmerz verwunden wird« (*Die Technik und die Kehre*, S. 38. [*Die Kehre, GA*, Bd. 11, S. 116.]).

37 Martin Heidegger, *Zur Sache des Denkens*, Tübingen, 1969, S. 25. [*Zeit und Sein, GA*, Bd. 14, S. 30.]

38 Martin Heidegger, *Unterwegs zur Sprache*, Pfullingen, 1959, S. 267. [Martin Heidegger, *Der Weg zur Sprache, GA*, Band 12, herausgegeben von Friedrich-Wilhelm von Herrmann, Frankfurt a. M., 1985, S. 256.]

39 Heidegger, *Identität und Differenz*, S. 72. [Vgl. *Die onto-theo-logische Verfassung der Metaphysik*, in *GA*, Bd. 11, S. 78.]

40 Aristoteles, *Nikomachische Ethik*, *Werke*, Band 6, übersetzt und kommentiert von Franz Dirlmeier, herausgegeben von Hellmut Flashar, Berlin, 1974[6], 1094a, S. 5.

Diese Herrschaft des Ziels, die in die Frage »Was ist das Gute für den Menschen?« eingelassen ist, bildet den Leitfaden aller moralischen Forschung und Doktrin. Ohne die Vorstellung eines maßgebenden Ziels ist keine solche Doktrin denkbar. Aber die Teleokratie kann den Übergang in eine Ordnung der Anwesenheit, in der die »Unschuld des Werdens«, des Flusses, der ewigen Veränderung, »wieder hergestellt« ist, nicht überleben. Heidegger schlägt immer wieder neue Begriffe vor, um diese im Gange befindliche Abschaffung der Teleokratie zu verdeutlichen. Einer davon ist die Metapher der *Holzwege*, Wege im Wald, die für das Fällen und Abtransportieren von Holz genutzt werden. Das besondere an diesen Wegen ist, dass sie nirgends hinführen. »Im Holz sind Wege, die meist verwachsen jäh im Unbegangenen aufhören. Sie heißen Holzwege.«[41] Wie diese Wirtschaftswege würde das Tun im Gegensatz zum Herstellen, sobald es von den Vorstellungen der *archē* und des *telos* befreit ist, einem Verlauf folgen, der im Unbegangenen endet. Ein weiterer Begriff bei Heidegger, der dieselbe Idee ausdrückt, ist Heraklit entliehen. Menschliches Handeln, schreibt Heidegger in einem Kommentar, müsse einzig der Bewegung des Anwesens, des *phyein*, folgen. Jenseits der Schließung der Metaphysik kann das Maß unserer Unternehmungen weder eine noumenale Erstheit noch der bloße Druck empirischer Fakten sein. Was das Maß liefert, ist die ununterbrochen sich verändernde Modalität, der entsprechend anwesende Dinge entstehen, erscheinen, und sich zeigen: »An dieses zuvor aufgehend auf den Menschen Zukommende hält sich das menschliche Hervorbringen. Das *poiein* nimmt die *physis* zum Maß – es ist *kata physin* [...] Ein Wissender ist, wer hervor-bringt im Hinblick auf das Von-sich-aus-

41 Martin Heidegger, *Holzwege*, S. 3. [Vgl. *GA*, Bd 5, o. S. [Epigraph, Recto 5].] In »Heidegger ist achtzig Jahre alt« (in: *Merkur*, Oktober 1969, 23. Jahrgang, Heft 258, S. 893–902) schrieb Hannah Arendt, dass man vom »Denken«, wie es Heidegger begreift, »nicht sagen [kann], daß es ein Ziel hat. [...] Die Metapher von den »Holzwegen« trifft etwas sehr Wesentliches« (S. 895). An anderer Stelle entwickelte sie die Idee, dass »alle Fragen über das Ziel oder den Zweck des Denkens so unbeantwortbar sind wie Fragen über das Ziel oder den Zweck des Lebens« ausführlicher (*Vom Leben des Geistes, Band I. Das Denken*, übersetzt von Hermann Vetter, München, 1979, S. 193). In Formulierungen wie diesen bezeichnet »Denken« nicht – zumindest aus Heideggers Sicht – eine Aktivität des Geistes, sondern steht für das, was er zuvor Dasein genannt hatte.

Aufgehende, d. h. auf das, was sich entbirgt«.[42] Menschliches Handeln *kata physin* – der Weise folgend, auf die Dinge in Beziehung zueinander treten – ließe sich nicht auf die Vorstellung eines »Ziels des Menschen« reduzieren, welches die Moralität seiner Unternehmungen sanktioniert.

In einem weiteren Versuch, die Überwindung der Teleokratie zu konzeptualisieren, zitiert Heidegger aus einem Bekenntnis Nietzsches, das direkt dem Aristotelischen Bekenntnis zur Teleologie widerspricht: »›[D]ie Ziellosigkeit an sich‹ [ist] unser Glaubensgrundsatz«.[43] In all diesen Versuchen, die Teleokratie umzustürzen, geht es darum, die Herrschaft des Ziels auf den Bereich zu beschränken, zu dem es anfänglich und eigentlich gehört, nämlich auf die Herstellung. Die aristotelische *Physik*, behauptet Heidegger, sei das »Grundbuch der abendländischen Philosophie«,[44] und zwar wegen der darin begründeten Herrschaft des Ziels, die Aristoteles dann in seine Schlüsselbegriffe der *entelechia* und der *energeia* übersetze.

5. Um die Frage »Was soll ich tun?« zu beantworten, bleibt dem Denken – verstanden als reines Antworten auf *phyein*, auf »Anwesen«, »Erscheinen« – nur es selbst. Tatsächlich argumentiert Heidegger, Parmenides folgend und gewissermaßen entgegen dem modernen Gegensatz zwischen Subjekt und Objekt, die Grundzüge des Denkens und die des Anwesens seien dieselben. Wie Hannah Arendt schreibt: »Wenn irgend etwas am Denken die Menschen davon abhalten kann, Schlechtes zu tun, so muß es eine Eigenschaft der Tätigkeit selbst [...] sein«. Das moralisch Böse entsteht nicht aus der Wahl eines falschen Ziels, einer falschen Maxime oder eines falschen Prinzips. Hannah Arendt spricht von dem »Zusammenhang zwischen Gedankenlosigkeit und Bösem«.[45] Das Maß für

42 Heidegger, *Gesamtausgabe*, Bd. 55, S. 367.

43 Friedrich Nietzsche, *Nachgelassene Fragmente Herbst 1887 bis März 1888*, in *KGW*, VIII/2, S. 72. Zitiert in Heidegger, *Nietzsche, Zweiter Band*, S. 283. Zur Ziellosigkeit in Nietzsche, vgl. *Menschliches, Allzu Menschliches*, I, 33 und 638, in *KGW*, IV/2, S. 48f., 374f. [Der aus den *Nachgelassenen Fragmenten* zitierte Satz lautet bei Nietzsche: »Wenn man einem Ziele entgegengeht, so scheint es unmöglich, daß ›die Ziellosigkeit an sich‹ unser Glaubensgrundsatz ist.«]

44 Heidegger, *Wegmarken*, S. 312. [*GA*, Bd. 9, S. 417.]

45 Hannah Arendt, *Vom Leben des Geistes, Band I. Das Denken*, S. 179. Arendt beschreibt die Abwesenheit jeglicher auffälliger Charakterzüge in der Persönlichkeit Adolf Eichmanns, dessen Prozess in Jerusalem sie begleitete – außer einem: »nicht Dummheit, sondern *Gedankenlosigkeit*« (ebd., S. 14).

Gut und Böse, das das Denken in sich selbst findet, ist *physis*, das Hervortreten aus der Verborgenheit. Ein Maß, das gewiss nichts Dauerhaftes hat. Aber nichtsdestotrotz ein forderndes Maß: »Die Gedankenlosigkeit ist ein unheimlicher Gast, der in der heutigen Welt überall aus- und eingeht«.[46] Das Gegenteil von »Denken« ist also nicht Fühlen oder Wollen. Es ist auch nicht der Körper oder das Tier. Das Gegenteil des Denkens ist *hybris* oder *adikia*: Dieses »nimmt [...] sich aus seiner übergänglichen Weile heraus« und »spreizt sich in den Eigensinn des Beharrens auf«[47] – worin gerade die Haupteigenschaft aller epochalen Prinzipien besteht.

Was soll ich am Ende der Metaphysik tun? Alle Überreste autoritativer Erstheiten bekämpfen. Mit den Worten Nietzsches: Nachdem die »wahre Welt« sich als Fabel herausgestellt hat, nachdem »Gott tot ist«, besteht die Aufgabe darin, die Vielzahl von Götzen, mit denen wir nach wie vor das öffentliche wie das private Leben zieren, zu entthronen. Oder, in den Worten des oben zitierten Epigraphs: den *nomos* als Artefakt der Vernunft verlernen und nur dem *nomos* als »Zuweisung«, wie er in der immer neuen »Schickung des Seins« enthalten ist, folgen. Die Schließung des Prinzipiendenkens kann als bereits bei Kant implizit enthalten gesehen werden, woraufhin sie in Nietzsche und Heidegger immer expliziter wird. Und tatsächlich ist es so, dass, weil das kantische Moralgesetz durch das Transzendentalsubjekt konstituiert oder »erklärt« wird, die Überschreitung schon als Möglichkeit in seiner Gesetzgebung angelegt ist; insofern das Subjekt der »Herrscher« über das von ihm Ausgeführte ist, ist der Akt der Überschreitung mit dem der Gesetzgebung identisch. Bei Nietzsche erscheint das Moralgesetz als eines der Hindernisse, das der Wille zur Macht zugunsten seiner eigenen Erhaltung und Verstärkung aufstellt. Die Gründung des Gesetzes ist damit bereits ausdrücklich seine Überschreitung. Bei Heidegger schließlich hat das Moralgesetz die Entstehung des prinzipialen Denkens im antiken Griechenland zur Bedingung seiner Herrschaft. Als Stillstellung des Fluxus des *phyein* konstituiert

---

46 Martin Heidegger, *Gelassenheit*, Pfullingen, 1959, S. 13. [*GA*, Bd. 16, S. 518.]

47 Heidegger, *Holzwege*, S. 328. [*Der Spruch des Anaximander, GA*, Bd. 9, S. 355.] Im Geviert im Gegenteil: »Keines der Vier versteift sich auf sein gesondertes Besonderes.« (*Vorträge und Aufsätze*, S. 178). [*Das Ding, GA*, Bd. 7, S. 181.] Siehe auch Hannah Arendt, *Vom Leben des Geistes, Band II. Das Wollen*, S. 420.

die Bildung des Moralgesetzes hier am deutlichsten seine eigene Überschreitung: eine Überschreitung hin zum vollen Sinn der *physis*, den Aristoteles zugunsten einer »ersten Philosophie«, die vollständig von der Vorstellung von Zielen geleitet war, verworfen hatte; anders gesagt: eine Überschreitung in Richtung eines rein »der anarchischen Anwesenheit entsprechenden« Modus des Handelns *kata physin*.[48]

Der französische Dichter René Char mag genau dieses allmähliche Verschwinden aller maßgebenden Erstheiten am Ende der epochalen Ökonomien, die von *pros hen*-Beziehungen strukturiert werden, gespürt haben, als er schrieb: »Amont éclate« (»Stromauf birst«).[49] Und er mag dieselbe Dringlichkeit gespürt haben, den Fall dessen, was von ihnen übrigbleibt zu beschleunigen, um so ein ursprünglicheres Mannigfaltiges freizusetzen: »Cette part jamais fixée, en nous sommeillant, d‹où jaillira DEMAIN LE MULTIPLE« (»Dieser nie fixierte Teil, der in uns schlummert, aus dem MORGEN DAS MANNIGFALTIGE hervorbrechen wird«).[50]

---

48 Es war von vorneherein klar, dass die Frage »Wann schreiben Sie eine Ethik?« (*Wegmarken*, S. 183 [*Brief über den »Humanismus«*, *GA*, Bd. 9, S. 353]), die Heidegger nach der Veröffentlichung seines Hauptwerkes gestellt wurde, einem Missverständnis geschuldet war. Indes findet das Problem des Handelns erst in seinen letzten Schriften seinen adäquaten Zusammenhang: die Genealogie einer endlichen Linie epochaler Prinzipien und das »Wiederholen« des Anwesens als »an-archisches« ebenso wie des der so verstandenen Anwesenheit entsprechenden Handelns.

49 René Char, *Le nu perdu*, Paris, 1962, S. 48. [Peter Handke übersetzt den Vers als »Stromauf, das funkelt.« (*Rückkehr stromauf. Gedichte 1964–1975*, Deutsch von Peter Handke, München/Wien, 1984, S 36), die hier gewählte Übersetzung ist näher an der englischen Schürmanns (»upstream bursts«).]

50 René Char, »Transir«, in *Commune presence*, Paris, 1964, S. 255.

Wie man sich selbst als anarchistisches Subjekt konstituiert

> »Nicht die Macht, sondern das Subjekt ist [...] das allgemeine Thema meiner Forschung.«[1]

Es existiert eine verbreitete Ansicht über den Ort des menschlichen Subjekts in den Arbeiten Foucaults – eine Ansicht, zu deren Verbreitung er selbst maßgeblich beigetragen hat. In dem Bestreben, sowohl humanistische wie strukturalistische Invariablen zu umgehen, schlägt er eine Archäologie-Genealogie vor, um die wechselnden Konfigurationen von Wissen und Macht nachzuvollziehen. Zwar erscheint das menschliche Subjekt in diesen Konfigurationen, aber es sind *diese*, die dem Subjekt seinen Ort zuweisen: als eine Variable in diskursiven Ordnungen, als ein Produkt von Machtstrategien. Dieser Ansicht nach definitiv aus der Untersuchung ausgeschlossen ist das praktische Subjekt: Ich, das sich selbst als Akteur unter anderen Akteuren konstituiert.

Und tatsächlich: Egal, welche Variante der Archäologie-Genealogie Foucaults man genauer betrachtet, das praktische Ich kommt darin nicht gut weg. Als »Mensch« in der modernen *episteme* wird es mit einem »philosophische[n] Lachen«[2] begrüßt und mit einem »Gesicht im Sand« verglichen, das alsbald von den Wellen weggespült wird.[3] Als ursprünglicher Schöpfer von Ereignissen wird es entthront durch die Entdeckung der Geschichtlichkeit und des fort währenden Wandels epistemischer Konfigurationen und Macht-Konstellationen. Bezeichnend für das neunzehnte Jahrhundert war die Besessenheit, mit der es »gegen alle Dezentralisierung die Souveränität des Subjekts [...] aufrechtzuerhalten« versuchte. Es

---

1 Michel Foucault, »Warum ich die Macht untersuche: Die Frage des Subjekts«, in: Hubert L. Dreyfus und Paul Rabinow (Hrsg.), *Michel Foucault: Jenseits von Strukturalismus und Hermeneutik*, übersetzt von Claus Rath und Ulrich Raulff, Weinheim, 1994, S. 243.

2 Michel Foucault, *Die Ordnung der Dinge*, übersetzt von Ulrich Köppen, Frankfurt a. M., 1974, S. 412.

3 Ebd., S. 462.

kann keine sinnhafte – das heißt, lineare – Geschichte geben ohne das Subjekt als beständigem Akteur und synthetischem Sinnstifter. »Die kontinuierliche Geschichte ist das unerläßliche Korrelat für die Stifterfunktion des Subjekts.« Deswegen fließen unvermeidlich einige Tränen, wenn die Schwellen und Brüche in der Struktur unserer Vergangenheit entdeckt werden: »Was man so stark beweint, ist nicht das Verschwinden der Geschichte, sondern das Verwischen jener Form von Geschichte, die insgeheim, aber völlig, auf die synthetische Aktivität es Subjekts bezogen war«.[4] In seinen Genealogien von Institutionen versucht Foucault zu zeigen, dass das seiner selbst bewusste Subjekt tatsächlich *Produkt* der Verbindung externer Mächte ist, so wie beispielsweise im Fall der Einzelhaft, die ihrerseits aus ökonomischen Bedingungen resultiert. So erscheint auch im ersten Band seines letzten Projekts, der Geschichte der Sexualität, das Subjekt als Produkt, und zwar dessen, was Foucault Biomacht nennt. Mit Angst und Schrecken erkennt das Subjekt als Leser, dass die verbreitete Ansicht auf alle Phasen von Foucaults Schreiben zutrifft: Er lacht, während wir entdecken, dass unsere angemaßte Souveränität als bewusst Handelnde nicht nur aus einem überwachten Diskurs und im grellen Schein *des Panoptikums* entsteht, sondern auch, dass sie schon bald weggefegt werden könnte. Egal welche archäologisch-genealogische Perspektive man einnimmt, das Subjekt ist stets von außen erzeugt. Dies schließt jegliche Konstitution von innen – das heißt, Selbstkonstitution – aus, sei es auf transzendentale (wie bei Kant über den Akt der Apperzeption als Pol der Spontaneität in der Objekt-Konstitution) oder andere Weise.

Es gibt eine weitere verbreitete Ansicht, zu der Foucault selbst wiederum erheblich beigetragen hat. Sie betrifft den Status des »Menschen« als einer Figur, die kaum dreihundert Jahre alt und schon dem Untergang geweiht ist. Inwiefern kann der »Mensch« als »eine Erfindung [...] junge[n] Datum[s]«[5] bezeichnet werden? Foucault folgt darin – mit größerem Aufheben und auf verspielte Weise – einer Behauptung, die schon vor ihm aufgestellt worden

---

4 Michel Foucault, *Archäologie des Wissens*, übersetzt von Ulrich Köppen, Frankfurt a. M., 1986, S. 23f., 26.

5 Foucault, *Die Ordnung der Dinge*, S. 462.

ist.[6] Sie betrifft die Epochalisierung der westlichen Philosophie anhand der Diskurseffekte der Sprachen, die sie gesprochen hat. Jedes Sprach-Zeitalter wäre demnach bestimmt durch ein postuliertes Bedeutungszentrum, auf das Phänomene bezogen werden müssten, um Sinn zu ergeben. Im griechischen Zusammenhang wäre dieses höchste Postulat die Natur, in der lateinischen und mittelalterlichen Epoche Gott und in der Moderne der Mensch »als vorübergehendes Postulat«.[7] Nur als imaginärer, aber letzter Fokuspunkt der Konstitution von Phänomenalität kann die Figur des Menschen entstehen und untergehen. Diese Figur ist eine Erfindung jüngeren Datums, da die Intelligibilität der Dinge vor dem siebzehnten Jahrhundert nicht in Beziehung auf ein Subjekt, das seine zentrale Position durch ein »Ich denke« behauptet, gesucht oder ausgedeutet wurde. Diese zweite verbreitete Ansicht geht davon aus, dass erst für das *cogito* die Welt objektiv werden kann. Erst in der Vorstellung des Egos werden Dinge zu Objekten und die Natur zum zu beherrschenden Anderen dieses Egos. Auch die Individuen fallen unter diesen allgemeinen Prozess der Objektivierung und Beherrschung. Man muss dementsprechend unterscheiden zwischen dem ›Menschen‹ als epochal organisierendem, letztem Postulat, dem ›Ego‹ als dem die Zentralisierung und Beherrschung Ausführenden, und dem ›Individuum‹ als objektiviert und beherrscht (z. B. durch die Wissenschaften der Sprache, der Arbeit und des Lebens, oder durch Technologien der Macht, wie sie in Irrenhäusern, Krankenhäusern und Gefängnissen institutionalisiert sind). Man muss, anders gesagt, zwischen dem epochalen, dem transzendentalen und dem objektivierten Subjekt unterscheiden. Wenn Foucaults Genealogie in der Freilegung der Modi der Objektivierung und der Beherrschung besteht, so scheint er durch die Logik seiner Argumentation selbst eine weitere Ausschließung aus der Moderne genannten Anordnung zu begehen, und zwar die Ausschließung des ethischen Subjekts.

---

6 In einer Vorlesungsreihe im Jahre 1943 sprach Martin Heidegger vom »modernen Menschen, der knapp drei Jahrhunderte alt ist«. Vgl. Martin Heidegger, *Heraklit, Gesamtausgabe*, Bd. 55, Frankfurt a. M., S. 132.

7 Michel Foucault, »Der Wahnsinn, Abwesenheit eines Werkes«, in: *Schriften in vier Bänden. Dits et Ecrits – Band I. 1954–1969*, übersetzt von Michael Bischoff, Hans-Dieter Gondek und Hermann Kocyba, Frankfurt a. M., 2001, S. 550.

Letzteres bleibt tatsächlich außerhalb der drei genannten Subjektbegriffe, insofern keiner von ihnen Aussagen darüber treffen kann, wie man sich als Handlungen und Praktiken vollbringend *selbst konstituiert*. Dennoch nimmt die Selbstkonstitution des praktischen Subjekts – sowohl in seiner ethischen als auch in seiner politischen Dimension – eine zunehmende Bedeutung in Foucaults Denken an, wenn auch eher durch Andeutungen und Behauptungen, denn anhand methodischer Ausarbeitungen. Weniger als Foucaults *ipsissima verba* ist es der Status der Frage »Was kann ich tun?«, der nach einer Untersuchung verlangt, ebenso wie die Beschaffenheit des Ichs, das sich diese Frage stellt und sie letztlich handelnd beantwortet. Diese Frage unterscheidet sich von Kants »Was soll ich tun?« in zwei entscheidenden Punkten. Vom Standpunkt des leichtfüßigen Positivismus Foucaults aus betrachtet bezeichnet das Ich keinesfalls den autonomen moralischen Handelnden, sei er individuell oder kollektiv (wie er in Lenins Frage »Was tun?« gemeint ist). Vielmehr erscheint das Ich immer unter den das Dispositiv einer bestimmten Zeit ausmachenden Zwängen. Derselbe Positivismus macht es unmöglich, von einem ›Sollen‹ zu sprechen. Polizeilich überwacht durch diskursive Formationen und außer-diskursive Machteffekte können wir allerhöchstens den sehr endlichen Ort untersuchen, den das praktische Subjekt in einem gegebenen Moment zu besetzen vermag. Nur wenig kann an einer bestimmten geschichtlichen Stelle getan werden. Demnach unterstellt die Frage was ›soll‹ ich tun dem Subjekt zu viel Autonomie, und zwar eine Autonomie, mithilfe derer ich mir selbst ein universell verbindliches Sittengesetz geben könnte. Umgekehrt gesteht bloßer Strukturalismus dem Subjekt zu wenig Autonomie zu: das »philosophische Lachen« des frühen Foucault verstößt eben jene Frage nach der praktischen Selbstkonstitution. Mit der Einsicht, dass seine Archäologie epistemischer Ordnungen in die zeitgenössische (strukturalistische) *episteme* verwickelt blieb, ging eine Neubetrachtung der Weisen einher, auf die wir »Ich« sagen und das Ich modifizieren.

Zunächst muss der Status der Frage »Was kann ich tun?« innerhalb einer archäologisch-genealogischen Geschichte untersucht werden. Anschließend wird es nützlich sein, einige paradigmatische Fälle der Selbstkonstitution in der von Foucault erzählten Geschichte herauszustellen. Zuletzt wird gefragt werden müssen: Was kann ich in meiner/unserer eigenen geschichtlichen Lage tun?

»Was kann ich tun?« in einer archäologisch-genealogischen Geschichte

In der Einleitung zu *Der Gebrauch der Lüste* stellt Foucault seine archäologisch-genealogische Methode einer, wie er es nennt, »Geschichte der Verhaltensweisen oder Vorstellungen« gegenüber. Die Erzählungen einer solchen Geschichte untersuchen Positivitäten: beobachtbare Daten darüber, was Menschen wirklich getan haben, imaginäre Daten darüber, was sie zu tun phantasiert haben. Es gibt gute Gründe anzunehmen, dass diese doppelte Zurückweisung auf Marx und Freud zielt. Foucaults eigene Erzählung soll die »*Problematisierungen*, in denen das Sein sich gibt als eines, das gedacht werden kann und muss« nachvollziehen. Außerdem will er »bewußte und gewollte Praktiken« verstehen, »mit denen [...] die Menschen [...] sich selber zu transformieren, sich in ihrem besonderen Sein zu modifizieren und aus ihrem Leben ein Werk (*œuvre*) zu machen suchen«. Der neu gefassten Archäologie überträgt er als Gegenstand diese Problematisierungen, während er das Hauptaugenmerk der neu gefassten Genealogie auf jene Praktiken legt. Das Stratum der foucaultschen Erzählung bleibt das eines Positivismus zweiter Ordnung: Er berichtet die Sequenz, nicht der gesellschaftlichen oder ideologischen Gegebenheiten selbst, sondern der epochalen Netze, in welchen diese erst erscheinen können. Die Archäologie soll nach wie vor die diskursiven, die Genealogie die außer-diskursiven Eigenschaften der epochalen Dispositive aufspüren. Jedoch verstärkt Foucault in seinem jüngsten Projekt seine Behauptung bezüglich der epochalen Konfigurationen. Zwar enthüllt auch hier der Nachvollzug des Übergangs von der griechischen Konfiguration zur hellenistischen und römischen, und von dieser wiederum zur patristischen, wie Problematisierungen und Praktiken gemeinsam den Menschen wechselnde Zwangssysteme auferlegt haben. Jedoch soll die Untersuchung dieser Folge jetzt mehr als lediglich Einblicke in die Entstehung epistemischer Regeln und strategischer Normen geben: Archäologie und Genealogie machen nun eine »Geschichte der Wahrheit« sichtbar.[8]

---

8 Michel Foucault, *Sexualität und Wahrheit 2. Der Gebrauch der Lüste*, übersetzt von Ulrich Raulff und Walter Seitter, Frankfurt a. M., 1986, S. 18f.

Es gibt darüber hinaus gute Gründe anzunehmen, dass die Ähnlichkeiten mit Heideggers Projekt einer durch die epochalen Wahrheitskonstellationen verfolgten Seinsgeschichte keine zufälligen sind. »Heidegger ist stets für mich der wesentliche Philosoph gewesen«, schreibt er.[9] Der Begriff der »Problematisierung« selbst ruft einen von Heideggers technischen Begriffen in Erinnerung, anhand derer Heidegger überlieferte Positivitäten – in diesem Falle in den Bereichen der »speziellen Metaphysik« – aus einem Blickwinkel zweiter Ebene befragt, das heißt, indem er von diesen geläufigen Positivitäten einen Schritt zurücktritt. Noch bevor er den Versuch unternommen hatte, eine »Seinsgeschichte« zu entwerfen, deutete Heidegger einen solchen Schritt zurück in seinem Buch *Kant und das Problem der Metaphysik* an. Die Metaphysik zum Problem zu machen, sie zu problematisieren, bedeutet, die sie ermöglichenden Bedingungen oder Gründe zu untersuchen. Ebenso bedeutet für Foucault das Zurücktreten von den gesellschaftlichen und ideologischen Gegebenheiten auf die Ebene, auf der sie ihrer Zeit als problematisch erscheinen, ihre konstellative Wahrheit zu untersuchen. Nicht mehr als rhetorischen Gebrauch macht er, so glaube ich, von Heideggers zusätzlichem Schritt zurück auf die Bedingungen, das heißt dem Schritt vom epochalen Gewebe, in dem Dinge gegeben sind, zum »Geben« selbst. Zumindest kommt er nicht zurück auf seine Anmerkung, nach der in den verbreiteten Problematisierungen »Sein sich gibt«. Trotzdem ist die Geschichte, die er erzählt, nicht eine einfache Aneinanderreihung materieller und begrifflicher Tatsachen, sondern die der Wahrheit der Tatsachen, wobei ›Wahrheit‹ als durch sich überschneidende Diskurs- und Machtstrategien geformt verstanden wird. Ihre Effekte entfalten sich diskursiv in dem, was einem Zeitalter nicht selbstverständlich erscheint; in dem, was problematisch erscheint. So werden beispielsweise lustvolle Handlungen in moralischen Lehren problematisiert. Diskurs- und Machteffekte äußern sich praktisch auch darin, wie Menschen sie in der Gestaltung ihres Lebens anwenden. So fließen dieselben lustvollen Handlungen in die »Lebenskünste« ein, durch die ein Mann der freien Klasse in der Antike seiner Exis-

---

9 Michel Foucault, »Die Rückkehr der Moral«, in: *Schriften. Dits et Ecrits – Band IV. 1980 1988*, übersetzt von Michael Bischoff, Hans-Dieter Gondek, Hermann Kocyba und Jürgen Schröder, Frankfurt a. M., 2005, S. 867.

tenz einen bestimmten Stil verlieh. Die Geschichte der Wahrheit kann insoweit erzählt werden, als sich eine Abfolge von Problematisierungen und Praktiken sowie Verschiebungen innerhalb dieser Sequenz entdecken lassen. Diese methodische Neuausrichtung rückt das Subjekt in den Vordergrund. Wo konstellative Wahrheit problematisch wird, und wo diese Problematisierung sich in Praxis übersetzt, dort entsteht eine »Geschichte des Subjekts«.[10]

Da die Grenzen, in die wir eingeschrieben sind, problematisch werden und eine durchdachte Praxis erfordern, wird die Frage »Was kann ich tun?« beantwortet. Der Status dieser Frage in einer archäologisch-genealogischen Geschichte wird expliziert, indem sie direkt auf die Schranken abzielt, die einem Zeitalter durch ein vorherrschendes Wissens- und Machtdispositiv gegeben sind. Das »Ich«-sagende Subjekt unterscheidet sich hier vom ›Menschen‹, vom ›Ego‹ und vom ›Individuum‹, wie sie oben definiert wurden. Es unterscheidet sich auch vom illusorischen Ich des ›Autors‹. Das problematisierende, praktische Subjekt lässt die es umgebende Einhegung sichtbar werden. Mit dieser Einsicht hat Foucault »zugleich den absoluten Charakter und die grundlegende Rolle des Subjekts in Frage gestellt«. Problematisierungen und Praktiken drücken kein in der Tiefe liegendes, ursprüngliches Selbst aus. Die Erforschung des Autorität verleihenden Subjekts – sowohl als *auctor* oder Urheber wie als Innehaber von *auctoritas*, Verantwortung und Prestige – verliert ihre Bedeutung. Aber welche Erforschungen des Subjekts sind bedeutsam? Nur solche, die seine Einfügung in eine epochale Ordnung zum Thema machen. Eine Untersuchung dieser Art betrifft die Öffnungen, in denen Problematisierung und Praxis überhaupt erst möglich sind: »Welches sind die Plätze, die [im Diskurs] für verschiedene Subjekte vorgesehen sind?« Dies ist die Schlüsselfrage einer jeden Untersuchung, die sich damit befasst, was in einem gegebenen Zeitalter getan werden konnte oder kann.

Das alte Thema der Freiheit, ebenso wie das neuere der Endlichkeit, sind für die epochalen Topografien lediglich Begleiterscheinungen. ›Freiheit‹ und ›Endlichkeit‹ paraphrasieren »die Momente, an denen [das Subjekt in ein Dispositiv] eingeführt wird«. Eine weitere bedeutsame Frage betrifft die Aneignung der Diskurs- und Machtinstanzen: »Wer kann ihn (den Diskurs – R.S.) sich

10 Foucault, »Die Rückkehr der Moral«, S. 859.

aneignen?« Oder, im griechischen Kontext der lustvollen Handlungen: Wer kann wen ›besitzen‹, in wen eindringen, ohne sein Leben unästhetisch, hässlich zu machen (was die Folge ist, wenn ein freier Mann »unter« einem Sklaven liegt)? Im modernen Zusammenhang kann nicht jeder als Arzt, Psychiater oder Richter sprechen oder die entsprechenden Handlungen ausführen. Noch eine Frage betrifft den Spielraum, der der Selbstkonstitution offensteht, im Verhältnis zur Gesamtheit der gegebenen Zwänge, denn dieser Raum hängt von der jeweils eigenen Position in einem Dispositiv ab: »Wer kann diese verschiedenen Subjekt-Funktionen ausfüllen?«[11]

In einer archäologisch-genealogischen Geschichte hat die Frage »Was kann ich tun?« nicht bloß den positivistischen Status, demzufolge die Antworten lediglich durch eine (diskontinuierliche) Erzählung hindurch nachvollzogen werden können. Sie hat darüber hinaus einen heuristischen Status. Wenn Menschen Verhaltensweisen problematisieren, die nicht selbstverständlich sind, zeigen sich die Grenzen eines Zeitalters. Allerdings ist der Status der Frage kein ontologischer: Kaum ist sie ausgesprochen, lässt Foucault die Anspielung auf das Sein auch schon wieder fallen. Die Begrenzungen eines Zeitalters sind nicht bestimmt durch ein »Seinsgeschick« (Heidegger). Ihr Status ist auch kein transzendentaler, da sie nicht auf ein ›Sollen‹, sondern auf ein ›Können‹ abstellt. Die Frage ist aber eine quasi-transzendentale, insofern sie sich auf das ein Zeitalter bedingende Netzwerk von Zwängen bezieht und insofern sie mögliche Punkte der Einfügung untersucht. Fragt man »Was kann ich tun?«, so setzt man weder an faktischen Seienden noch an »Sein als solchem« an, sondern an dem vermittelnden Bereich, in dem die in problematisiertem Verhalten enthüllten Ordnungen der Dinge aufeinander folgen. Auch wenn Foucault diese Diachronie der Ordnungen als »Geschichte der Wahrheit« bezeichnet, ist Wahrheit nichts Beständiges. Sie ist der eine epochale Folie bildende Modus phänomenaler Verbindung. Dennoch kann sich ein Subjekt in Übereinstimmung mit seiner synchronisch geöffneten Wahrheit selbst konstituieren. Es kann sich in den Raum begeben, der solcher Selbstkonstitution gelassen wird, je nachdem, wie es ein bestimmtes epochales Netz zulässt. Ein Subjekt kann sich

11 Michel Foucault, »Was ist ein Autor?«, in: *Dits et Ecrits I*, S. 1029–1031.

gegenwärtige Diskursfiguren und Machteffekte aneignen oder sie bekämpfen; es kann solche Subjektfunktionen annehmen – oder es bleiben lassen. Durch diskursive Intervention kann es seine Zeitgenossen das strenge Gesetz von Einschluss und Ausschluss spüren lassen.

Ist der Status der Frage »Was kann ich tun?« durch die so verstandene Geschichte der Wahrheit bestimmt, fragt man sich, ob es – vielleicht an bestimmten Wendepunkten der Geschichte – möglich wäre, nicht lediglich zu thematisieren, sondern gegen die quasi-transzendentale Bindung an Einfügungsstellen in aufeinanderfolgenden Dispositiven selbst anzukämpfen oder nicht. Welche Formen der Selbstkonstitution hat es gegeben? Wie kann ich mich heute selbst als praktisches Subjekt konstituieren? Kann es sein, dass die heutige Situation es uns erlaubt, eben jene Prämisse der Einfügung in ein Dispositiv praktisch anzufechten?

Einige vergangene Formen möglicher Selbstkonstitution

In seinem äußerst dichten Textkommentar – der die Zeilen der cartesischen *Meditationen* betrifft, die sich mit dem Wahnsinn befassen – unterscheidet Foucault zwischen zwei textuellen »Netzen«: einem beweisführenden und einem asketischen. Ohne die beweisführende Strategie könnte Descartes' Text kein System von Lehrsätzen formen, während er sich ohne die asketische Strategie nicht als Meditation bezeichnen ließe. Der ersten Lesart zufolge ist das Subjekt darin nicht impliziert: Lesen bedeutet hier, einer Reihe diskursiver Ereignisse zu folgen, welche durch formale Regeln verbunden sind und ein Argument darlegen. Nach der zweiten Lesart, ganz im Gegensatz dazu, »geht das Subjekt aus der Dunkelheit ins Licht.« Welches Subjekt? Eines, das sich selbst bestimmt. »In der Meditation wird das Subjekt unablässig durch seine eigene Bewegung zu einem anderen; sein Diskurs ruft Wirkungen hervor, innerhalb derer es erfasst wird; er setzt es Gefahren aus, lässt es durch Prüfungen oder Versuchungen hindurchgehen, bringt in ihm Zustände hervor und gewährt ihm einen Status oder eine Qualifikation, über die es anfangs keineswegs verfügte. Kurz gesagt, die Meditation impliziert ein Subjekt, das sich bereits durch die Wirkung der sich vollziehenden diskursiven Ereignisse bewegen und verwandeln lässt.«[12] Hier sind die diskursiven Ereignisse Text-Ereignisse, doch liegt die Beweglichkeit, die sie mit sich führen, wenn sie eine Meditation bilden, außerhalb des Textes, im meditierenden Subjekt. Die beiden Strategien, die analytische und die asketische, überschneiden sich in ›mir‹ als meditierend. Sie sind chiastisch. Foucaults Darlegung zufolge besteht das Problem eben darin, dass der Wahnsinn es dem Subjekt verunmöglicht, eine beweisführende Meditation auszuführen und, um es präziser auszudrücken, sich selbst als universell zweifelnd zu konstituieren. Für die Frage nach dem praktischen Subjekt jedoch ist es wichtig, dass die Wahrheit, die von der Folge der diskursiven Ereignisse behauptet wird, den Leser im Zuge einer konkreten Übung *affiziert*. Der Wahnsinn ist vom Fortschritt der cartesischen Meditation ausgeschlossen, da Descartes, wäre er selbst wahnsinnig, sich nicht als ein sich der Probe des Zweifels unterziehendes Subjekt qualifizieren würde. Das bedeutet nicht, dass der Wahnsinn auch aus dem beweisführenden Netz ausgeschlossen ist. Aber dort erscheint er als Gegenstand der Erkenntnis, nicht als eine den Meditierenden auf seinem Weg von der Meinung zum Zweifel zur Anschauung lähmende Bedrohung.

Die Unterscheidung zwischen System und Übung führt das praktische Subjekt an genau dem Punkt der Geschichte ein, an dem die Archäologie des Diskurses und die Genealogie der Macht es *demaskiert* zu haben schienen: die Archäologie, als bloße Variable in unbeständigen epistemischen Ordnungen, und die Genealogie, als eine Folge ebenso unbeständiger Machttechnologien. In den Anfängen der Moderne, da der »Mensch« ins epistemische Zentrum rücken und alles um sich herum, einschließlich seiner selbst als Individuum, objektivieren soll, behauptet sich gleichzeitig das praktische Subjekt. Es tut dies weder zufällig noch akzidentiell. Der springende Punkt in Foucaults Descartes-Lektüre ist, dass das *cogito*, das in seine höchste epochale Rolle gesetzt werden soll, eine Meditation erfordert. Es erfordert eine textuelle Strategie, die einen beweglichen und verwandelbaren Leser anspricht, das heißt

---

12 Michel Foucault, »Mein Körper, dieses Papier, dieses Feuer«, in: *Schriften in vier Bänden. Dits et Ecrits – Band II. 1970–1975*, übersetzt von Reiner Ansén, Michael Bischoff, Hans-Dieter Gondek, Hermann Kocyba und Jürgen Schröder, Frankfurt a. M., 2002, S. 316f.

ein Subjekt, das sich selbst in einer Übung (*askesis*) und in diesem Sinne als praktisch konstituiert. Von welcher Beschaffenheit ist das asketische, praktische Ich? Warum ist es für die Setzung der Vormachtstellung des ›Ich denke‹ notwendig?

Die Beschaffenheit des praktischen Ich, ebenso wie der Prozess seiner Selbstkonstitution, kann offensichtlich nicht unter das cartesische Kriterium für Wahrheit fallen. Sie ist nicht klar und deutlich wahrnehmbar. Sie ist nicht zusammen mit der Anschauung ›Ich denke – ich bin‹ gegeben. Im Gegensatz zum denkenden Ich ist das praktische Ich weder einfach noch absolut, sondern »beweglich«, was bedeutet, dass es nicht als Prinzip dienen kann. Die deduktive Methode trifft es nicht an, weder als Ausgangs- noch als Endpunkt eines Arguments. Das praktische Subjekt ist weder identisch mit noch abgeleitet von der primitiven Gegebenheit – dem *cogito* –, noch ist es ›wirklich unterschieden‹ von ihm, so wie es der Körper ist. Es fällt nicht unter die Alternative von Denken und ausgedehnter Substanz. Dies folgt aus dem Kontrast zwischen *dementia* und *insanitas*, den Descartes dem nicht-philosophischen Gebrauch entlehnt. Beim ersten handelt es sich um einen rechtlichen, beim zweiten um einen medizinischen Begriff. Dement sein, das heißt, ohne Verstand sein, verhandlungsunfähig sein. Geisteskrank sein, ohne Gesundheit sein, erfordert hingegen eine Intervention am Körper. Nur die Dementen sind als Personen gestört, also in ihrer *unio compositionis* von Denken und ausgedehnter Substanz. Was Descartes zum Zwecke seiner Meditation ausschließt, ist die *dementia*: »Aber das sind Demente, und ich erschiene mir selbst als nicht weniger dement, wenn ich irgendetwas von diesen als Vorbild auf mich übertragen würde.«[13] Einmal in seiner Souveränität gesetzt, dient das *cogito* als Ausgangspunkt aller Beweisführungen. Aber es selbst lässt sich nicht beweisen. Es kann lediglich mithilfe einer Reihe von Ausschließungen festgestellt werden. Wer ist

---

13 Im vorhergehenden Satz *beschreibt* Descartes den Wahnsinn und seine Ursachen in medizinischen Begriffen: »... [diese] Kranken [...], deren Gehirne ein solch durchdringender Dampf aus schwarzer Galle zermürbt, daß sie hartnäckig versichern, sie seien Könige ...« Als er den Wahnsinn *ausschließt*, benutzt er demgegenüber rechtliches Vokabular (René Descartes, *Meditationen*, übersetzt von Christian Wohlers, Hamburg, 2009, S. 20). [A.d.Ü.: Schürmann modifiziert die von ihm zugrunde gelegte englische Übersetzung; analog übersetzen wir hier als »Demente« statt »Geisteskranke« und als »dement« statt »verrückt«.]

der Agent solcher Ausschließungen? Weder das mit Bestimmtheit intuitiv erkannte Ich noch das aus Körper und Seele zusammengesetzte Ich. Der Agent der Ausschließung kann nur das meditierende Ich sein. Seine systematische Notwendigkeit folgt aus der Weise, auf die das *cogito* überhaupt erst erlangt werden kann, nämlich durch eine Anschauung. Descartes richtet sich selbst auf diese Anschauung aus. Daher die Beschaffenheit des praktischen Ich: nicht irgendein Gegebenes, sondern etwas im Prozess der Meditation Selbstgegebenes – Ich als mich selbst als bei Sinnen konstituierend. Das praktische Ich ist weder eine Substanz noch eine Verbindung von Substanzen, sondern gänzlich Handlung, Praxis. Als solches begleiten seine Selbstveränderungen nicht nur den beweisführenden Diskurs, sie legen auch das Terrain frei für die Anschauung ›Ich denke – Ich bin‹.

Indem Foucaults Strategie (gegen Derrida[14]) die Äußerlichkeit des Wahnsinns feststellt, entspricht sie, neben anderen Bedürfnissen, einer heuristischen Notwendigkeit. Sie verrät, dass der Status der Frage »Was kann ich tun?«, ebenso wie das praktische Subjekt, das sie in seinem Tun beantwortet, der der Extraterritorialität ist. Das »bewegliche und verwandelbare« Subjekt besetzt ein Territorium, das von dem der syllogistischen Argumentation unterschieden ist. Doch Argumentation ist genau die Weise, durch die es auf sich selbst wirkt. Durch seine beweisführende Meditation konstituiert sich Descartes als rationalistisches Subjekt.

Foucaults Projekt hatte darin bestanden, jüngere Weisen der praktischen Selbstkonstitution zu analysieren. Im Anschluss an den einführenden Band von *Sexualität und Wahrheit*[15] hatte er studieren wollen, auf welche Weise das, was heute ›Sex‹ genannt wird, sowohl mit grenzenloser manifester Macht als auch mit unergründlich tiefer Bedeutung versehen wurde – wie es zu ›Sexualität‹

---

14 Foucaults Aufsatz ist eine Erwiderung auf Jacques Derrida, »Cogito und die Geschichte des Wahnsinns«, in *Die Schrift und die Differenz*, übersetzt von Rodolphe Gasché und Ulrich Köppen, Frankfurt a. M., 2000, S. 53–101. In diesem Text kritisiert Derrida wiederum einige Seiten über Descartes in Michel Foucault, *Wahnsinn und Gesellschaft*, übersetzt von Ulrich Köppen, Frankfurt a. M., 1969, S. 68ff.

15 [A.d.Ü.: Im Folgenden spielt Schürmann auf die Analogie zwischen den Originaltiteln *Histoire de la sexualité* (dt. *Sexualität und Wahrheit*, vgl. Anm. 15) und *Histoire de la folie à l'âge classique* (dt. *Wahnsinn und Gesellschaft*, s.o.) an.]

wurde. Dies vollzieht sich im neunzehnten Jahrhundert (da das Wort ›Sexualität‹ selbst eine Prägung des frühen neunzehnten Jahrhunderts ist, war und bleibt der Gesamttitel der Reihe so vieldeutig wie der des früheren Werks *Wahnsinn und Gesellschaft*: Foucault ging es jeweils darum zu zeigen, dass Wahnsinn und Sexualität eben keine beständigen Wesenheiten sind). Für den Archäologen des Diskurses war die Sexualität im neunzehnten Jahrhundert ein goldenes Thema, da niemand mehr darüber sprach als viktorianische Schullehrer und Beichtväter. Für den Genealogen der Macht war das Thema ebenso aufschlussreich, da es ihm erlaubte, verbreitete Annahmen über die Repression des vorigen Jahrhunderts und die Befreiung unseres Jahrhunderts zu hinterfragen. Tatsächlich legen die »Technologien« des Sex nahe, dass in modernen Gesellschaften Macht nicht länger gemäß dem Modell der Monarchie und ihrem Gesetz operiert, sondern als produktive Kraft, unter Anwendung zahlloser Mechanismen und durch »ein feines Netz von Diskursen, Wissen, Lüsten, Mächten.« Der Genealoge muss »[d]en Sex ohne das Gesetz und die Macht ohne den König [...] denken«.[16] Was die spezifischen Technologien betrifft, durch die wir uns als Subjekte der Sexualität konstituieren, soll es derer vier geben: die Hysterisierung der Frauen, die Onanie der Kinder und die Taktiken seiner Bekämpfung, die Psychiatrisierung der Perversionen, und die Sozialisierung des Fortpflanzungsverhaltens.[17]

Die drei Bände, von denen bisher zwei veröffentlicht wurden, scheinen ganz verschieden. In ihnen analysiert Foucault, was er in einer wiederkehrenden Wendung als »die Art und Weise, wie man sich als Moralsubjekt [...] konstituieren sollte, [um] sich in dem komplexen und beweglichen Spiel der Beziehungen von Befehlsgewalt und Unterordnung ansiedeln zu können«[18] bezeichnet. Die Selbstkonstitution des moralischen oder ethischen Subjekts wird, in der entsprechenden Anzahl von Bänden, für den klas-

---

16 Michel Foucault, *Sexualität und Wahrheit 1. Der Wille zum Wissen*, übersetzt von Ulrich Raulff und Walter Seitter, Frankfurt a. M., 1983, S. 92, 112.

17 Foucault, *Der Wille zum Wissen*, S. 182ff. Zusammengenommen bilden diese vier Elemente eine »allgemeine Theorie des Sexes« (S. 184) – eine Formulierung, die in der englischen Übersetzung ausgelassen wurde, zweifellos aufgrund ihres essenzialistischen Klanges.

18 Michel Foucault, *Sexualität und Wahrheit 3. Die Sorge um sich*, Frankfurt a. M., 1986, S. 127f.

sisch griechischen, den römischen und den frühchristlichen Zusammenhang nachvollzogen. Damit holt Foucault nicht nur seine frühere Vernachlässigung alles Vormodernen nach, er entwickelt auch die archäologisch-genealogische Methode weiter. Sie wird jetzt angewendet, um zu untersuchen »welches die Formen und die Modalitäten des Verhältnisses zu sich sind, durch die sich das Individuum als Subjekt konstituiert und erkennt«.[19] Die drei Bände legen detailgenau dar, wie sich, von der Antike zu den Kirchenvätern, das Selbst durch veränderliche Praktiken ausbildete. Sie beschreiben die Weisen, auf die sich das Individuum in einem diskursiven Netzwerk und einem Machtraster situieren konnte. Für jeden der drei untersuchten geschichtlichen Momente beantworten sie detailliert die Frage »Was kann ich tun?«

Was unmittelbar auffällt ist tatsächlich die Unzulänglichkeit des allgemeinen Begriffs der »Sexualität«. Für die Griechen war die die Selbstformung leitende Vorstellung die des Gebrauchs der Lüste (*chresis aphrodision*, Platon und Aristoteles); für die Römer die des strengen Erlernens der Freude (*disce gaudere*, Seneca); und für die frühen Christen die des Fleisches (*sarx*, Paulus). Foucault verwirft damit jegliches einheitliche Konzept von Sexualität. Er sucht nach den veränderlichen Beziehungen zwischen dem »Subjekt als sexuellem Akteur [und] den anderen Bereichen des Lebens, in denen es aktiv ist«.[20] Den Griechen bleibt jegliche Antwort auf die Frage »Was kann ich tun?« in Bestimmungen wie der Ordnung des Haushalts, den Erfordernissen der Diätetik oder der problematischen Wahl eines sexuellen Objektes eingeschrieben – drei Sphären der Machtbeziehungen, in denen der Handelnde seine Vorherrschaft durchsetzen muss. Die Verlagerung in den römischen Zusammenhang fügt diesen drei Bereichen der Vormachtstellung des freien Mannes keine entscheidenden Faktoren hinzu, sondern sie »betrifft […] die Weise, in der das Individuum sich als Moralsubjekt konstituieren soll […] das Subjekt [muss] seine Herrschaft behaupten […] die Betonung [wird] mehr und mehr auf die Schwäche des Individu-

---

19 Foucault, *Der Gebrauch der Lüste*, S. 12.

20 Michel Foucault, *Die Sorge um sich*, S. 50. [A.d.Ü.: Schürmann modifiziert die Übersetzung leicht, vgl. Michel Foucault, *Histoire de la sexualité 3. Le souci de soi*, Paris, 1984, S. 50.]

ums gelegt, auf seine Zerbrechlichkeit«.[21] In den frühen Formen des Mönchtums verändern sich diese Faktoren erneut, ebenso wie die Formen der Beherrschung. Der eine, unausweichliche Kampf des klösterlichen Subjekts, das sich selbst als moralisch zu konstituieren versucht, zielt auf die vollkommene Keuschheit ab.

Was außerdem auffällt ist, dass sich Foucaults Begriff des selbstkonstituierenden Subjekts in diesen Bänden in eine Invariable verwandelt.[22] Es gibt einen griechischen, einen lateinischen, einen frühchristlichen - und, es ließe sich hinzufügen, einen frühmodernen, cartesischen - Modus der praktischen Selbstkonstitution. Zwar ist ihre sexuelle Bestimmung selbst kein von der archäologisch-genealogischen Methode (welche Foucault in den Bänden zur Sexualität keineswegs zurückweist) aufgedecktes, dauerhaftes Merkmal des praktischen Subjekts, aber ›Beherrschung‹ dauert zweifellos diachronisch fort. Vom griechischen freien Bürger und der Herrschaft des römischen Magistraten über seine Familie und seine Geliebten, über das Gebieten der Kirchenväter über den »Geist der Unzucht [*fornicatio*]« (Cassian), bis hin zu Descartes' Ausschließung des Wahnsinns, lässt sich eine klare Linie ziehen, die Gewalt als beständige Eigenschaft westlicher Selbstkonstitution zumindest von der Antike bis in die Frühmoderne offenlegt. Diese Linie bekräftigt, was wie eine unausgesprochene Voraussetzung der neueren Schriften Foucaults erscheint, der zufolge sowohl die Aufgabe als auch die Möglichkeit der Bildung des Selbst Konstanten sind. Trotz der vielfachen »Verlagerung, Ablenkung und unterschiedliche[n] Gewichtung«[23] der Weisen, auf die Menschen auf sich selbst einwirken konnten, ist das Subjekt als praktisches keine epochale, an ein bestimmtes Zeitalter unserer Geschichte gebundene Figur. Es ist vielmehr stets dazu aufgerufen, an den eng umgrenzten, sich verschiebenden Ort zu treten, der von diskursiven Konstellationen und Machtwirkungen offen-

---

21 Foucault, *Die Sorge um sich*, S. 92f.

22 Kurz vor seinem Tod sagte Foucault: »Die klassische Antike kannte keine Problematisierung der Selbstkonstitution als Subjekt« (Foucault, »Die Rückkehr der Moral«, S. 872). Das ist erstaunlich, betont er doch in *Der Gebrauch der Lüste* wiederholt, dass es in der griechischen Ethik um eine eben solche Selbstkonstitution als Subjekt ging, vgl. *Der Gebrauch der Lüste*, S. 10f., 37ff., 51, 55f., 62f., 82f., 109f., 114–118, 140, 175f., 221.

23 Foucault, *Die Sorge um sich*, S. 92.

gelassen wird. Ob die Gewaltsamkeit sich aufzwingender Beherrschung auch das beschreibt, was im Zeitalter der sich schließenden Moderne – also unserem – getan werden kann, bleibt zu untersuchen.

Dem Risiko übermäßiger Systematisierung zum Trotz kann es für das Nachvollziehen der aufeinanderfolgenden Modi praktischer Selbstkonstitution nützlich sein, vom »ethischen« Subjekt nur im griechischen Zusammenhang zu sprechen. Ursprünglich bezeichnet *ethos* den Ort des Wohnens. Die drei Aspekte, anhand derer Foucault die griechische Selbst-Praxis beschreibt – Diätetik, Ökonomik, Erotik – laufen tatsächlich auf ebenso viele Stellungen des Selbst hinaus. Die Diät der Lüste verortet hinsichtlich des eigenen Körpers; Mäßigung der Autorität über Familienmitglieder und Sklaven verortet im Haushalt; und der Respekt für den umworbenen *Epheben* – oder, umgekehrt, die Selbstkontrolle des *Epheben*, wenn er dem Verehrer nachgibt – bestimmt die Reputation des Subjekts und verortet es in der Stadt. Diese körperliche, häusliche und politische Positionierung ist das eine, ursprünglich ethische Problem. Der Begriff »moralisch« dagegen bezeichnet streng die Weise, auf die ein Römer sein Selbst ausgestaltet. Sobald von Sitten (Gepflogenheiten, Gebräuchen, Verhaltensweisen) gesprochen wird, deutet das auf eine ausgeprägtere Sorge um den Ort der Lüste hin. Damit geht in der medizinischen und philosophischen Literatur ein Beharren auf Zügelung und Strenge einher, das dem griechischen Begriff fremd war. Selbstkonstitution bedeutet zwar nach wie vor Selbstpositionierung, aber die Betonung liegt nun auf der weisen Kultivierung der eigenen natürlichen Dispositionen: auf der Selbstkultur im Sinne von *colere*, ›umsorgen‹ oder ›pflegen‹. Ebenso ist das »asketische« Subjekt spezifisch dasjenige, das sich mittels der frühchristlichen Technologien der Selbstkonstitution selbst zur Ursache wird. Schließlich, und sofern Descartes' Praxis der beweisführenden Meditation überhaupt als paradigmatisch für sein Zeitalter angesehen werden kann, wird das »rationale« Subjekt durch einen den Anfängen der Moderne eigenen Übungsstil produziert. Zwar ist diese Epochalisierung der ethischen, moralischen, asketischen und rationalen Figuren der Praxis nicht als starr und unnachgiebig zu verstehen. Jedoch, und obwohl Foucault sie nicht eindeutig voneinander trennt, würde eine Behandlung dieser Begriffe als ungefähr synonym darauf hinauslaufen, gerade diejenigen Verschiebungen in der Geschichte zu verwischen, deren Dramatisierung der Zweck all seiner Untersuchungen gewesen war.

Der Ausdruck, den Foucault für unseren eigenen geschichtlichen Ort beanspruchen wird, ist der allgemeinste der genannten: *askesis*, ›Übung‹ oder ›Schulung‹. Augustinus übersetzte ihn als *exercitatio*. In einer Gesellschaft, die zu globaler Uniformität tendiert, wird Askese jedoch etwas anderes bedeuten als die Beherrschung der Begierden, die das griechische Wort bezeichnet, und auch etwas anderes als die Kultivierung der Innerlichkeit, die in seiner lateinischen Entsprechung hervorgehoben wird. Jedem der von diesen antiken Begriffen beschriebenen Phänomene entsprach eine spezifische Angst. Für den *eromenos* war es die Angst davor, sich, obwohl der Klasse der freien Männer zugehörig, wie Frauen und Sklaven sexuell zu unterwerfen; dem *erastes* entstand sie aus dem Faktum des physischen Begehrens, dass sich der Belehrung der Seele entgegenstellte. Für einen frühen Christen entsprang sie, in den Worten des Augustinus, aus der Dialektik der Ruhe: das Herz wäre nicht ruhelos, hätte es nicht schon gefunden, wonach es sucht; doch obwohl es seinen Frieden schon gefunden hat, bleibt es ruhelos. In unserer zeitgenössischen Konfiguration wird *askesis* wieder von einer Angst begleitet sein. Sie zu lokalisieren kann uns helfen, die allgemeine Askese zu spezifizieren. Diese Spezifizierung wird sich zeigen, wenn wir die Kämpfe beschreiben, durch die sich Subjekte heute selbst konstituieren können.

Was kann ich in einer isomorphen Gesellschaft tun?

»Es gibt nicht eine einzige Kultur in der Welt, in der es erlaubt wäre, alles zu tun.«[24] Von ausgewählten Momenten in unserer Geschichte ausgehend hat Foucault die sich immer wieder verschiebenden Grenzen des Schauplatzes analysiert, der jeweils im Voraus bestimmt, was wir tun konnten. Er hat die diskursiven und außer-diskursiven Kräfte kartiert, die Subjekten einen begrenzten Aufenthalt der Selbstkonstitution zugewiesen haben. Diese heteronomen Kräfte begrenzen das Feld der autonomen Selbstkonstitution engmaschig. Man kann nicht umhin, nach der heutigen

24 Michel Foucault, »Der Wahnsinn, Abwesenheit eines Werkes«, S. 544.

Konstellation von Heteronomie und möglicher Autonomie zu fragen: Was können wir an unserem zeitgenössischen Ort tun, was lassen diese Kräfte heute zu? Foucault hat die Betrachtung dieser Frage zwar nicht völlig vernachlässigt, er wählte aber einen eher programmatischen Ton. Er erklärt: »Wir müssen neue Formen der Subjektivität zustandebringen.«[25] Dies beinhaltet einen Kampf, der verschiedene Strategien vereinigt.

Wie bereits Kant erkannt hatte, überschneiden sich im Subjekt Strategien der heteronomen und autonomen Konstituierung. Der Archäologe-Genealoge indes vertraut nicht länger darauf, dass autonome Selbstgesetzgebung überhaupt universell sein kann. Dementsprechend muss er am zeitgenössischen Ort mögliche Modi der Selbst-Bildung oder *Subjektivierung* herausarbeiten, die ebenso positiv sind wie die Modi der Fremdbildung oder *Unterwerfung*.

Die Verknüpfung konstitutiver Strategien ist komplexer, als die transzendentale Kritik es sich auszumalen imstande gewesen wäre, da nicht alle Kräfte der Unterwerfung dem Subjekt von außen auferlegt sind, wie es bei gesellschaftlicher Herrschaft und ökonomischer Ausbeutung der Fall ist. Zwar sind diese nicht aus der westlichen Welt verschwunden, doch sind neue Formen *innerlicher, wenn auch heteronomer* Modi der Unterwerfung Ziel heutiger Kämpfe geworden. Es handelt sich um die heteronomen Stimmen, die uns unsere Identität einsagen. Von den weichen Wissenschaften zu lernen, wer und was wir sind und uns in ihren Maximen zu erkennen bedeutet, Macht in der Form von Wissen zu internalisieren. Tatsächlich objektiviert sich das Subjekt selbst, wenn es sagt – bestätigt, bekennt – »Dies ist was ich bin«. Als kognitive Objektivierung veranschaulicht die internalisierte Heteronomie das moderne Postulat von der zentralen Position des Menschen im epistemischen Gefüge; als Unterwerfung unter die Macht veranschaulicht es die moderne Version des Strebens nach Herrschaft – dem einen, bis heute diachronisch andauernden Wesenszug unserer Geschichte. Endlos aufgerufene ›Selbstidentität‹ folgt damit aus der internalisierten, wenn auch heteronomen Unterwerfung. Selbstidentität ist Selbstobjektivierung, die als Selbstunterwerfung akzeptiert und durchgesetzt wird.

---

25 Michel Foucault, »Warum ich die Macht untersuche: Die Frage des Subjekts«, S. 250.

Ein vergleichbares Chiasma charakterisiert die mögliche Selbstbildung oder Subjektivierung. Äußerliche und dennoch autonome Subjektivierung – für Kant ein Widerspruch in sich – ist das Herzstück dessen, was Foucault über den Kampf um eine neue Subjektivität zu sagen hat. Der freie Bürger der griechischen *polis*, der kosmopolitische Römer, der Angehörige der Stadt Gottes im Frühchristentum, die protestierenden Gemeinschaften der Reformation, Descartes als Sprecher der frühmodernen rationalistischen Gemeinschaft (denen er die Übung der Meditation vorschlägt), Kant als Sprecher der Bewegung der Aufklärung[26] – sie alle konstituieren ihre Subjektivitäten in der Öffentlichkeit. Ihre Autonomie ist eine Möglichkeit, die in Institutionen oder Netzwerken konkretisiert wird: das *bouleuterion*, das *comitium*, die Empfänger von *Instructiones* oder *Collationes* (wie den Cassianischen[27]), die Versammlungen der reformierten Kirchen, Descartes' Publikum der Briefeschreiber (Mersenne, Bérulle, Christina), Kants »Publikum der Leserwelt«. In keinem dieser Zusammenhänge ist das selbstkonstituierende Subjekt ein wortloses. Es ist nicht das dekontextualisierte Selbst der Innerlichkeit, sondern ein Selbst, das autonom wird, indem es sich die Möglichkeiten zu eigen macht, die sich ihm in der eng umgrenzten Sphäre seiner Freiheit anbieten und epochal eröffnet werden. Wenn man die Sequenz der Fokuspunkte bei Foucault entdeckt und ihm von der Analyse diskursiver Praktiken über die der Machttechniken und zuletzt zur Analyse der Modi der Subjektivierung oder der Selbstbildung folgt, sollte man daher keinen thematischen Rückzug ins Innenleben vermuten. Zum einen haben sich sowohl die christliche als auch die nachchristliche Innerlichkeit als durch heteronome (wenn auch inter-

---

26 »Als Kant 1784 fragte: ›Was ist Aufklärung?‹, da meinte er: Was geht jetzt eben vor sich? [...] Wer sind wir in diesem präzisen Moment der Geschichte?« (*ebd.*). Man mag einwenden, dass Kants Aufsatz die Frage danach, was in seinem geschichtlichen Zeitraum passiert, vor allem dann aufzuwerfen scheint, wenn er in französischer Übersetzung gelesen wird. *Les Lumières* (ebenso wie das italienische *Illuminismo*) ist ein Begriff, der ein Zeitalter der Moderne bezeichnet, während sowohl das deutsche *Aufklärung* als auch das englische ›enlightenment‹ (zumindest wenn nicht kapitalisiert) in erster Linie ein intellektuelles Projekt anzeigen, nicht ein Jahrhundert – das achtzehnte – der intellektuellen Geschichte.
27 Vgl. Foucaults Analyse von Cassians *Institutiones* und *Collationes* in »Der Kampf um die Keuschheit«, in: *Dits et Ecrits IV*, S. 353–368.

nalisierte) und äußerliche (und doch autonome) Faktoren bestimmt erwiesen. Entscheidender aber ist in Foucaults Analyse der zeitgenössischen Konstellation möglicher Modi der Selbstkonstitution, dass das Selbst vollständig in öffentliche Kämpfe eingeschrieben ist.

Neue Formen der Subjektivität können heute, so schreibt er, in Kämpfen gegen »die Auswirkungen der Macht als solcher« geschaffen werden. Er nennt dafür Beispiele und erläutert einige der ihnen gemeinsamen Züge. Beispiele sind »die Opposition gegen die Macht der Männer über Frauen, der Eltern über ihre Kinder, der Psychiatrie über die Geisteskranken, der Medizin über die Bevölkerung, der Verwaltung über das Leben der Leute«.[28] Oder auch, in einer Aufzählung der Ziele: »die Autorität in der Familie, die Drangsalierung durch die Polizei, [...] der Organisation der Schule und die Disziplin dort oder die Passivität, zu der euch die Presse verurteilt«.[29] Diese Beispiele beschreiben besondere und verstreute Formen der Beherrschung. Entscheidender sind die Züge, nach denen sich Subjektivität in diesen Kämpfen konstituiert. Hier wiederum ist es notwendig, über Foucaults knappe Bemerkungen hinauszugehen und sie aus dem Blickwinkel des Strebens nach Beherrschung zu untersuchen. Von den griechischen bis zu den modernen Formen der Selbstkonstitution war dieses Streben als Konstante erschienen. Das Erlangen und Erhalten der Oberhand über Haushalt, Körper und Wahnsinn hatte sich als die grundlegende Eigenschaft der verschiedenen Techniken der Selbstbildung herausgestellt. Auswirkungen der Macht äußern sich nicht in Form von Universalien. Als abstrakte Größen lassen sich Autorität und Beherrschung nirgendwo auffinden. Viel eher muss gefragt werden: Kann es sein, dass Beherrschung heute einen führenden Zug nicht (mehr) der *Ziele* der Selbstkonstitution, sondern, im Gegenteil, ihrer *Hindernisse* konstituiert? Diese Hypothese lässt sich anhand der beiden Dimensionen Unterwerfung und Subjektivierung überprüfen.

Die aufgelisteten Kämpfe zielen auf besondere zeitgenössische Modi des geheimen Einverständnisses zwischen Macht und Wissen. In diesem Sinne veranschaulichen sie einen heute möglichen Widerstand gegen *Unterwerfung*. Man widersetzt sich Ansprüchen auf kognitive Letztheit. Das »Dies ist was du bist« des Experten ver-

28 Foucault, »Warum ich die Macht untersuche: Die Frage des Subjekts«, S. 245.
29 Michel Foucault, »Jenseits von Gut und Böse«, in: *Dits et Ecrits II*, S. 273.

läuft parallel zu Wissensansprüchen auf die schon genannten postulierten Standards, von denen ›der Mensch‹ der letzte sein könnte. Der Erzieher, der Psychiater, der Arzt, ebenso wie der spekulative Metaphysiker, postulieren eine Evidenz, die, als Evidenz, zwingend sein muss. Die Wahrheit aus dem Mund eines sachkundigen Sprechers – »Denke daran, du bist ein Jugendlicher«, oder »eine Frau«, oder »ein Neurotiker« – zwingt sich auf. Der Beweis ihrer Macht liegt im Grad der Zustimmung und der Internalisierung, die diese Wahrheiten erzeugen. Darin bestand das Regime der epochalen Letztreferenten. Sie gaben der Stadt ihre Ordnung und dem Subjekt sein Zentrum. Um die formale Affinität zwischen den Ansprüchen des Expertenwissens und metaphysischen Postulaten zu zeigen, lässt sich ein Umkehrschluss aus dem Schicksal desjenigen Agenten der Unterwerfung ziehen, der am offenkundigsten heteronom ist: dem positiven Recht. Sein Schicksal ist heute auf den europäischen und amerikanischen Kontinenten wahrscheinlich nicht dasselbe. In der Neuen Welt ist einem Satz wie »*It's the law*« ein Grad der Internalisierung und damit der Fetischisierung gewiss, den er in der Alten Welt schon vollständig eingebüßt hat. Nur wenige würden widersprechen, wenn Foucault feststellt: »Nur eine Fiktion kann zum Glauben führen, daß die Gesetze dazu gemacht sind, respektiert zu werden [...] Die Gesetzeswidrigkeit [...] ist ein absolut positives gesellschaftliches Funktionselement, dessen Rolle in der Gesamtstrategie der Gesellschaft vorgesehen ist«.[30] Ansprüche auf Letztheit begünstigen je nach Zusammenhang unterschiedliche Vorstellungen. Für die besagten Kämpfe besteht die elementare Aufgabe darin, die künstlich mit Letztheit versehenen Fetische ausfindig zu machen und aufzudecken, wie Wissen und Macht in ihnen zusammenwirken, um das Subjekt zu unterwerfen.

Welche Formen der *Subjektivierung*, das heißt der Selbstkonstitution, sind heute möglich? Foucault zögerte, sie zu benennen. Er zog es vor, »das Recht, anders zu sein« aufzurufen und uns dazu anzuhalten, »das, was wir sein könnten, aus[zu]denken und auf[zu]bauen«.[31] Die allgemeine Stoßrichtung seiner Argumentation lässt

---

30 Michel Foucault, »Von den Martern zu den Zellen«, in *Mikrophysik der Macht*, Berlin, 1976, S. 51.

31 Foucault, »Warum ich die Macht untersuche: Die Frage des Subjekts«, S. 246, 250.

sich jedoch unschwer herausarbeiten, und zwar am besten anhand der Unterscheidung zwischen Individualismus und Anarchismus.

Der moderne Staat, schreibt er, stellt seine Bürger in eine »Doppelbindung«. »Ich glaube, daß es niemals in der Geschichte der menschlichen Gesellschaften [...] eine so verwickelte Kombination von Individualisierungstechniken und Totalisierungsverfahren innerhalb ein und derselben politischen Struktur gegeben hat«.[32] Individualisierung bezeichnet nicht nur die atomistischen Lebensverhältnisse moderner Gesellschaften, sondern, noch radikaler, die unmittelbare und intime Bloßstellung eines Jeden vor dem Staat. Auf den Ursprung des Wohlfahrtsstaats in der christlichen Seelsorge ist schon vor Foucault hingewiesen worden. Wie die Kirche dem Gewissen jedes Einzelnen gegenwärtig war, so ist es in liberalen Regimen der Staat. Mit der Einsetzung der Demokratien ging einher, »daß Macht vom pastoralen Typ [...] plötzlich den gesamten Gesellschaftskörper durchdrang«. Die Doppelbindung besteht in der Aufgabe des Staates, seine Teile zu einem Ganzen zu vereinen und gleichzeitig jeden Aspekt der privaten Existenz dieser Teile zu organisieren. Unter diesen Voraussetzungen – das heißt, wenn die organisatorisch-totalitäre Bindung die liberal-atomistische Bindung notwendigerweise begleitet – kann Selbstkonstitution sich nicht auf einen verbesserten Individualismus beziehen. Das ist bereits auf der kulturellen Ebene sichtbar: Es gibt keine sicherere Formel für gesellschaftlichen Isomorphismus, als an die Besonderheit jedes Einzelnen zu appellieren. Indem man seine einzigartige Persönlichkeit, seine einzigartigen Gefühle, Geschmäcker, Lebensstile und Überzeugungen harmonisiert, tut man genau das, was jeder andere auch tut, und verstärkt so die Uniformität gerade in dem sie verleugnenden Akt. Dem Individualismus stellt Foucault daher den Anarchismus entgegen: »Abschließend könnte man sagen, daß das politische, ethische, gesellschaftliche und philosophische Problem, das sich uns heute stellt, nicht darin liegt, das Individuum vom Staat und dessen Institutionen zu befreien, sondern *uns selbst* sowohl vom Staat als auch vom Typ der Individualisierung, der mit ihm verbunden ist, zu befreien«.[33]

---

32 Ebd., S. 248.

33 Ebd., S. 249f. [Übersetzung bei Schürmann leicht modifiziert; Schürmann kursiviert.]

Nur wenn wir aufhören, von gesellschaftlichen Mega-Einheiten zu träumen, wird Selbstkonstitution öffentlich und dennoch autonom sein. »[S]ich ein anderes System vorzustellen, ist gegenwärtig noch Teil des Systems. [...] Wer an die Stelle der offiziellen Institution eine andere Institution setzen will, die dieselben Funktionen besser oder anders erfüllen soll, der hat sich schon von der herrschenden Struktur wieder vereinnahmen lassen.« Reformismus gehört zur selben Gruppe von Phänomenen wie Individualismus, Liberalismus, Totalitarismus. Erinnert man sich an das, was über ›den Menschen‹, dieses »vorübergehende Postulat«, gesagt wurde, dann muss man möglicherweise den Humanismus zu dieser Gruppe hinzufügen; und erinnert man sich an die Entstehung des modernen Staates aus christlichen Techniken der Kontrolle der Seele, dann muss man wohl auch den Spiritualismus hinzufügen. In alldem bleibt Selbstkonstitution, wenn auch internalisiert, heteronom. Was als Geste einer heute möglichen Selbstkonstitution entsteht, ist der polymorphe Kampf gegen gesellschaftliche Totalitäten. »Das ›gesellschaftliche Ganze‹ darf man gerade nicht im Auge behalten oder allenfalls in dem Sinne, dass man es zerstören möchte«.[34] Die genannten Kämpfe sind »anarchistische Kämpfe«. Was sie zu solchen macht ist nicht nur der angestrebte Bruch mit Totalitäten, sondern, wesentlicher noch, ihr polymorpher, sporadischer, »›transversaler‹«, »›unmittelbarer‹« Charakter.[35]

Foucault wird ähnlich deutlich, wenn es um den heute möglichen philosophischen Diskurs und um den Status seiner eigenen Schriften geht. Über die Philosophie, wenn sie überhaupt noch lebt, sagt er, sie liefe hinaus auf »eine Askese, eine Übung seiner selber, im Denken«. Anders ausgedrückt wäre, ähnlich wie im Fall von Descartes, das Philosophieren eben jene Aktivität, durch die das denkende Subjekt sich selbst konstituiert. Das Subjekt, das sich heute durch eine asketische Übung bilden kann, wird jedoch

---

34 Foucault, »Jenseits von Gut und Böse«, S. 285, 287, 288.

35 Foucault, »Warum ich die Macht untersuche: Die Frage des Subjekts«, S. 245f. [A.d.Ü.: Schürmann schreibt »anarchistic struggles« und folgt damit dem englischen Original des Textes. Die französische und die deutsche Übersetzung hingegen übersetzen als »luttes anarchiques« (Michel Foucault, »Le sujet et le pouvoir«, übersetzt von Fabienne Durand-Bogaert, in: *Dits et Ecrits – Tome IV. 1980–1988*, herausgegeben von Daniel Defert und François Ewald in Zusammenarbeit mit Jacques Lagrange, Paris, 1994, S. 226) bzw. als »anarchische Kämpfe«.]

– in Anbetracht des Verlusts des Egos und damit der Fähigkeit, die Totalität der Phänomene auf den Akt des ›Ich denke‹ zu beziehen – nicht das rationalistische Subjekt sein. Noch werden seine Gedankengänge eine Meditation ergeben. Stattdessen werden sie in einem »Essay« resultieren. Diese literarische Gattung ist »zu verstehen als eine verändernde Erprobung seiner selber [im Wahrheitsspiel]«. Wie Foucault hinzufügt, laufen seine eigenen Schriften auf eine ebensolche Übung hinaus. Sie waren eine Probe, die insofern Askese erforderte, als sie in einem Versuch »anders zu denken« bestanden. Dementsprechend betrachtet er all seine Studien, die zur Sexualität »ebenso wie andere, früher unternommene« als das laufende »Protokoll einer Übung«. Die so zurückgewonnene philosophisch-asketische Tradition wird auf einen neuen Inhalt, auf ein andauerndes Problem angewandt: »Es war eine philosophische Übung: es ging darum zu wissen, in welchem Maße die Arbeit, seine Geschichte zu denken, das Denken von dem lösen kann, was es im Stillen denkt«.[36] Was auf dem Spiel steht, ist der Kampf eben gegen die Prämisse der unhinterfragten Einführung in die Diskurs- und Machtspiele der Gegenwart.

Was das Denken stillschweigend gedacht hat sind die Wahrheitskonstellationen in Verbindung mit den Auswirkungen der Macht. Stets haben wir das gedacht, was ein gegebenes Zeitalter als seine heteronome Ordnung hervorbrachte; und wir haben diese Ordnung schweigend gedacht, sie trotz ihrer Heteronomie internalisiert. Wenn jegliche autonome philosophische Übung darin besteht, »anders zu denken«, dann ist die erforderliche Askese in der Tat eine Probe – nicht lediglich ein Versuch oder ein Essay, sondern auch eine Prüfung. Der Ort dieses Versuchs und dieser Prüfung, der Ort eines Sprechens, das »keine Kultur unmittelbar akzeptieren kann« und das deswegen »überschreitend«[37] ist, ist das Schreiben. Darin liegt die Verwandtschaft, die Foucault mit Descartes reklamiert, eine Affinität, die seine vorherigen Bemerkungen über den Aufstieg und Fall des modernen Postulats ›Mensch‹ nicht gerade erahnen ließen. Foucaults Probe, der er sich im Schreiben unterzogen hat, bestand darin, die stillschweigend vorausgesetzten Grenzen zu verschieben: die zwischen dem normalen und dem

---

36 Foucault, *Der Gebrauch der Lüste*, S. 16.

37 Foucault, »Der Wahnsinn, Abwesenheit eines Werkes«, S. 545.

pathologischen, zwischen Unschuld und Schuld. In seinen archäologischen und genealogischen Schriften hat er seine Selbstkonstitution als überschreitendes Subjekt geübt – sich in ihr geschult und sie vollzogen.

Zieht man zusätzlich zu diesen Schriften die spärlichen Andeutungen zu unserem zeitgenössischen Ort in Betracht, kann gemutmaßt werden, dass es sich bei der Selbstkonstitution als überschreitendes Subjekt um eine epochale Möglichkeit handelt, die anderen Kulturen als unserer zur Verfügung steht oder stand. Sokrates und viele andere wurden beschuldigt, »anders zu denken«. Aber was an der heutigen Wahrheits- und Machtordnung neu ist, ist ihre Tendenz zur weltweiten Homogenität. Die genannten Formen des Kampfes gehören allein in diesen Zusammenhang. Was in einer solchen isomorphen Gesellschaft getan werden kann ist demnach, sich selbst als ein *anarchistisches* Subjekt zu konstituieren. Hegel zufolge sind Überschreitungen wesentlich – nicht epochal – notwendig, damit das Gesetz möglich sei. Anarchismus dagegen erscheint als praktische Möglichkeit erst nach dem Triumph des modernen Staates. Das anarchistische Subjekt bedient sich jedoch desselben Mediums des Kampfes, durch das sowohl das rationalistische als auch das überschreitende Subjekt sich öffentlich konstituierten: durch »Schreiben« oder diskursive Intervention. Wie hätte Foucault, der die Auswirkungen der Macht des Diskurses studiert hatte, sich nicht der Verschiebungen, die seine Äußerungen in der Öffentlichkeit hervorrufen mussten, bewusst sein können?

Der Unterschied zwischen überschreitenden und anarchistischen Kämpfen liegt in den jeweiligen Zielen, gegen die sie sich richten: Das überschreitende Subjekt gegen ein beliebiges Gesetz, das anarchistische Subjekt gegen das Gesetz der gesellschaftlichen Totalisierung. Dieser Unterschied verweist auch auf den Typ der Angst, die den heute möglichen Modus der praktischen Selbstkonstitution begleitet. Unsere Angst entsteht aus der Unmöglichkeit, Standards zu postulieren. In den konkreten Zielen seines Kampfes – Strafvollzugsanstalten, die Nähe zwischen medizinischem Berufsstand und institutionalisierten, ›erweiterten Verhörtechniken‹ (nicht nur in südamerikanischen Ländern) usw. – blieb Foucault auf der Linie ideologischer Organisationen und Bewegungen. Aber er befürwortete keines der diesen eigenen Handlungsprinzipien. Warum hat er sich dann ihren Kämpfen angeschlossen? Sicherlich nicht aufgrund irgendeines universell gültigen moralischen Imperativs. »Die Suche nach einer Form von Moral, die für alle annehmbar wäre – in dem Sinne, dass alle sich dem zu unterwerfen hätten –, erscheint mir als eine Katastrophe«.[38] Man erinnert sich an Luther: »Hier stehe ich. Ich kann nicht anders«. Im Gegensatz zum Anarchismus des neunzehnten Jahrhunderts ist derjenige, der heutzutage möglich ist, schwächer und zerbrechlicher. Er hat keine lineare Erzählung, durch die er sich rechtfertigen könnte, nur die Geschichte der Wahrheit und die damit verbundene Geschichte des Subjekts. Doch diese Geschichten sind von Brüchen durchsetzt. Indem es wagt, was verboten ist, fetischisiert das überschreitende Subjekt noch immer das Gesetz. Das anarchistische Subjekt wiederholt Nietzsches Zarathustra: »›Das – ist nun *mein* Weg, – wo ist der eure?‹ [...] *Den* Weg nämlich – den giebt es nicht!«[39] Anarchismus durch diskursive Intervention ist heute eine Möglichkeit, aber er ist kein Sollen.

Auf den ersten Blick mag es paradox klingen, zu behaupten, sich selbst als anarchistisches Subjekt zu konstituieren liefe darauf hinaus, seine eigene Einführung in eine gegebene Diskurs- und Machtanordnung herauszufordern: »Diese Kämpfe zielen auf die Auswirkungen der Macht als solcher«. Als solcher? Ist es nicht widersprüchlich anzunehmen, dass einerseits kein Hauptfeind, sondern nur klar umrissene Ziele für Auseinandersetzungen existieren, und dass andererseits das Ziel von zeitgenössischen Kämpfen das Prinzip des Übergriffs selbst sei, mithilfe dessen gesellschaftliche Totalitäten die Leben einzelner auf einen vorbestimmten Ort in ihrem all-umfassenden Dispositiv beschränken? Der Eindruck, dass es sich hierbei um ein Paradox handelt, verschwindet, wenn man versteht, dass das Herausfordern von Auswirkungen der Macht »als solcher« auf eine Strategie ihrer Entblößung an den Stellen und in den Momenten ihres Auftretens hinausläuft. Der medizinische Berufsstand muss kritisiert werden, weil »er über die Körper und die Gesundheit der Leute, über ihr

---

38 Foucault, »Die Rückkehr der Moral«, S. 872.

39 Friedrich Nietzsche, *Ecce Homo*, Also sprach Zarathustra, 1, in: *Kritische Studienausgabe*, Bd. 6, herausgegeben von Giorgio Colli und Mazzino Montinari, Berlin, 1999, S. 245.

Leben und ihren Tod unkontrolliert Macht ausübt«.[40] Verzweigte Interventionen gegen heterogene Ziele zu richten bedeutet nicht, dass alle Auswirkungen der Macht eliminiert, die Freiheit vollständig angeeignet, und all das, was »bis jetzt«[41] unterdrückt geblieben ist, verwirklicht werden könnte. Dieser Befreiungsideologie stellt Foucault bescheidenere Taktiken innerhalb netzförmiger Wissensformationen und kapillarer Machtstrategien entgegen. Auswirkungen der Macht »als solche« herauszufordern, bleibt eine bruchstückhafte Operation. Es bedeutet, gegen immer neue Figuren der Beherrschung vorzugehen (die nicht *Instanzen* irgendeines Großen Unterdrückers sind), immer wieder von vorne zu beginnen, die Koordination des Denkens so weit wie strategisch möglich zu verschieben. Das anarchistische Subjekt konstituiert sich selbst in Mikro-Interventionen, die sich gegen wiederkehrende Muster der Unterdrückung und Subjektivierung richten.

Liefert sich das Projekt des Entwurfs einer Geschichte des Subjekts demselben essenzialistischen Missverständnis aus wie die Geschichten des Wahnsinns und der Sexualität? Ja, wenn man unter ›Subjekt‹ den Träger von Eigenschaften wie Bewusstsein und den Akteur hinter Handlungen wie der Reflektion versteht; nein, wenn diese Geschichte als ein Moment der Geschichte der konstellativen Wahrheit, mit all ihren diachronischen Toden und neuen Anfängen, gelesen wird. Für eine Kultur, die besessen ist von dem, was tief im Selbst liegt – versteckt, unbewusst, tiefgründig und unergründlich mein eigen ist – bedeutet anarchistische Selbstkonstitution die Verstreuung nach innen gerichteter Reflexion in genau so viele nach außen gerichtete Reflexe, wie es »Machtsysteme kurzzuschließen, zu demontieren oder zu sprengen«[42] gibt.

---

40 Foucault, »Warum ich die Macht untersuche: Die Frage des Subjekts«, S. 245f.

41 »Ein revolutionäres Unternehmen richtet sich […] gegen das Gesetz des ›bis jetzt‹« (Foucault, »Jenseits von Gut und Böse«, S. 288). Ich fasse diese mehrdeutige Anmerkung als Warnung vor jeglichem Utopismus auf, vgl. ebd., S. 287.

42 Foucault, »Von den Martern zu den Zellen«, S. 53.

Letzte Doppelbindungen

»Eingang in die Augenblicksstätte des Da-seins.
Inwiefern solches in der griechischen Tragödie?«
Martin Heidegger[1]

Viel ist über »Heidegger und Politik« geschrieben worden. Dennoch bleibt eines der schwierigsten Probleme bestehen, und zwar, ob sein radikales Fragen einem Denken *des Politischen* überhaupt einen Ort lässt. Und wenn es das tut – was werden dann die Bedingungen sein, die es ermöglichen, die politische Sphäre nach Heidegger neu zu denken?

Um sich einem Thema unter der Überschrift »Heidegger und X« zu nähern, empfiehlt es sich, von der zentralen Problemstellung seiner Schriften auszugehen: dem Versuch, Sein als Zeit zu verstehen. Im vorliegenden Fall, in dem ›X‹ als ›das Politische‹ bestimmt ist, ist es weiterhin ratsam, auf das die politische Sphäre konstituierende Schlüsselphänomen einzugehen, nämlich das Phänomen des Gesetzes. Vor der griechischen Erfindung der Demokratie gab es keine Politik, und der neue Faktor, der von diesem Zeitpunkt an die Beziehungen zwischen dem Einen, den Wenigen und den Vielen – zwischen einem Gesetzgeber, einer Versammlung und einem Volk – bestimmen sollte, war das Gesetz. Daher die spezifischere Frage: Wie wirkt die Temporalität, anhand derer der späte Heidegger Sein zu verstehen sucht, sich auf seine Auffassung vom Gesetz aus?

Die Frage lässt sich prägnant beantworten. Indem er sich von dem transzendentalen Subjektivismus löst, der noch seinen Schatten auf *Sein und Zeit* warf, gibt Heidegger nicht eben die Suche nach Letztheit auf, welche die Philosophen seit Parmenides betrieben haben; Sein als Zeit bleibt, auf eine Weise, die letzte Bedingung der Phänomene. Aber er unterbricht in dieser Bedingung das, was

---

1 Martin Heidegger, *Beiträge zur Philosophie (Vom Ereignis)*, *Gesamtausgabe*, Bd. 65, herausgegeben von Friedrich-Wilhelm von Herrmann, Frankfurt a.M., 1989, S. 374. Nachfolgend zitiert als *GA65* mit Seitenzahl.

bis dahin für jede Figur der Erstheit wesentlich gewesen ist: die Einfachheit. Vorstellungen, die als letzte gelten, verhängen über Phänomene eine *einfache Bindung*. Täten sie dies nicht, müsste ihre Vielheit oder Komplexität begründet werden, was bedeutet, dass sie selbst wiederum von einer noch grundlegenderen Vorstellung abhängig und damit selbst nicht letzte Vorstellungen wären. Wenn nun Sein als Zeit gedacht wird, wird es dieses prinzipiale Erfordernis nicht länger erfüllen. ›Sein‹ kann also nicht dem Archiv derjenigen Namen hinzugefügt werden, die der Erstheit, jenseits derer nichts Ursprünglicheres denkbar ist, gegeben worden sind. Beim späten Heidegger muss die Wiedergewinnung des Problems des Seins unter ein Epigraph gestellt werden, das nicht – wie in *Sein und Zeit* – von Platon stammt, sondern das Tragische geltend macht (vgl. das diesem Text vorangestellte Epigraph). Die Helden der Attischen Tragödie erleiden tatsächlich *eine Bedingung, die ursprünglich ist, ohne einfach zu sein.*

Insofern es diese Bedingung wiederholt, verpflichtet Sein als Zeit uns dazu, das Politische neu zu denken. Es verpflichtet uns dazu, das Gesetz als eine normative Doppelbindung zu denken.[2]

***

Der Ausgangspunkt einer jeden Philosophie war stets die Perplexität angesichts eines bestimmten Phänomens oder einer Region von Phänomenen. Bei Platon war es die axiomatische Geometrie; bei Aristoteles der substanzielle Wandel, den das praktische Wissen des Menschen hervorbringt. Die heuristische Erfahrung, die *Sein und Zeit* zugrunde lag, war der alltägliche Umgang mit »Zeug«. Dem späten Heidegger erschien vor allem der Weltbereich der heutigen Technizität als problematisch. Er bestimmte sie als den Gipfelpunkt der thetischen Subjektivität, in dem sich ihre normativen

2 Der Ausdruck *Doppelbindung* wurde, soweit ich sehe, zuerst 1956 von Gregory Bateson geprägt. Ich behalte die drei formalen Eigenschaften, anhand derer Bateson den Begriff beschreibt, bei (*Ökologie des Geistes*, Frankfurt a. M., 2014, S. 276ff.): ein primäres Gebot, welches ein Gesetz erlässt; ein sekundäres Gebot, welches ein Gegengesetz erlässt, das dem ersten zuwiderläuft; und zuletzt ein tertiäres Gebot, »das es dem Opfer verbietet, den Schauplatz zu fliehen«, der von den ersten beiden Geboten konstituiert wird. Natürlich behalte ich diese Eigenschaften nicht in dem Sinne bei, der ihrer Verwendung in der Sozialpsychologie entspricht.

Ressourcen erschöpfen. Diese Diagnose bedeutet, dass unser Ort in der westlichen Geschichte ein bifrontaler ist, wie es eine Linie der Schließung oder das Gesicht des Janus ist. Im Höhepunkt hegemonischer Subjektivität liegt die Möglichkeit ihres Tiefpunkts; in der äußersten subsumptiven Brutalität der *einfachen Bindung* liegt die Gelegenheit, sich einer älteren *Doppelbindung* zu entsinnen. Um zu begreifen, wie der späte Heidegger Sein versteht, muss man versuchen, seinen Schritt zurück, von der Pathologie unseres geschichtlichen Ortes hin zum tragischen Wesen des Seins *qua* Ereignis, nachzuvollziehen.

Seine Versuche, das Ereignis des Seins wiederzugewinnen sind ebenso vielfältig wie unnachgiebig. Sie bieten verschiedene Ansatzpunkte, um diesen Schritt zurück nachzuvollziehen. Ich werde einige Abschnitte eines Textes lesen, der in den Jahren geschrieben wurde, in denen sich Heidegger das Gegenwartspathos mit blendender Selbstverständlichkeit aufzwang (welche Art von Blindheit wird bald deutlich werden), nämlich die *Beiträge zur Philosophie*.[3]

Man kann sagen, dass, indem sie von unserem disparaten Ort ausgehen, die *Beiträge* dort gelingen, wo *Sein und Zeit* scheitert. Eine heuristische Temporalität, welche nur marginal subjektivistisch ist, erlaubt es Heidegger, einen Schritt zurück, in Richtung der Temporalität des Seins selbst, zu vollziehen: der eine Schritt, auf den allein sich Heidegger die ganze Zeit vorbereitet hatte. In

---

3 Der vorliegende Artikel wird nur dann voll verständlich, wenn er in Verbindung mit drei weiteren gelesen wird. Insbesondere werde ich hier nicht darauf eingehen, was Heidegger mit »Eingang in die Augenblicksstätte des Da-seins« meint – von den im Epigraph zitierten Zeilen beziehe ich mich nur auf die, die sein Denken mit der griechischen Tragödie verbindet. Die anderen Artikel finden sich in Karsten Harries und Christoph Jamme (Hrsg.), *Heidegger: Politics, Art, and Technology* (New York, 1994) [»A Brutal Awakening to the Tragic Condition of Being: On Heidegger's *Beiträge zur Philosophie*«, S. 89–105; übersetzt als »Ein brutales Erwachen zur tragischen Bestimmung des Seins. Über Heideggers ›Beiträge zur Philosophie‹«, übersetzt von Jeff Owen Prudhomme, in Christoph Jamme und Karsten Harries (Hrsg.), *Martin Heidegger. Kunst – Politik – Technik*, München, 1992, S. 261–278]; in Joseph Margolis, Tom Rockmore (Hrsg.), *The Heidegger Case: On Philosophy and Politics* (Philadelphia, 1992) [»Riveted to A Monstrous Site: On Heidegger's *Beiträge zur Philosophie*«, S. 313–330]; und in Arthur M. Melzer, Jerry Weinberger und M. Richard Zinman (Hrsg.), *Technology in the Western Political Tradition* (Ithaca, NY, 1993) [»Technicity, Topology, Tragedy: Heidegger on ›That Which Saves‹ in the Global Reach«, S. 190–213]. [A.d.Ü.: Für den letztgenannten Text vergleiche im vorliegenden Band, S. 163–192.]

dieser Temporalität des schwindenden Subjektzentrismus werden die Begrenzungen der vom *cogito* instituierten Ära brüchig. Das Gegenwartspathos verweist auf ein nicht-thetisches Mögliches, das sich in der ultra-thetischen Gegenwart ankündigt. Diese wesentliche Diskordanz der Zeiten ist es, die unbedingt von der »Schließung der Metaphysik« beibehalten werden muss – zumindest dann, wenn man Heideggers Andeutung verstehen will, der zufolge das Ende der epochalen Geschichte die Befreiung von der selbstverschuldeten Unmündigkeit hervorbringen könnte.[4] Die Temporalität des möglichen Ausgangs aus dem normativen Thetizismus ist insofern nicht-subjektivistisch, als sie, anders als die zeitlichen Ekstasen, in einer epochalen Konstellation erscheint, nicht in einem Ableger des solipsistischen Egos. Und sie enthüllt eine ursprüngliche Temporalität, da solche Konstellationen eine Seinsgeschichte ausformen, nicht die Geschichte eines kollektiven Subjektes. Im Verblassen der Subjektivität als dem Fokus, durch den sich in der Moderne die Phänomenalität von Phänomenen konstituiert, liest Heidegger die Selbstentleerung – die *kenosis* – aller normativen Vorstellungen. Der »Verlust der Maße«, der dem Westen im Verlaufe der vergangenen anderthalb Jahrhunderte widerfahren ist, ist deshalb aufschlussreich für die Seinsfrage, weil er auf einen Hiatus verweist, der von innen heraus das, was die Philosophen als letzte Bedingungen verfolgt haben, verräumlicht und temporalisiert. Der Hypothese von der Schließung der Metaphysik zufolge ist unser geschichtlicher Ort tatsächlich von einer Verschiebung gekennzeichnet, die das »nicht-da« vom »da« trennt[5] – eine hier nicht weiter zu untersuchende räumliche Kluft, welche die zwischen der integrativen Gewalt der technischen Gegenwart und dem von dieser zur Schau gestellten Zerfallspotenzial gespaltene Temporalität übersetzt. Diese Ökonomie, von innen heraus verräumlicht und verschoben, fasst die heuristische Funktion unseres Zeitalters zur Beantwortung der Frage: »Was ist die Temporalität des Seins?« zusammen.

---

4 »Aufklärung ist der Ausgang des Menschen aus seiner selbst verschuldeten Unmündigkeit«, Immanuel Kant, *Was ist Aufklärung* (*Akademie-Ausgabe*, VIII, S. 35). Aus Heideggers Sicht führte Kant nur eine weitere Unmündigkeit ein, und zwar die des legislativen Egos – weshalb er für sich in Anspruch nimmt, das kantische Projekt der Aufklärung zu radikalisieren.

5 Den *Beiträgen* zufolge ist *Da-sein* noch nicht; vgl. *GA65*, S. 90, und anderswo.

Das Argument, das es sich hier zu untersuchen lohnt, besagt, dass diskordante Raum-Zeiten nur durch eine *Bedingung, die in sich selbst diskordant ist*, hervorgerufen werden können. Heidegger beschreibt diese Bedingung als Ereignis-Enteignis (womit er das Problem des Raumes mit dem der Zeit zusammenfallen lässt).

Diese gebrochene Bedingung – die Diskordanz der Zeiten (*dissecutio temporum*), die das Sein ist – wird für das Seiende natürlich nicht folgenlos bleiben. Es ist diese Bedingung, die aus uns Sterbliche macht. Sie stellt die Seienden, die wir sind, in die Doppelbindung zwischen Geburt und Tod, das heißt zwischen verschiedene Zugriffe (vielmehr als zwischen ferne Tatsachen). Sie stellt uns in die Doppelbindung zwischen Sein-durch-Geburt und Sein-zum-Tode, zwischen Natalität und Mortalität.[6] Heideggers ganze Anstrengung zielt indes darauf ab, die diskordante Zeit des Seins in ihrer Singularität und ohne Umwege zu denken, sei es über unsere De-facto-Geschichte (die eine lediglich heuristische Funktion erfüllt, insofern die Spätmoderne sich selbst erkennt als in einem lähmenden planetarischen Würgegriff, aus dem es anscheinend kein Entrinnen gibt, *gebunden* und gleichzeitig als von den Idealen, in deren Namen wir gestern noch töteten und starben, *entbunden*), oder über die Seienden, die wir sind (als die wir eine verifikatorische Funktion erfüllen, da jeder weiß, dass das Sein-zum-Tode uns endlich macht und damit *bindet*, während durch das Sein-durch-Geburt die aufsteigernden Impulse entstehen, die uns *entbinden*). Ursprünglich diskordante Zeit erscheint dann als das mit sich selbst uneinige Gesetz. Auf die alte Frage nach dem Sein *qua* Sein antwortet der nach der Verwerfung von 1933–34 sprechende Heidegger mit diesem nomischen Monstrum: die ursprüngliche, und in diesem Sinne letzte Disparität von Legislation-Transgression.[7] Das ist die tragische Doppelbindung. Sie bestimmt die Weise, in der Heidegger die beiden Sphären – die geschichtliche und die politische –, die die Philosophen für gewöhnlich als eine einzige zu

---

6 Indem ich von Natalität und Mortalität als phänomenologischen *Zügen* spreche, folge ich Hannah Arendt in *Vita activa oder Vom tätigen Leben*, München, 1981, S. 15f., 166, 243.

7 [A.d.Ü.: Die lateinischen Begriffe werden hier wie auch in einigen anderen Fällen (bspw. »das Singuläre« oder »Singularisierung«) beibehalten, um die »Diskordanz« zwischen Heideggers Begriffsprägung und Schürmanns Verwendung zu markieren.

behandeln versucht waren, neu problematisiert und voneinander trennt.

Die Geburt des Gesetzes aus der tragischen Verleugnung

An einer Wand in Pompeji befindet sich ein Fresko, das Agamemnons Opferung seiner Tochter Iphigenie darstellt. Bemerkenswert an diesem Bild ist, dass das Haupt des seine Tochter tötenden Vaters verhüllt ist.

Agamemnon, so schreibt Homer, regierte »viele Inseln und ganz Argos« (*Ilias* 2, 108). Er war der mächtigste der griechischen Prinzen. Nachdem Paris Helena, die Ehefrau des Menelaos, verschleppt hatte, wurde Agamemnon, Bruder des Paris, dazu auserwählt, die Strafexpedition gegen Troja anzuführen. Zeus selbst ordnete diese Operation an. Die Flotte wurde in Aulis, Böotien, zusammengestellt, doch Artemis ließ ungünstige Winde wehen. Sie war es, die das Opfer forderte. Agamemnon fand sich somit an einem Punkt, an dem sich zwei göttliche Gebote kreuzen. Ist das nicht Grund genug, sein Haupt zu verhüllen?

Er fand sich damit auch am Kreuzungspunkt zweier Gesetze. Daher seine Klage: »Ein schweres Unglück wäre es, nicht zu gehorchen, ein schweres Unglück, mein Kind zu schlachten, des Hauses Kleinod, mit dem strömenden Blute des Mädchens zu beflecken die Vaterhand am Altar. Was bleibt in dieser Lage an Leid erspart?«[8] Der Konflikt der Gesetze erscheint hier deutlicher als bei anderen tragischen Helden. Welches Gesetz könnte den ersten unter den Heeresführern von der Pflicht befreien, einen vom ersten unter den Göttern befohlenen Krieg zu führen? Doch, als Vater, welches Gesetz könnte stärker sein als das, das Leben seines Kindes zu bewahren? »Was bleibt in dieser Lage an Leid erspart?« – diese Frage ist offensichtlich eine rhetorische. Unheil wird gewiss über den Vater hereinbrechen, der im Namen seiner öffentlichen Pflichten seine Familienbande verleugnet; aber Unheil wird auch über den Heeresführer hereinbrechen, der im Namen seiner Blutlinie seine politische

8 Aischylos, *Agamemnon*, in: *Werke in einem Band*, übertragen von Dietrich Ebener, Berlin und Weimar, 1987, Zeilen 205–211. Nachfolgend wird jeweils die Angabe der Zeilennummer in Klammern hinter dem Zitat angeführt.

Pflicht verweigert. Im Angesicht eines solchen nomischen Konflikts, wie könnte man da nicht sein Haupt verhüllen wollen?

Zuletzt findet sich Agamemnon am Kreuzungspunkt zweier Transgressionen. Die Anmaßung seines Bruders, der Helena entführt, muss in der Zerstörung der Stadt (*polis*) münden, während die Anmaßung seines Vorfahrens – Atreus, der seinen eigenen Sohn getötet hatte – mit der Zerstörung der Hausgemeinschaft (*oikos*) und des Stammbaums enden muss. Er selbst hatte sich weder des einen noch des anderen schuldig gemacht: weder der Tat, die nun die Städte in den Krieg stürzt, noch derjenigen, die dabei ist, seine Hausgemeinschaft zu zerstören. Sie *fallen* auf ihn. »Ein schweres Unglück wäre es, nicht zu gehorchen, ein schweres Unglück, mein Kind zu schlachten«. Ob er sich entscheidet, von seinem Posten als Heeresführer zu desertieren (»*liponaus*«, *Agamemnon*, 212), oder aber mit seiner Abstammungslinie zu brechen – es gibt keinen Ausweg aus der Situation, ohne Schuld auf sich zu laden. Sind es dann diese zwei Schicksale der Vergeltung, die sich unter dem Schleier kreuzen: zwei alte Arten der Blindheit und deren plötzliches Differieren, das Aulis heimsucht?

In seiner Ansprache in Aulis vollzieht Agamemnon eine merkwürdige Wendung. Ohne Übergang oder Pause wechselt er die Tonlage. Von einem zum anderen Vers verschwindet der Konflikt der Pflichten – als ob die günstigen Winde schon vor dem Wehen ihre Wirkung entfalteten. »Zur Stillung der Not ein Opfer und Blut einer Jungfrau zu fordern mit leidenschaftlichem Nachdruck, ist recht« (ebd., 214). Das Entweder-oder, das noch einen Augenblick zuvor so grausam seine widerstreitenden Gesetze auferlegte, ist nun *entschieden*. Aber das ist nicht alles. Das Gesetz, dem Agamemnon sich unterwirft, ist nicht länger ein Böses, es ist *themis*: recht, gerecht, heilig.[9]

Mit einem Handstreich wird eines der widerstreitenden Gesetze – das der Familie – ausgelöscht. Dies ist die *tragische Verleugnung*.

---

9 Agamemnons plötzlicher Sinneswandel ist zuletzt von Martha Nussbaum in *The Fragility of Goodness* (New York, 1986, S. 32–38) unterstrichen worden. Zum Ausdruck *orge periorgos epthumein*, den Nussbaum als »desire with exceedingly impassioned passion« (S. 35) übersetzt, siehe die Parallelkonstrukte und den Kommentar in Eduard Fraenkel, *Aeschylus: Agamemnon*, Band 1, Oxford, 1950, *sub loco*.

Sie kommt einer neuen Anmaßung gleich, welche bei der Rückkehr aus Troja eine schreckliche Frucht tragen wird. Aischylos zeigt, wie diese Verleugnung in Aulis Agamemnons Leidenschaft entzündet. Qual wird von Kühnheit verdrängt: »So gewann er es über sich, die eigene Tochter zu opfern« (ebd., 223f.). »Auf ihr Flehen, ihr Hilfegeschrei vor den Ohren des Vaters« wird »keinerlei Rücksicht« genommen (ebd., 227ff.). Die Routine der rituellen Schlachtung wird auf sie angewandt. Ihr Vater zerrt sie auf den Altar, »gleich einer Ziege« (ebd., 232). Um ihre Flüche zu ersticken – und um zu verhindern, dass diese auf die Hausgemeinschaft fallen – wird sie geknebelt. Wie einem Tier wird ihr ein »Knebel« in den Mund gesteckt (ebd., 237). Dieser Ausdruck stammt von Agamemnon. Damit vollendet er die Verwandlung seiner Tochter in ein zu schlachtendes Tier.

Noch bemerkenswerter ist, dass sich Agamemnon damit zu einem Heeresführer wandelt, der von widersprüchlichen Loyalitäten befreit ist. *Eine tragische Verleugnung ist notwendig, wenn ein univokes Gesetz hervorgebracht werden soll.*

Das pompejische Fresko ist dann nicht so schwer zu verstehen. Was ist es, das Agamemnon nicht mehr sieht? Das, was der Chor nur allzu gut sieht. Über Iphigenie sagt der Chor: »[…] traf sie noch einen jeden der Schlächter mit einem erbarmenheischenden Blick […]« (ebd., 239). Gegenüber diesem menschlichen Blick, der nach einem anderen menschlichen Blick sucht, verschließt Agamemnon die Augen. Der Maler hat genau diesen Schleier der Verleugnung dargestellt.

Die Tragödie steckt eine Art Blickachse ab. Der Held *sieht* die widerstreitenden Gesetze. Daraufhin – und das ist der Moment der tragischen Verleugnung – *blendet er sich selbst* gegenüber einem dieser Gesetze und *fixiert seinen Blick* auf das andere. Armeen und Städte haben im Schatten dieser Blindheit gelebt, und tun es noch immer. Darauf folgt eine Katastrophe, die ihm *die Augen öffnet*: Das ist der Moment der tragischen Wahrheit. Das Erblicken des unversöhnlichen Differierens *nimmt ihm das Sehvermögen* (oder sogar die Augen selbst, wie es bei Ödipus und, auf etwas andere Art, bei Teiresias der Fall ist), und es singularisiert den Helden bis an den Punkt, an dem die Stadt keinen Platz mehr für ihn hat. Von der Verleugnung hin zur Anerkennung verwandelt sich die Blindheit. Mit leeren Augenhöhlen sieht Ödipus die normative Doppelbindung, das heißt, tragisches Differieren.

Im Hochgefühl des Schlachtens behauptet sich das Gesetz der Stadt rücksichtslos gegenüber dem der Familie. Daher die legislative Anmaßung, die Agamemnon bei seiner Rückkehr von der Expedition teuer zu stehen kommen wird.

So wird das Gesetz – und das ist die Lehre aus Heideggers *Ereignis* als das Differieren von Ereignis-Enteignis – stets aus der Unterdrückung des transgressiven Anderen geboren, genauso wie das Leben sich durch die Unterdrückung des Todes erhält, des anderen, der gegen es verstößt. Diese Konfliktualität, anhand derer Heidegger das Sein versteht, soll erhellt werden. In der Sphäre der Geschichte sorgt sie für unzählige Konstellationen des *epechein* (Aussetzen oder Zurückhalten des ursprünglichen Strebens), das heißt, für unzählige Epochen. In der Sphäre des Politischen bricht sie die Univozität des Gesetzes. Man muss daher fragen: Welche Legislation und welche Transgression sind hier entscheidend?

Legislation

Dem Genealogen normativer Vorstellungen zeigt sich philosophische Anmaßung in legislativen, nicht in transgressiven Handlungen. Die Reihe der Vorstellungen, die im Westen als Letztheiten zur Legitimation von Ordnung phantasiert wurden, haben sich uns durch genau den Schrecken aufgezwungen, der aus den erbarmenheischenden Blicken Iphigenies spricht. Eine Rücksichtslosigkeit, die nur mit der Agamemnons vergleichbar ist, hat Phantasmen in den Rang letzter Maße ihrer jeweiligen Epochen erhoben. Den Philosophen, die hierin als die Funktionäre der Menschheit agieren,[10] fiel die Aufgabe der *Urstiftung* im Sinne Heideggers zu: die Aufgabe, einen fokalen Sinn des Seins einzusetzen. Würde man eine Genealogie dieser Einsetzungen entwerfen, so würde sich das je gültige Gesetz der Gesetze in jedem einzelnen Fall als auf dieses oder jenes endliche Phänomen zurückführbar erweisen, auf ein

10 »Wir sind […] Funktionäre der Menschheit«, Edmund Husserl, *Die Krisis der europäischen Wissenschaften und die transzendentale Phänomenologie*, Den Haag, 1976, S. 15.

Phänomen also, das phantasmatisch zu einem Maß aufgesteigert worden ist. Dieses normativen Thetizismus wegen legt Heidegger alle Philosophien der Ordnung (ohnehin ein pleonastischer Ausdruck wenn man bedenkt, dass die Genealogie die Aufgabe der Philosophie darin erkennt, dem Menschen Dinge so darzustellen, dass sie einer bestimmten Ordnung folgen) unter dem Titel »humanistisch« zusammen.

Von der legislativen Anmaßung muss dann sowohl im Komparativ als auch im Superlativ gesprochen werden. In komparativer Hinsicht, da, insofern der Mensch alle manifesten Dinge entsprechend der einen oder anderen Ordnung in Bezug auf sich selbst gesetzt hat – wenn er sich also selbst zum Maß dieser Dinge erklärt hat –, er sich als mehr wert setzt, und das noch immer tut. Die Maßgebung des Seienden resultiert aus einem Vergleich der Wertigkeit und des Wertes, anhand dessen der Mensch seine Hegemonie in der Konstitution der Phänomenalität validiert. Aber »humanistischer« Mutwille erreicht seinen Superlativ in dem Moment, in dem der Mensch sich anschickt, über seinen eigenen Schatten zu springen und sich selbst in einem post-hegemonischen Terrain zu begründen; wenn er die post-subjektivistische, post-thetische Ökonomie zu seiner Angelegenheit erklärt. Wenn dem so ist, fragt Heidegger, »ist dann nicht die Anmaßung der Maßgabe *noch* größer als dort, wo er einfachhin als der Maßstab angesetzt bleibt?« (*GA65*, S. 25) Bemerkenswert ist, dass die Verleugnung der transgressiven Gegengesetze also gerade dann ihren Höhepunkt erreicht, wenn der Verlust von Normen zur allgemeinen Überzeugung wird, wenn eine allgemeine Entschlossenheit herrscht, althergebrachte wie moderne Bindungen zu erschüttern, und wenn es gut ankommt – oder sogar schon etwas altmodisch anmutet – , sich in langen Reden über die Transgression zu ergehen. Es gibt eine noch leidenschaftlichere Hochstimmung als diejenige Agamemnons. Sie berauscht genau solche Behauptungen, die ohne Umschweife, ganz wie der Feldherr in Aulis, die Schließung der Metaphysik und ihres Spiels normativer Thesen verkünden.[11] In der Tat eine fanatische Verleugnung.

---

11 Eine der Strategien Jacques Derridas ist es gewesen, »einen Wechsel des Standortes zu beschließen, auf diskontinuierliche und plötzliche Weise, durch ein brutales Sich-außen-Einrichten und durch die Affirmation absoluten Bruches und absoluter Differenz« (*Randgänge der Philosophie*, Wien, 1988, S. 139). Dies könnte

Diese Behauptung setzt das thetische Spiel fort. Sie schließt sich für immer in den von ihr attackierten Posen und Stellungen ein: in genau jenem Thetizismus, den sie für überholt erklärt.

Die Sprache selbst jedoch verpflichtet uns ausweglos auf Generalisierung und Subsumption. Wir können nicht »in Singularen« sprechen. Jede unserer Äußerungen gehorcht dem Gesetz des Gemeinen. Wenn jedoch in jedem Gesetz eine transgressive Strategie die legislative Strategie unterbricht, dann wird das Vokabular der Universalien dieser ältesten Beobachtung über die Sprache nicht dienlich sein. Am besten lässt sie sich mit einem Vokabular der Phänomenalisierung beschreiben, das *Einzige* [*singulars*] *in Kontexten* thematisiert. Daher diese Lektion in legislativer Anmaßung: Es gibt eine phänomenalisierende (regionale) Gewalt, die nicht verlernt werden kann; und eine universalisierende (trans-regionale) Gewalt, die der Westen in seiner Agonie seit mehr als einem Jahrhundert zu verlernen versucht hat. Phänomenalisierung bedeutet, dass sich Dinge in einer Welt sammeln. Legislation, wie Heidegger sie versteht, ist vollkommen regional, da das Gesetz eines solchen Kontextualisierens und ›Weltens‹ in fortwährendem Fluss bleibt.

Es ist unmöglich, der regionalen Gewalt zu entkommen: die Mikro-Gewalt, durch die sich ein Körperorgan behauptet, die Makro-Gewalt, durch die sich ein Kollektiv behauptet – ›Mikro‹ wie ›Makro‹ speisen sich aus der Sprache. Man sollte nicht vergessen, dass Theben erst durch die von Ödipus dem *Tyrannen* erlassenen Nomothesen wieder lebenswert wurde. Das Leben erhält sich dadurch, dass es Territorium um Territorium beansprucht. Auf gleiche Art werden Begriffe in unserer Sprache serialisiert. Diese polymorphe integrative Gewalt entsteht aus dem phänomenologischen Zug der Natalität.[12] Anders ausgedrückt: Es ist unmöglich, sich der *polis* oder dem Begriff zu entziehen, ohne *faktische*

als Beschreibung der Ereignisse in Frankreich zu der Zeit, als der Essay verfasst wurde, gelesen werden – »*12. Mai 1968*« (ebd., S. 141) – wäre nicht die Verkündigung einer Zukunft, die mit der Gegenwart »vollständig bricht«, ein Leitmotiv Derridas (vgl. die »Devise« der *Grammatologie*, Frankfurt a. M., 1974, S. 15).

12 Spezifische Formen dieser regionalen Typen der Gewalt zu legitimieren, würde eine Urteilsdoktrin erfordern. Angesichts ihrer subjektivistischen Voraussetzungen wäre eine solche Doktrin offenkundig nicht mit der heideggerschen Phänomenologie vereinbar, genauso wenig wie sie mit anderen zeitgenössischen philosophischen Projekten, z.B. dem Wittgensteins, vereinbar ist.

Singularisierung zu erleiden. Wenn man offenen Auges durch das Leben geht, wird man nichtsdestoweniger sehen, wie die tragische Verleugnung den gesamten morphologischen Geltungsbereich des Gesetzes definiert. Durchschreitet man unsere öffentlichen (insbesondere die nationalen) Sphären mit klarem Blick, dann sieht man, dass sie sich durch Vernichtung – wenn nötig mit extremer Gewalt – eines Gegengesetzes erhalten, welches ich die *kommende Singularisierung* nennen werde.

Etwas völlig anderes ist die Gewalt, die von einem trans-regionalen Gesetz ausgeht, das aus einer bestimmten Erfahrungsregion heraus aufgesteigert wurde. So ist zum Beispiel die normative Subjektivität aus der Erfahrung, dass »Ich denke«, heraus aufgesteigert worden. Es ist diese Univozität, von der die Spätmoderne sich zu lösen versucht. Dies ist ein unsanftes Verlernen, das durch Rückfälle von verschiedenem Ausmaß begleitet wird. Der *Führer* unterscheidet sich vom griechischen *tyrannos* gerade durch das nomothetische Aufsteigern des kollektiven Subjekts, das als phantasmatischer letzter Fokus gesetzt wird. Ich habe eine Analogie zwischen den epochalen Einsetzungen, aus denen solche hegemonischen Phantasmen erwachsen, und Agamemnons legislativem Streich in Aulis vorgeschlagen. Im Nationalsozialismus fällt nun diese Analogie zwischen einem regionalen Referenten (wie dem Solons in der Einsetzung der Demokratie als phänomenaler Region) und einem Letztreferenten in deren Identität zusammen. Von Aulis nach Berlin wird die politische, regionale Norm überhöht zu einer letzten, hegemonischen Nomothese. Der Heidegger der *Beiträge*, der selbst gerade erst von der modernen hyperbolischen Selbstbehauptung der normativen Subjektivität zurückgekehrt war, richtet jetzt alle seine Anstrengungen darauf, das Gegengesetz, durch welches das Singuläre stets die letzten Fokuspunkte – wie den, dem er selbst sich angedient hatte – unterläuft, in Erinnerung zu rufen.

Die Lektion lehrt die Doppelbindung. Wie sähe das öffentliche Leben unter den disparaten *Versionen* uni*versa*lisierender Prinzipien und dem sie unterwandernden [*sub*vert*ing*] Singulären – der Version, deren funktionaler Ursprung das »gegen sich selbst gekehrte Ereignis« ist – aus? Angesichts des Apparates, den das univoke Gesetz errichtet, kann sich dieses tragische Wissen selten behaupten. Es mag ihm sogar an Legitimität im politischen

Gemeinwesen fehlen.[13] Der Versuch, sich letzten Phantasmen zu entziehen, wird kaum erfolgreicher sein als der, sich aus der *polis*, geschweige denn aus dem Begriff, hinauszustehlen. Der ganze Unterschied aber, der Heideggers »anderes Denken« von »dem einen Denken«, dem der Funktionäre der Menschheit, abgrenzt ist dieser: Die Verleugnung, auf der sich letzte Phantasmen einschließlich dem der Subjektivität gründen, lässt sich nicht leugnen. Kreon und Antigone leugnen zwar, dass ihr je eigenes Gesetz in der Verleugnung des jeweils anderen gründet. Doch die Verleugnung, die Ansprüchen auf Letztheit zugrunde liegt, kann nicht geleugnet werden. Die Nekrologie der Entsetzungen vergangener Epochen ist ebenso beschreibbar wie die Genealogie ihrer jeweiligen Einsetzungen.

Das Wissen von der Doppelbindung wird sich allerhöchstens in vereinzelten, diskursiven Interventionen äußern: durch »das andere Denken«. Es erinnert an und widerruft öffentlich die Anmaßung eines jeden univoken Gesetzes, und damit jeder kollektiven einfachen Bindung.

* * *

Was das Gesetz angeht, spürt das andere Denken nicht mehr der Genealogie epochaler Nomothesen nach, sondern seiner Entstehung im Ereignis-Enteignis. Von diesem anderen Standpunkt aus betrachtet bleibt das Gesetz durchzogen vom nächtlichen Entzug, den ihm der Bezug der täglichen Ordnung versagt. Sucht man in ihm nicht seine epochale Bedingung in einem fokalen Sinn des Seins, sondern seine ursprüngliche Bedingung im Sein als *Ereignis*, dann verliert das Gesetz seine ordnende Macht. Hier haben wir den radikalsten Heidegger vor uns: in seinem Schritt zurück, von den epochalen Einsetzungen, die Macht besessen haben und auch weiterhin besitzen, zum Ursprung aller Normativität im konflikthaften Ereignis. Dieser Schritt führt von einem einfach subsumptiven Ja hin zu einem Konflikt, in dem ein Nein ins Ja eintritt und damit dessen subsumptive Macht zerschlägt.

---

13 Nur schwerlich wird man hierin nicht mit William Butler Yeats übereinstimmen: »Civilization is hooped together … by manifold illusion« (»Meru«, *The Poems*, herausgegeben von R. J. Finneran, New York, 1983, S. 289).

In epochalen Einsetzungen wird, schreibt Heidegger, »das geläufige Ja zu *dem* Ja schlechthin aufgesteigert, das jedem Nein das Maß leiht« (*GA65*, S. 246). Er unterscheidet zwei Arten des Ja. Eines ist gewöhnlich und wird, stillschweigend oder lautstark, gegenüber einer Sache, die der Fall ist, geäußert: »ja, sie ist schön«; »ja, in diesem Moment denke ich«; »ja, mein Land«. Mit einem solchen konstativen Ja stimmen wir dem zu, was ist. Das entsprechende Nein, so ließe sich hinzufügen, ist sein strenges konstatives Gegenteil: »nein, sie ist nicht hässlich wie ihre Mutter«; »nein, ich singe gerade nicht«; »nein, ich bin kein Amerikaner«. Das andere Ja, oder die andere Art des Ja, folgt aus einer Operation, die komplexer ist als das bloße Berichten. Erstens gibt es nur eines dieser Art: Es ist das Ja schlechthin, wie er sagt. Weiterhin wandelt sich die Entsprechung zum Nein in eine Bestimmung, da dieses Ja etwas an »jedem Nein« verändert. Das Nein bleibt seinerseits vielfach, doch dieses Ja besetzt die Stellung eines letzten Maßes für jedes konstative Ja oder Nein. Schließlich dient dieses einzelne Ja als Blanko-Maß für jedes Nein.

Eine solche normative Einsetzung ist ein komplexer Ablauf, da Ein-heit, letzte Bestimmung und Maßgebung jeglicher phänomenalen Verankerung ermangeln. Sie werden nicht länger dem entwunden, was sich als der Fall seiend darstellt. Das maß-gebende Ja (man kann es eine Norm nennen) entsteht aus – und dies ist hier der Schlüsselbegriff – einer Aufsteigerung, die von einer Zustimmung zu etwas ausgeht, das sich selbst darstellt. Das maß-gebende Ja ist aufgesteigert. Für Heidegger folgt aus diesem Vorgang das Ende der Verbundenheit gegenüber Phänomenen und der Beginn der Spekulation. Zu behaupten, man könne nur (Besonderes) verleugnen, nachdem man (ein Allgemeines) affirmiert hat, heißt, genau diese Mechanik der Subsumption festzustellen. Diese Mechanik erzeugt ein Ja als Gesetz, und nur *in Beziehung* auf dieses Ja als Gesetz ist dann jedes Nein ein Nein. Indem das Nein derart zu etwas zweitrangigem gemacht wird, wird das Sein »vergessen«.

Bemerkenswert ist, dass für Heidegger legislative Aufsteigerungen niemals formal in dem Sinne ist, dass sie eine neutrale Struktur setzen würden. Sie erhöhen stets einen bestimmten Inhalt. Von »ja, sie ist schön« führt diese Operation zur Fülle des *kalokagathia*; von »ja, ich denke« zur Stärke des *cogito*; und von »ja, mein Land« zum Land *Über alles*...

Genauso bemerkenswert ist, dass in dieser Kritik der assertorischen Aufsteigerung die Möglichkeit eines Ja, das jeglicher Verneinung phänomenologisch vorrangig wäre, niemals in Betracht kommt. Für Heidegger geht es genau darum, den Phänomenen verbunden zu bleiben; nicht länger diesem oder jenem unter ihnen, und auch nicht dieser oder jener Erfahrungsregion, sondern dem Phänomen, das man nicht hinter sich lassen kann, der Doppelbindung von Sein-durch-Geburt und Sein-zum-Tode. Ein Ja, das ein ursprüngliches Wort (*Urwort*[14]) wäre, bleibt sprichwörtlich außen vor, sobald die Seinsfrage ihren Ausgangspunkt in dieser Doppelbindung nimmt, die die Pathologie der globalen Technizität zunehmend offenkundig werden lässt und die allein ursprünglich – und allein neutral – ist, denn sie ist das einzige Phänomen, mit dem wirklich jeder vertraut ist. Daher ist das phänomenologische Projekt älter als der Thetizismus oder die Verleugnung, ein Projekt, das weder spekulativ noch optional ist, sondern dem es darum geht, das Nein und das Nicht als *das singuläre Andere des Seins als Einziges* [*singular*] wiederherzustellen. »Aus der Einzigkeit des Seyns ergibt sich die Einzigkeit des ihm zugehörigen Nicht und somit des Anderen. Das Eine *und* Andere erzwingen« (*GA65*, S. 267). Ein Ja-Nein disparater Einzigkeiten oder Singulärer wiederherzustellen bedeutet, dem ursprünglichen Differieren, das jedes Gesetz sich selbst entgegensetzt, das letzte Wort zu überlassen (dazu unten mehr).

Der Ursprung des Gesetzes im Ereignis-Enteignis stört die Ordnungsprinzipien, wie z.B. Ein-heit, letzte Bestimmung und Maßgebung. Es wendet sie an gegen – ein nicht-dialektisches »gegen« – den effizientesten Ordnungsmechanismus: gegensätzliche Verneinung. Heidegger gibt dem Ja seine Korrelation mit dem Nein zurück, die durch den legislativen Coup, der diese Prinzipien dem von Agamemnon in Aulis verfochtenen Gesetz annähert, verleugnet wurde. Eine solche Rückgabe jedoch ruiniert für immer jegliche *tranquillitas ordinis*. Bevor die wiederhergestellte Doppelbindung untersucht werden kann, muss man sich die Transgression anschauen, die diese als gleichursprünglich beibehält.

---

14 Franz Rosenzweig zufolge ist das Ja im Sinne von *sic*, von *amen*, von ›es ist gut‹, das »Urwort« (vgl. *Der Stern der Erlösung*, Freiburg i. Br., 2002, S. 29, 124).

Transgression

Wie ist Enteignung im *Ereignis* (Ereignis-Enteignis) zu verstehen? In den Worten des Gesetzes: Wie ist die Transgression in der letzten (legislativ-transgressiven) Doppelbindung zu verstehen? Zwei Bedeutungen von Transgression müssen ausgeschlossen, eine dritte beibehalten werden.

(a) Heideggers Sarkasmus hinsichtlich jeglicher aus bloßer *Ermächtigung* [*fiat*] gesetzter Extraterritorialität, dessen Stoßrichtung in den 1930er Jahren offenkundig war, hat nichts von seiner Relevanz verloren. Er ließe sich leicht den heutigen Gegebenheiten anpassen. In selbsternannten Avantgarde-Kreisen wird Transgression zu *dem* Gesetz erhoben. Aber dies gewährleistet keine Verbundenheit mit dem Enteignis im Ereignis. Wenn solche Verbundenheit heute am besten zu verstehen ist, indem man die fernen Ursprünge der Technizität und das ihr entspringende Potenzial untersucht, dann wird Transgression hier nicht in dem Sinne aufgefasst, wie ihn beispielsweise Michel Foucault eingeführt hat.[15] Transgression bezeichnet hier nicht den Übertritt jenseits einer Schließung, nicht eine Übertretung der Linie (*trans lineam*).

(b) Eine andere Strategie des *trans-* ist komplexer. Im *Der Sprung* betitelten Teil der *Beiträge* heißt ein Unterabschnitt »Das Übermaß im Wesen des Seyns« (*GA65*, S. 249). Unter Übermaß, fügt Heidegger hinzu, soll nicht ein zahlenmäßiger Überschuss verstanden werden, sondern »das Sichentziehen aller Schätzung und Ausmessung«. Dieses Paradox – ein Maß der Ausmessung jenseits jeglicher Ausmessung – ist ein altes. Es ruft den Schritt über das Sein hinaus (*epekeina tes ousias*) auf, wie ihn die Alexandriner und ihre Epigonen ausgelegt hatten. Dieses Paradox berührt indes den Kern einer jeden Prinzipiendoktrin. Ein Maß ist nur dann ein Prinzip, wenn es nicht selbst wiederum durch ein anderes Maß ausmessbar ist. Daher die Warnung: »Das Über-maß ist freilich auch nicht das Jenseitige eines Über-sinnlichen«. Mit anderen Worten, es nimmt jegliche »vorher und nachher« Sequenz intelligibler Dinge aus dem Spiel. Und zwar, indem es die Vorstellung der Universalien und seiner Hierarchien aussetzt. Damit ist Übermaß in der Tat Erzwin-

---

15 Michel Foucault, »Zum Begriff der Übertretung«, in: *Schriften zur Literatur*, übersetzt von Karin von Hofer, München, 1974, S. 69–89.

gung, aber nicht auf *einfache* Weise. Es kann daher nicht nach Beschränkungen a priori geformt werden, wie sie zum Beispiel durch das griechische *agathon* und *en* ausgeübt werden. Jedes Prinzip, jede Norm und jedes Gesetz ist ein erzwingendes Maß – unter der Bedingung, dass es *einfach* herrsche. Nun ist die Einfachheit genau das, was Heidegger im »Übermaß« infragestellt. Er löst das Apriori auf, indem er dem Prestige der Einfachheit einen Schlag versetzt. Anti-Subjektivismus ist lediglich eine Konsequenz dieses Schlages. Es lässt sich leicht übersehen, dass Heidegger versucht, eine Letztheit zu denken, die ohne Einfachheit auskommt, denn die verwendeten Begriffe klingen allzu bekannt: »[das Nichts ist das,] was allein noch dem Seyn gleichrangig, weil ihm zugehörig bleibt«. Wenn es letzten Endes um den »Rang« geht, ist man dann nicht verleitet, sich des Dionysischen *hyper-on*, selbst ein *hyper-metron*, zu erinnern? Diese Herkunft scheint umso offenkundiger, da das Nichts, wie Heidegger fortfährt, »als das Übermaß der reinen Verweigerung« (*GA65*, S. 245) verstanden werden muss. Bei Dionysos verstärkt die Vorsilbe *hyper-* die Entfernung, die das ältere *epekeina* kennzeichnet. Die Vorsilbe entfernt den Begriff, dem sie vorangestellt ist, aus unserer Reichweite. Sie beschreibt eine letzte Fokussierung, die sich unserem Denken[16] verweigert – eine Verweigerung, die für den Neuplatonischen Mainstream einen Überschuss an Einfachheit anzeigt.

Dieser präzise und ehrwürdige Wortschatz wird hier nun auf die Überhöhung der Einfachheit abgelenkt. »Das Über-maß«, schreibt Heidegger, »ist das Sichentziehen der *Ausmessung*, weil es erst den *Streit* und damit den Streitraum und alles Abständige entspringen läßt und offenhält« (*GA65*, S. 249). Auf diese Weise bindet es die

16 Die beiden Hauptwerke des Pseudo-Dionysius Aeropagita beginnen mit Hymnen, die reich an der Vorsilbe ›über-‹ (hyper-) und am Adverb ›darüber‹ (*epekeina*) sind. Gott ist »erhaben über alles Sein« (*o panton epekeina*), Er ist »unerkennbar« (hyperagnoston), »überdeutlich« (*hyperphanesthaton*), etc. (Über die mystische Theologie, 1.1); Er ist »Ursache des Seins für alles, [...] über alles Sein erhaben, [...] ohne Sein« und »jenseits des Denkens« (*Die Namen Gottes*, 1.1), in Pseudo-Dionysius Aeropagita, Über die mystische Theologie und Briefe, eingeleitet, übersetzt und mit Anmerkungen versehen von Adolf Martin Ritter, *Bibliothek der griechischen Literatur*, Bd. 40, Stuttgart, 1994, S. 74; ders., *Die Namen Gottes*, übersetzt von Beate Regina Suchla, *Bibliothek der griechischen Literatur*, Bd. 26, Stuttgart, 1988, S. 21f. Übersetzung leicht modifiziert.

Seienden. Es verpflichtet sie der Uneinigkeit. Und zwar nicht dem Krieg alles Singulären gegen alles andere, sondern dem *polemos* von Leben und Tod, der alles Singuläre durchdringt und singularisiert. Das Übermaß betont das polemische Wesen des Ereignisses. Wir sind hier weit entfernt von der Doktrin der Prinzipien und ihrem strengsten Argument, in dem der Aufstieg durch Verneinungen eine im Überschuss erreichbare (*hyperoche*) letzte Fokussierung erzeugt. Wie sollte Heideggers »darüber-hinausgehen«, »Rang«, usw., in eine *einfache Bindung* führen, wenn das Ereignis selbst nicht einfach ist? Indem er übernommene Denkmodelle den Mechanismen der einfachen Subsumption entwindet, führen sie vielmehr in eine Doppelbindung, hier formuliert als die von Sein und Nichts.

(c) Unter Transgression muss die *Ko-Normativität des disparaten Anderen des Gesetzes* unter der Herrschaft des Gesetzes verstanden werden. Wenn Sein durch diskordante zeitliche Zugriffe – einen Bezug und einen Entzug innerhalb der Manifestation – beschrieben werden soll, dann sind alle Gesetze, egal ob theoretisch oder praktisch, natürlich oder positiv, stets von innen heraus durch ihre singularisierende Negation verschoben und von innen verräumlicht, genau wie eine epochale Hegemonie, vom Moment ihrer Gründung an, von innen heraus durch ihren kommenden Niedergang verschoben und verräumlicht ist. Der Niedergang eines epochalen Maßes tritt dann ein, wenn das mit Normativität ausgestattete Phantasma plötzlich als eine gewöhnliche Vorstellung unter anderen erscheint (wie die Psychoanalyse als abgeschlossen gilt, wenn sich der Analytiker, nicht länger phantasmatisch mit maximalem Wissen ausgestattet, zum gewöhnlichen, wie alle anderen seinen Lebensunterhalt verdienenden Fachmann wandelt). Einen solchen Niedergang oder eine solche Entsetzung erlitt die *natura* des vormodernen »Naturrechts«, als die Scotisten in ihr eine wesentliche Kontingenz entdeckten. Die Singularisierung setzt dem referenziellen und legislativen Prestige des letzten Maßes ein Ende. Im normativen Thetizismus besteht der transgressive Zugriff in der *möglichen Singularisierung im Innersten eines jeden tatsächlich legislativen Universalen*.

Angesichts dieser Disparität der Strategien, die das *Ereignis* trennen, finde ich es schwierig, Interpretationen zuzustimmen, denen zufolge Heidegger letztendlich wieder nur symmetrische Gegensätze variiert. Um die Asymmetrie der Doppelbindung zu erkennen reicht es aus, sich daran zu erinnern, wie die transgressive Strategie sich im Alltag behauptet, nämlich im Zugriff des Todes. Nun, Sein-zum-Tode oder auch »Mortalität« temporalisiert Phänomene durch den Verlust ihrer Welt: durch einen *möglichen*, singularisierenden Verlust, der dem Sein-in-der-Welt eingeschrieben ist. Nur wenn die Interpretation bei den Worten und ihrer Symmetrie stehenbleibt, werden die kontextualisierend-dekontexualisierenden Strategien sich unter einem Gattungsbegriff einander gegenüberstellen und einen Dualismus hervorbringen. Eine solche Interpretation würde den dekontextualisierenden Faktor selbst überspringen: das Mögliche, das, für Heidegger, stets aus der Zukunft entspringt. Das Mögliche ist demnach auch der temporalisierende Faktor. Auch lässt sich nicht sagen, dass das Mögliche als solches das Wirkliche als seine Antithese reflektiert; dies wiederum würde darauf hinauslaufen, den ermöglichenden Faktor im Alltag zu überspringen – *meinen* Tod. Für Hegel ist der Tod das, was uns alle gleich- und daher eigentlich die menschliche *Gattung* ausmacht. Jemeinigkeit dagegen unterbricht die gattungsmäßige Gleichsetzung. Bei Heidegger temporalisiert der Tod als jemeiniger Phänomene, da er absolut *singulär* ist. Das Singuläre kann jedoch nicht als die bestimmte Negation des Allgemeinen behandelt werden; das Gegenteil des Allgemeinen ist das Besondere. Erst die Missachtung der beständigen Verbindung zwischen der Zeit und dem Singulären, einer Verbindung, die mir durch meinen Tod angezeigt wird, macht es möglich, diese widerstreitenden Strategien der Liste derjenigen Begriffe hinzuzufügen, die, der Antike entstammend, sich unter einem Gattungsbegriff gegenseitig ausschließen und diesen gemeinsam erschöpfen.

Asymmetrische Andersheit beschreibt den tragischen Konflikt, der für Heidegger paradigmatisch bleibt, am besten. Das Gesetz der Hausgemeinschaft und das Gesetz der Stadt können erst dann als entgegengesetzt und sich einander aufhebend aufgefasst werden, wenn sie durch die Dialektik des objektiven Geistes und unter der Autorität des modernen Staates umgearbeitet worden sind. Die Helden des Aischylos indes gehen an diesem Konflikt zugrunde, da ihnen die Zuflucht in ein die widerstreitenden Gesetze umfassendes Gesetz verwehrt wird. Antigone stimmt nicht mit Kreon überein, ihrem und seinem Gesetz fehlt ein gemeinsamer Gattungsbegriff.

Dasselbe gilt vom Bezug-Entzug, der das *Ereignis* spaltet. Die Aussage, Sein sei kein Gattungsbegriff, ist in der Philosophie nichts Neues. Aber die Philosophie hat es sich zur Aufgabe gemacht, die Ursachen dieser verbreiteten Behauptung zu blockieren: tragisches Differieren.

Die Transgression durch kommende Singularisierung ent-setzt hegemonische Referenten, nimmt ihnen ihr »Können« [*may*] – ihre Macht [*might*] – und verursacht so das Entsetzen. Sobald Transgression als zu unserer Bedingung gehörig wiederentdeckt wird, kann Dasein geschehen. »Diese Ent-setzung aber ereignet sich nur aus dem Seyn selbst, ja dieses ist nichts anderes als das Ent-setzende und Ent-setzliche« (*GA65*, S. 482). Sie ist nichts anderes als Legislation-Transgression.

Wenn die Letztheit dem nomischen Streit im Ereignis angehört, erscheinen alle univok bindenden Phantasmen – deren Herrschaft im Totalitarismus und »Gigantismus« des zwanzigsten Jahrhunderts ihren Höhepunkt erreicht hat – als Illusionen. Ihre »Scheinherrschaft muß eines Tages zerbrechen« (*GA65*, S. 336). Dieses Zerbrechen obliegt »dem anderen Denken«, dessen kritische Aufgabe darin besteht, das eine beständige Interesse hinter jedem fokalen Sinn des Seins freizulegen: das Interesse an Herrschaft. Die Logik dient nicht bloß diesem Interesse; vielmehr hat dieses Interesse die Logik, das praktische Wissen der Subsumption, selbst anfänglich eingerichtet. In der Tat ist »›Logik‹ selbst [...] mit Bezug auf die Wesensgründung der Wahrheit des Seyns ein Schein, aber der notwendigste Schein, den die Geschichte des Seyns bis jetzt kennt« (*GA65*, S. 461). Die Bedingungen, die es ermöglichen, das Politische nach Heidegger neu zu denken, liegen im *agon*, in der Agonistik und der Agonie des gegen sich selbst gekehrten Seinsereignisses. Solche Bedingungen lassen sich unmöglich institutionalisieren. Jedoch gründen sie Einsetzungen (und erschüttern sie dadurch) auf denselben gebrochenen Fundamenten, die im Alltäglichen als ›Natalität‹ und ›Mortalität‹ erscheinen.

Da ich hier lediglich zu verstehen suche, wie der nomische Streit im Ereignis die öffentliche Sphäre von univok bindenden Phantasmen befreit, bleibt noch zu klären, inwiefern die legislativ-transgressive Doppelbindung ursprünglich ist.

Legislation-Transgression

Wie muss dann dieser (nicht-apriorische) Schritt zurück vollzogen werden, der das Unvereinbare ent-leugnet und zum Sein führt, indem er ent-setzt und ent-machtet – der Schritt, der ein Differieren wiedergewinnt, das ursprünglicher ist als alles andere, dem wir begegnen können? Das Wie wird durch ein Tun erlernt. Der Schritt zurück besiegelt die normative Doppelbindung in mehrerlei Hinsicht.

Indem er die referenziellen Phantasmen zerreißt, setzt er zuerst einmal den *Inhalten*, die mit Letztheit ausgestattet worden sind, ein Ende. Die Wiederherstellung des Neins als mit dem Ja gleichursprünglich bedeutet nicht, das Hässliche dem Schönen, die Gedankenlosigkeit dem »Ich denke« gleichzusetzen. In diesem Sinne bleibt, wie ich bereits gesagt habe, ursprüngliches Differieren formal und neutral. Es wirkt auf das Alltägliche gerade so, wie eine Kategorie auf das Empirische wirkt – nur, dass weder das Alltägliche noch die spätmoderne Pathologie, in der das Differieren am stärksten hervortritt, als ein empirisch Gegebenes behandelt werden können. Es würde das überlieferte Vokabular überfordern, ursprüngliches Differieren als die »Möglichkeitsbedingung von Phänomenen« zu bezeichnen; tatsächlich ist es ebenso sehr deren »Unmöglichkeitsbedingung«. Eigentlich phänomenologische Phänomene unterliegen nicht der gleichen Art der Beschreibung wie diese schöne Frau, jener Denkakt oder jenes Land; sie müssen vielmehr dem empirisch Gegebenen abgerungen werden. Dasselbe gilt für das Differieren. Wenn – und indem – es auf Phänomene wirkt, ohne ihnen als formale Bedingung vorauszugehen, kann es sie nicht länger materiell bestimmen und vermessen (wie es beispielsweise der *eidos* tut, der schöne Dinge schön macht; oder wie es die Natur tut, indem sie jemandes Handlungen natürlich macht, usw.). Es wirkt auf die Phänomene, indem es von innen heraus den Apriorismus zerstört, der einen eidetischen Fokus setzt. Mit demselben Schlag zerstört es aufgesteigerte Inhalte. Der Konflikt zwischen Natalität und Mortalität im Alltäglichen, ebenso wie der zwischen Setzen und Gelassenheit in der Epoche des extremen Thetizismus, *enthüllt* das gegen sich selbst gekehrte Ereignis:[17]

---

17 Hier einige Formulierungen dieses buchstäblich entscheidenden Gedankens: »das *in sich kehrige Ereignis*« (*GA65*, S. 185); »das in sich gegenschwingende

gegen ein formales Ja gekehrt, wie nur ein gleichermaßen formales Nein es sein kann.

Anschließend, und in einer scheinbar eklatanten Inkonsistenz, erklärt Heidegger das *Nein für größer* als das Ja.[18] Erklärungen dieser Art finden sich reichlich. Sie deuten darauf hin, dass die Singularisierung stets über die weltmachende Phänomenalisierung siegt. Aber wie soll man das verstehen? Die verbreitete Weisheit, wonach der Tod stets über das Leben siegt, ist das eine. Etwas ganz anderes ist die Frage nach den Bedingungen: Wie kann der enteignende Entzug im Ereignis für größer als der ereignende Bezug gehalten werden?

Zumindest eine Eigenschaft des gleichursprünglichen, doch ungleichen, Nein und Ja ist *nicht* schwer zu erkennen. Ihre Ungleichheit verhindert, dass ihre Gleichursprünglichkeit Gegensatzfiguren wiederverwertet, in denen das Prinzip der Nicht-Widersprüchlichkeit sich mit dem Prinzip der ausgeschlossenen Mitte verbindet, um eine binäre Teilung innerhalb einer Gattung herzustellen, die als die höchste gesetzt wird. Aber etabliert Heidegger demnach eine neue, umgekehrte Sekundarisierung normativer Thesen, die ein primäres Nein formuliert, auf das ein Ja, das sich von diesem nährte und es damit wiederum bekräftigte, folgen würde – Ja zum Nein, also zweimal Nein? Eine solche Mephistophelisierung des Seins als ursprüngliche Katastrophe wäre nicht nur absurd,[19] son-

---

Ereignis« (*GA65*, S. 261); »Wider-kehre« (*GA65*, S. 407); »*die Ent-gegnung*« (GA65, S. 470); »das Gegenwendige« (*GA65*, S. 247). Keine dieser Wendungen ist dialektisch zu verstehen.

18 Vgl. *GA65*, S. 246ff. Die scheinbare Inkonsistenz folgt dem Modell der ekstatischen Zeitlichkeit, in der das Kommende der »primäre Sinn« der Existenzialität ist, während andererseits das Gewesensein, das Gegenwärtigsein, und das Kommende als »gleichursprünglich« betrachtet werden (vgl. *Sein und Zeit*, Tübingen, 1967, §65, S. 323ff.).

19 Eine Katastrophe ist buchstäblich eine Umwendung. Damit etwas umgewendet werden kann, muss es zuerst einmal sein. In logischer Hinsicht kann daher eine Negation nicht als ursprünglich behauptet werden. Operationen wie Negieren und Bestätigen erfordern ein vorausgehendes Ja als ihr transitives Objekt. In phänomenologischer Hinsicht würde ein ursprüngliches Nein, indem es das Ja zweitrangig macht, das *phainesthai* selbst, und damit die Welt, aufheben. Was Mephistopheles angeht, so zeigt Goethe sich als guter Theologe, wenn er den »Geist, der stets verneint« sagen lässt: »von Zeit zu Zeit seh' ich den Alten gern« (vgl. *Faust. Der Tragödie erster Theil*, Zeilen 1338 und 350).

dern würde einmal mehr die tragisch gleichursprünglichen Gesetze und Gegengesetze voneinander trennen.

Um das Nein, das größer ist als das Ja, zu verstehen, muss man zur normativen Aufsteigerung zurückkehren. Ist nicht Heideggers bekannteste Lehre diejenige, der zufolge das Sein etwas anderes ist als das Seiende, dass nur letzteres etwas ist und dass, folglich, Sein nichts ist? Das Wort verrät es: ›kein-Ding‹ [*no-thing*], *non-ens*, Sein ist ›nicht ein Seiendes‹. Nun entspricht diese »negative« Bestimmung des Nichts, wie Heidegger bemerkt, genau dem Typus verdinglichender Prädikationen, nach denen ein bestimmtes Ding eine bestimmte Qualität besitzt oder nicht besitzt. Die Logik der Prädikation kann uns wenig über den Ursprung von Phänomenen – über ihr Auftreten, *phainesthai*, oder ihr Erscheinen, *oriri* – sagen, wo die Bedingung gebrochen wird. Tatsächlich nimmt diese Logik an, dass Phänomene wie Daten beschrieben werden könnten, dass das Phänomenale das Wirkliche bezeichne und dass das Sein als die Wirklichkeit von Daten aufzufassen sei. Daher die Aufgabe, so Heidegger, »die Zusammengehörigkeit von Seyn und Nichts ursprünglicher zu bestimmen«. Die Polemik gegen die prädikative Logik dient demnach dazu, ungeachtet der ontologischen Differenz, das Nichts zu problematisieren. Diese neue Problematisierung wird in einer Kaskade rhetorischer Fragen aufgereiht,[20] die auf das »gegen sich selbst gekehrte Ereignis« weisen: »Wie aber, wenn das Seyn selbst das Sichentziehende wäre und als die Verweigerung weste? […] Und ist gar erst kraft *dieser* Nichthaftigkeit des Seyns selbst das ›Nichts‹ voll jener zuweisenden ›Macht‹, deren Beständnis alles ›Schaffen‹ (Seienderwerden des Seienden) entspringt?« (*GA65*, S. 246). Es geht hier um etwas anderes als die sogenannte ontologische Differenz. Die Kaskade stürzt auf die andere Seite eines Dammes, der die Seinsfrage abschirmt gegen »vulgäre«, beschreibbare, aufsteigerbare Phänomene, die sich immer als die einzigen Angelegenheiten von Interesse aufdrängen. Wie ist Nein größer als Ja? Aufsteigern bleibt ausgeschlossen, denn dieses besteht immer aus einem Ja, das ein gegebenes Phänomen

20 Wenn man einen Autor liest, ist es hilfreich, die wenigen rhetorischen Mittel aufzuspüren, mithilfe derer er sein Denken zusammenfasst. Bei Kant ist es meist der einen Abschnitt, ein Kapitel oder ein ganzes Werk eröffnende Absatz; bei Heidegger sind es rhetorische Fragen.

oder Eigenschaften von Phänomenen (einschließlich *ousia*, *entitas* oder *ens commune*, Seiendheit) mit größerem Sein ausstattet.

Alle wirklichen Phänomene werden dadurch aufgestaut, ausgesetzt, eingeklammert. Um das ursprünglich transgressive Nein im Sein fassen zu können, muss man für einen Moment innehalten, das traditionelle Prestige des Wirklichen gegenüber dem Möglichen bedenken und das Interesse, das sich in diesem Prestige äußert, aufspüren. Ebenso wie normative Phantasmen durch den Transzendentalismus – und damit durch Kant – für Heidegger problematisch werden, werden Nein, Nicht, und Nichts durch die Kinetik problematisch – und damit durch Aristoteles.

* * *

Nein, Nicht und Nichts wurden zuerst in der Analyse der *möglichen* Veränderung, die *wirklichen* Daten eingeschrieben ist, zu philosophischen Problemstellungen. Die Aristotelische Kinetik reduziert das Mögliche von vorneherein auf das, was verwirklicht werden kann, genauso wie sie das Wirklichsein auf das reduziert, was als solches gemacht wurde, auf das Fabrizierte. Diese zweifache Reduktion des Möglichen auf das Machbare und des Wirklichen auf das Gemachte ist ohne Zweifel eine der wenigen die Kinetik durchdringenden Voraussetzungen. Ein Sturz, eine Säule, ein Sandhaufen sind Möglichkeiten eines Marmorblocks, unter der Bedingung, dass ein Vertrag, ein Architekt, eine Werkstatt, ein Hammer, ein Meißel und so fort sich zwischenschalten. Wenn die Kinetik diese zweifache Reduktion voraussetzt, dann reduziert sie gleichfalls die Logik der Prädikation und der Zustimmung auf Techno-Logie. In Heideggers Worten bezeichnet das Ja zum Wirklichen das »Ja des ›Machens‹« (*GA65*, S. 246). Dieser Satz kennzeichnet sowohl das Interesse, das auf normative Aufsteigerung drängt, als auch eine Einschätzung, die eine Kritik solcher Aufsteigerung erforderlich macht.

Ein Ja des »Machens« aufzusteigern ist in der Tat nicht interesselos. Was mit Dingen getan werden kann ist immer das, was an ihnen am interessantesten ist. Ein uranfängliches Ja wäre voller Ordnung, was in dieser Hinsicht bedeutet: voll von einer zu realisierenden Ordnung, voll von einer zu verwirklichenden technischen Organisation. Dies ist der technologische Kern eines jeden klassischen Paradigmatismus. Er enthält bereits die Elemente einer

Kritik, denn wenn ein Ja ein univokes Gesetz festlegt, setzen Dinge allein (über ihre Vorstellung) das Maß; Zustimmung (über die einordnende Anmaßung) universalisiert das Wirkliche; Herstellbares (über die *metabasis eis allo genos*) geht als Seiendes durch – und die am besten gemachte, nämlich uranfängliche, Ordnung als das beste unter den Seienden; und abschließend kennzeichnet Nichts (über die prädikative Logik) die Negation der Seienden, ein Nicht-Ding [*non-thing*], das Nicht-Wirkliche verstanden als ein Nicht-Produkt. Die Aristotelische *dynamis* hat die richtige Verwendung des Nichts in der Philosophie diktiert und damit das Wissen von einem Nein, das größer ist als jedes Ja, verdrängt.

Die alten Variationen des Wirklichen und des Möglichen haben eines gemeinsam: sie behandeln das Mögliche auf die gleiche Art wie das Wirkliche, und diesem folgend. Das Mögliche kann nur genauso wie, geringer als oder besser als das Wirkliche sein. Anders gesagt ist das Mögliche entweder das Wirkliche selbst, welches dann als Teil des Möglichen gedacht wird (zum Beispiel die beste aller möglichen Welten), ein schlechtes Wirkliches, weil es nicht ist (das Einhorn), oder wiederum ein besseres Wirkliches, eines, das sein wird (die messianische Gesellschaft).[21]

Wie soll man dann Nichts oder Nein als ›das Andere‹ denken, das nicht den Äquivalenzen und Gegensätzen, die in Aristoteles' *Physik* eingeführt wurden, vergleichbar ist? Wie soll man es als »Einzigkeit des Nicht« denken, über das Heidegger in den oben zitierten Zeilen sagte, es sei genauso bindend wie die »Einzigkeit des Seyns« (*GA65*, S. 267)? Die andere Weise, das Nein oder das Nicht zu denken, wird diese weder wirklichen Dingen als ihre technische Negation noch dem Ja als ihre katastrophische Vernichtung gegenüberstellen.

---

21 Diese verschiedenen Bedeutungen des Möglichen umfassen verschiedenen Beziehungen zur Zeit. Der Bruch zwischen wesentlicher Zeit und ursprünglicher Zeit tritt dann auf, wenn das Mögliche die Zukunft konnotiert. Wenn also eine kommende Gesellschaft oder eine kommende Demokratie verkündet werden, wird dem Möglichen ein Inhalt zugeschrieben. »Klassenlose Gesellschaft« und »Demokratie« sind Beschreibungen möglicher Entitäten. Sie bezeichnen ein faktisch Kommendes. Heidegger geht demgegenüber davon aus, dass Zeit aus dem Kommenden entspringt, ungeachtet der Inhalte. Hier ist das Mögliche nicht beschreibbarer, als es unsere einfache Öffnung zur phänomenalen Welt ist. Sie bezeichnet ein *ursprünglich Kommendes*.

Wie muss es verortet werden? Was muss der Ort des Nein sein? Phänomenologisch ist es immer *kommend*. Nichts oder Nein ist der Welt als ihr Mögliches immanent, das heißt, imminent. Die Wendung, die Heidegger dem richtigen Gebrauch des Wirklichen und des Möglichen zufügt, antwortet auf den ent-phänomenalisierenden Zugriff, der immer schon jedes gegebene phänomenale Gebäude oder jedes »Wohnen« wendet. Um darauf reagieren [*responding*] zu können, dass unser Vokabular ungleiche Phänomene zwangsläufig angleichend verbindet – um der Reaktionsfähigkeit [*responsiveness*] und der Verantwortung [*responsibility*] willen – muss man da beginnen, wo deren Regungen beginnen, nämlich mit der Zukunft des Möglichen.

Zu behaupten, »[h]öher als die Wirklichkeit steht die *Möglichkeit*«,[22] läuft bereits auf die Zertrümmerung dieses alten Paares hinaus. Der Ort des Möglichen verschiebt sich; er grenzt nicht länger an das Wirkliche und folgt auch nicht aus ihr. Sein Platz ist vielmehr die einfache Öffnung, in der, wie wir zu sagen pflegen, alles [*anything*] möglich ist – nicht »jegliches Ding« [*any thing*], jeglicher wesentliche und vorstellbare Inhalt, sondern die Kluft zwischen meiner bewohnbaren Welt und ihrer Selbstauflösung. Dem Reich der Entitäten entwöhnt, bezeichnet das Mögliche nicht länger diese Säule oder jenen Sturz, die bereits im Marmorblock enthalten sind – und nur auf den Übergang, die Wahl und die Hand des Architekten Iktinos warten; es bezeichnet nicht länger *Mögliche* (im Plural), die fähig sind, in Wirkliche verwandelt zu werden. Daher die neue Verbindung des Möglichen zur Zukunft, die »höher« ist als die Wirklichkeit, da sie sowohl den anwesenden und abwesenden Dingen wie den wirklichen und schließlich wirklichen Dingen gegenüber gleichgültig ist.

Hier liegt der zentrale Punkt des Arguments. So vom Verwirklichbaren und Machbaren entwöhnt ist das Mögliche nicht einfach. Die gegenwärtige Öffnung, als eine Öffnung zur Zukunft, bricht die Herrschaft der *consecutio temporum*. Wenn ›möglich‹ ›kommend‹ bedeutet, dann besteht Möglichkeit in einer *formalen Diskordanz der Zeiten*. Diese ist nicht bipolar, wie es Anwesenheit und Abwesenheit sind, sondern uneinig wie das Kommende selbst. Es lenkt das Alltägliche durch die Merkmale der Natalität und der Mortali-

22 Heidegger, *Sein und Zeit*, §7, S. 38.

tät ab, so wie es die Wahrheit durch Entbergung und Verbergung ablenkt. Das Mögliche zieht immer in zwei Richtungen, als Bezug des Ja und Entzug des Nein (*GA65*, S. 183, 293). Verwertet dieser doppelte Zugriff symmetrische Dualitäten? Nur eine Netzhaut starrsten Rasters würde diesen dem Möglichen entspringenden Streit zwischen Bezug und Entzug wiederum in Übereinstimmung mit der Geometrie der bestimmten Negation lesen. Vielmehr löst dieser Streit ein für alle Mal die bipolaren Mechanismen auf. Heidegger gibt einige Beispiele, die allesamt Asymmetrie bewirken: Geburt ist »zum Tode«; die »Lichtung für die Verbergung« (*GA65*, S. 351); »Der Ab-grund ist [...] das ursprüngliche Wesen des Grundes« (*GA65*, S. 379); das Nichts ist »das Ur-sprünglichere im Seyn« (*GA65*, S. 247); das Nein »gar noch tieferen Wesens [...] als das ›Ja‹« (*GA65*, S. 178); ... Von Präpositionen und Komparativen wie ›für‹, ›ursprünglicher‹, ›tiefer‹ kann wohl kaum behauptet werden, sie ordneten Gegenteilpaare an. Keines der bipolaren Modelle, die der Tradition entstammen, würde überleben, wenn es in Form von »Ja, *denn* Nein«, oder: »Nein, *tiefer* als Ja« angeordnet wäre. Welchen Sinn würde es machen, zu sagen (um einen Titel Lévi-Strauss' zu paraphrasieren), mikrobiologische Fülle im Honig sei ›aufgrund‹ des biologischen Neins der Asche? Oder, dass Asche »tiefer«, »ursprünglicher« als Honig sei? Um ihre Symmetrie wäre es geschehen – genauso wie es mit der Diskordanz der Zeit um die Symmetrie von Ja und Nein geschehen ist.

Es bleibt die spekulative Last der Komparative. Natürlich würde man sagen: Wenn das Nein nicht der bestimmte Gegensatz des Ja ist, und wenn das Nein nicht aus dem Ja als abhängig von ihm folgt, dann kann das Nein dem Ja nur in der Art einer Bedingung vorangehen. Derart würde das Nein letzten Endes das Ja unterordnen.

Aber was genau kann mithilfe von Lagebezeichnungen wie ›über‹, ›gleichrangig‹, ›unter‹ beschrieben werden? Wie wir gesehen haben, dienen Einstufungen dieser oder anderer Ordnungen immer dazu, Seiendes vorzustellen. Was die das Kommende durchlaufenden Züge angeht, können die infragestehenden Präpositionen und Komparative dafür keinerlei Maß mehr setzen. Ursprünglicher bedeutet dann nicht uranfänglich – von ›vorrangiger Ordnung‹ – wie ein erster Grund von vorrangiger Ordnung in Beziehung zu zweiten Gründen ist. Wenn das Paradigma binärer Gegensätze außer Kraft gesetzt wird, dann gilt das auch für die große Leiter des aufgesteigerten Archetyps, herabgesetzt durch Stufen von Ektypen. Es ist nicht denkbar, dass Tod, Verbergung, das Grundlose, Nichts und Nein in irgendeiner Weise einen uranfänglichen Ort besetzen könnten.

***

Was phänomenologisch ursprünglich ist kann nur die Manifestation betreffen. Nur dort macht es Sinn, von einem Nein zu sprechen, das ursprünglicher ist als das Ja. Auf den ersten Blick scheint das schon seit Heraklit allzu offensichtlich. Ein gewisses Nein muss die Manifestation bestimmen, weil die Manifestation als solche niemals manifest werden kann. Anwesen gibt gerne nach oder entzieht sich.

Eine Selbst-Verbergung der Manifestation hat die Phänomenologie in jeder ihrer Strömungen gekannt. Da die Sichtbarkeit schon immer vor dem sichtbaren Inhalt »intendiert« gewesen sein muss, scheint es gar nichts evidenteres zu geben als das ursprüngliche Nein. Die Sichtbarkeit selbst wird nie sichtbar. Diese Evidenz zählt zu denjenigen, von denen alle Phänomenologie ausgeht. Der Bezug des Ja deutet auf das Erscheinen. *Ja, es gibt Manifestation* (eine Aussage, die eine doppelte Tautologie enthält, insofern als ›ja‹, ›es gibt‹ und ›Manifestation‹ alle dieselbe Phänomenalisierung bezeichnen). Die gegenteilige Aussage würde behaupten: Nein, es gibt keine Manifestation; Erscheinen geschieht nicht. Niemand hat meines Wissens bisher derart den Vorhang vor der Welt zugezogen. Stattdessen stellen Phänomenologen fest: *Nein, es gibt keine Manifestation von Manifestation*. Heidegger schließt sich der Evidenz dieser Feststellung an. Wenn jedoch die Manifestation nicht durch anhaltendes Selbst-Bewusstsein, sondern durch prekäre Kontextualisierungen und Re-Kontextualisierungen konstituiert wird, muss er hinzufügen: *Es gibt ein Nein, das alle Manifestation entkräftet*. Diese Aussage, die weder die Manifestation verleugnet noch die Nicht-Manifestation tautologisiert, bewegt sich in eine andere Richtung. Um zu sehen, wohin sie geht, muss man – in Übereinstimmung mit dem Projekt der Phänomenologie – nicht nur darauf schauen, wie man spricht, sondern auch worüber man spricht.

Hier ist die Gegenströmung des Neins noch vertrauter und noch evidenter. Seine Vertrautheit und Evidenz liegen im Alltäglichen, nicht in der Geschichte der Philosophie oder der Methode der Phänomenologie. Diese Gegenströmung ist daher entscheidend für das Verstehen des Seins. In welcher Art greift das Nein *anders* zu als das Ja? Im Alltäglichen nach der Manifestation und dem Nein zu fragen, enthüllt ein Anderssein (welches indirekt sowohl Heraklits *kryptesthai philei* wie Husserls Intentionalität begründet), in dem die tragische Bedingung des Seins auf dem Spiel steht.

Wovon spricht Heidegger, wenn er von *phyein* oder Manifestation spricht? Immer von Singulärem, das eine Konstellation formt, das heißt, die sich selbst mit ihrem Eintritt in eine Ökonomie der Anwesenheit phänomenalisieren. Dieser Eintritt in die Anwesenheit, dieses Anwesen, sollte sein einziges und dauerndes Thema bleiben. Es bearbeitet Singuläres, indem es sie regionalisiert. Es schreibt sie in einen Kontext - eine Welt - ein, und macht sie damit zu Phänomenen. Marcel Duchamp scheint den Streit des Phänomenalisierens und Singularisierens perfekt verstanden zu haben, indem er das Laufrad eines Fahrrades auf einem Hocker installierte und in einem Museum ausstellte. Ein Laufrad ist dafür gemacht, sich, in einer metallenen Gabel befestigt, um seine eigene Achse zu drehen, und so der Fortbewegung zu dienen. Ja zu diesem Objekt aus Speichen und einer Felge und der Welt, die es bildet - kontextualisiert zwischen Asphalt und Verkehr, durch den es uns einen Weg zu bahnen ermöglicht. Dort erscheint es, phänomenalisiert in Übereinstimmung mit dem, was es ist. Aber ein Nein durchläuft seine Phänomenalisierung als die Möglichkeit, entrissen zu werden. In diesem Fall verbannt und singularisiert das Entreißen es auf einen Hocker in einer Ausstellungshalle. Die in Phänomenen immer kommende Singularisierung deutet auf das Nein ihrer Welt (ihrer »eigenen« oder »eigentlichen« Welt, dem aneignenden Subjekt und vollem Besitz beraubt).

Ein Seiendes »Singuläres in seiner Welt« oder Seiende »Singuläre in ihrer Welt« zu nennen, würde einem Wider-Sinn gleichkommen: ein Sinn, durch Un-Sinn überdeterminiert. Diese Überdeterminierung *ist* das Tragische. Sie wird eindringlich von Rimbaud angeklagt: »Wir sind nicht in der Welt«.[23] Nur ein Phänomen in seiner Welt hat Bedeutung. Singularisierung ist der Verlust der Bedeutung, aber ein Verlust, der stets imminent ist.

---

23 Arthur Rimbaud, *Une saison en enfer / Eine Zeit in der Hölle*, Delirien I, übersetzt und herausgegeben von Werner Dürrson, Stuttgart, 1970, S. 37.

Darin bleibt Heidegger der Suche der antiken Philosophen nach Bedingungen treu, hält sich aber gleichzeitig fern von den Apriori, der Einfachheit, der Universalität, univoken Maßen und anderen Begleiterscheinungen des normativen Thetizismus: faktische Dekontextualisierung – wie in Duchamps ›ready-made‹ oder meiner eigenen terminalen Entropie – kann nur geschehen, weil das dekontextualisierende Nein in erster Linie eine Eigenschaft des Seins ist. Als mögliche unterbricht Singularisierung stets von innen heraus jegliche wirkliche Phänomenalität, die eine Welt gewährt. Das Nichts muss ursprünglicher sein als das Sein, da *es Sein in ein Ereignis singularisiert*. Eine solche Singularisierung ist der pathetische Einsatz der *Beiträge zur Philosophie*. Jedes Mal, wenn Heidegger von der höchsten Gefahr spricht, spricht er genau davon.

Kommende Singularisierung ist in der Tat das Andere, das keiner Gattung angehört, das das Sein in seinen wesentlichen Zügen in seinem *Wesen* entfremdet. Welche Gleichwertigkeit, Symmetrie, bestimmte Negation, welcher Gegensatz, welcher Widerspruch – oder: Welche Rangordnung von Besonderen unter einem universellen Prinzip – könnte das Singuläre mit dem Phänomen verbinden? Man darf sich nicht durch die *lexikalische* Übereinstimmung in die Irre führen lassen, die sich in der Beschreibung der Doppelbindung als Ereignis-Enteignis, Entbergung-Verbergung, Sein-Nichts, Ja-Nein, oder Legislation-Transgression, äußert. In jedem dieser Paare, die keine Paare sind, bezeichnet das erste Wort die Phänomenalität, die ein Seiendes seiner Welt verdankt, und das zweite seine kommende Singularisierung.

Diese Singularisierung verdeutlicht eine P*a*ssibilität der Phänomene, die darin besteht, dass sie die Vertreibung aus ihrer Welt erleiden können. Als ursprüngliches Merkmal bedeutet die kommende Singularisierung, dass Enteignung immer bevorsteht, dass vollständiger Besitz nie stattfindet. Vom Standpunkt des Ereignisses, das das Sein ist, wird eine solche Ausweisung ›Enteignis‹ genannt; vom Standpunkt epochaler Hegemonien ›Entsetzung‹ eines normativen Phantasmas; und vom Standpunkt der Alltäglichkeit wird es ›Tod‹ genannt.

Dies sind einige der Entzüge, die das Mögliche, und damit die Zukunft, bewirken. Egal ob Heidegger vom Singulären oder von der Zeit spricht, es geht jeweils um dasselbe *Differieren*: die unähnlichen Gesetze, mit denen das nomische Sein stets eine Welt erschließt, aber in denen das Nicht – das in ursprünglicherer Weise nomisch ist, da es Phänomene zu ihrem Ausgang hin singularisiert – diese Welt, für immer und schon seit jeher, von ihren versöhnenden, tröstenden und konsolidierenden Fokuspunkte abtrennt.

Heideggers Welt ist deshalb keine anomische Welt. Sie ist doppelt nomisch. Rückgang bindet und verpflichtet uns ebenso wie Fortgang; Einsamkeit ebenso wie Einbindung. »[D]as Sichverschließende [eröffnet sich] als (uns – R.S.) Tragend-Bindendes« (*GA65*, S. 260).

Was die Welt des zwanzigsten Jahrhunderts betrifft, lässt sich Heidegger zweifelsohne mitreißen, wenn er meint, die Singularisierung werde heute pathologisch bis zu dem Punkt, an dem unsere Welt kaum noch eine Welt sei. Dinge können nicht länger Phänomene werden in Übereinstimmung mit dem, was sie sind. »Ungebundenheit der Machenschaften« (*GA65*, S. 120), sagt er. Der Satz macht Sinn, wenn er eine Verharmlosung deiktischer Pertinenz in der Gegenwartssprache, in der Worte von der alltäglichen Erfahrung abgetrennt werden, andeuten soll. Durch Technizität gezeichnet, wird das Leben der Erfahrung undurchdringlich bis zu dem Punkt, an dem ein trüber Mutismus die ursprüngliche Bedingung verdeckt. Wenn sie jedoch bedeuten soll, dass die Technizität heute die Dinge der *einfachen* Bindung der *Singularisierung* überlässt – wenn er eine neue Weltlosigkeit impliziert, diesmal nicht aufgrund eines subjektivistischen Solipsismus, sondern aufgrund einer Schwächung der Phänomenalisierung – dann kann diese Formel nur Kopfschmerzen verursachen. Zumindest verrät sie, warum, den *Beiträgen* zufolge, Dasein noch nicht ist. Es wird sein, wenn ein Zeitalter sich als klar in einer gegebenen phänomenalen Ordnung situiert anerkennt, und zwar ohne die kommende Singularisierung, die es in sich birgt, zu leugnen. Das ist es, was *diasozein ta phainomena*, die Bewahrung der Phänomene, bedeuten würde.

* * *

»Das Eine *und* Andere erzwingen« sagte Heidegger in einem oben zitierten Abschnitt. Wir haben gesehen, woher ein jedes univokes Gesetz stammt: aus der Anmaßung, die die Singularisierung leugnet, als existiere sie nicht. Die Idealisten aller Zeiten waren die

Modellfunktionäre der Ordnung, indem sie rundweg erklärten, das Singuläre habe kein Sein. Diese Anmaßung zu verlernen (*Gelassenheit*, wie Heidegger dies später nennen wird) bedeutet, dem Gesetz sein disparates Anderes und damit die Doppelbindung zurückzugeben. Von unterhalb der tragischen Verleugnung stellt dies die tragische Wahrheit wieder her, die stets auf die Singularisierung des Helden, bis hin zur Stille und zum Ruin, hinausläuft.

Das ist, was Agamemnon widerfährt. In Aulis singularisieren ihn seine Blutbande in der phänomenalen Region, die durch die unter seinem Kommando stehenden Armeen konstituiert wird. Umgekehrt singularisiert ihn der Zwang der Waffen in der anderen phänomenalen Region, die durch Klytaimnestra und das Haus des Atreus in Mykene konstituiert wird. In Aulis löscht seine nomische Loyalität gegenüber der militärischen Ökonomie das singulare Nein, das ihn durch die Augen der gefesselten und geknebelten Iphigenie anfleht, aus. Einige Jahre später wird er sich in sehr ähnlicher Weise singularisiert sehen, dieses Mal im Netz des Aigisthos.

Dasselbe geschieht auch bei Michel Foucault: »Nur eine Fiktion kann zum Glauben führen, daß die Gesetze dazu gemacht sind, respektiert zu werden [...] Die Gesetzeswidrigkeit [...] ist ein absolut positives gesellschaftliches Funktionselement, dessen Rolle in der Gesamtstrategie der Gesellschaft vorgesehen ist«.[24]

Wenn Heidegger sagt, »Das Zwingende aber ist allein das [...] Ereignis[]« (*GA65*, S. 416), dann spricht er vom tragischen Ereignis in seinem disparaten Zugriff des Ereignis-Enteignis. In den Begriffen des Gesetzes: die ursprüngliche, legislativ-transgressive Doppelbindung allein besitzt die Kraft der Verpflichtung.

---

24 Michel Foucault, »Von den Martern zu den Zellen«, in: *Mikrophysik der Macht*, Berlin, 1976, S. 51.

Technizität, Topologie, Tragödie: Heidegger über »das Rettende« im Weltbereich

> »Das Technehafte der modernen Technik folgt einer Wesenswandlung der Wahrheit. [...] Aus dem streithaften Wesen der *aletheia* entspringt die Möglichkeit und Notwendigkeit der »Tragödie« selbst.«
>
> Martin Heidegger, *Parmenides*[1]

Die Organisatoren dieses Symposiums[2] haben das Gespenst dessen gerufen, was man den technischen Essenzialismus nennen könnte, nur um es sogleich wieder zu verjagen. Damit haben sie sich in gute Gesellschaft begeben. Michel Foucault hat *Wahnsinn und Gesellschaft* und später *Sexualität und Wahrheit* geschrieben - nur um uns dann wissen zu lassen, dass weder der »Wahnsinn« noch die »Sexualität« beständige Wesenheiten bezeichnen, sondern vielmehr Probleme, deren Aufkommen datierbar und deren Relevanz auf ein bestimmtes Zeitalter beschränkt ist.[3]

---

1 [A.d.Ü.: Schürmanns Epigraph übersetzt frei zwei separate Stellen in Heideggers im Winter 1942–1943 in Freiburg gehaltener Vorlesung *Parmenides* (*Gesamtausgabe*, Band 54, herausgegeben von Manfred Frings, Frankfurt a. M., 1982). Die erste Stelle paraphrasiert eine Passage auf S. 74 und bezieht sich auf »das rechnende Sicheinrichten der ratio«, das Heidegger zufolge mit Platon und Aristoteles einsetzt. Sie lautet im Original: »Diese [die ratio] bestimmt inskünftig zufolge einer neuen Wesenswandlung der Wahrheit das Technehafte der modernen, d. h. der Maschinen-Technik«. Schürmann übersetzt »das Technehafte« als »technicity«. Der auf die Auslassung folgende Teil des Zitats ist der Diskussion der griechischen *polis* entnommen, die Heidegger als »die in sich gesammelte Stätte der Unverborgenheit des Seienden« bezeichnet (S. 133). Heidegger zufolge gehört zur Unverborgenheit (*aletheia*) das »streithafte Wesen«, auf dessen Grund die griechische Tragödie entsteht. Schürmann zitiert aus einem Satz auf S. 134.]

2 [A.d.Ü.: Der Essay geht auf Schürmanns Beitrag beim ersten »Symposium on Science, Reason, and Modern Democracy« zurück, das 1989/90 am Department of Political Science and der Michigan State University stattfand und von den Herausgebern des Bandes organisiert wurde (vgl. die Nachweise am Ende dieses Bandes).]

3 [A.d.Ü.: Die Titel der deutschen Übersetzungen der von Schürmann zitierten Werke Foucaults lauten *Wahnsinn und Gesellschaft* (übersetzt von Ulrich Köppen, Frankfurt a. M., 1969) und *Sexualität und Wahrheit, Erster Band. Der Wille*

Ebenso unsere Gastgeber. Sie riefen das Gespenst, insofern der Titel der Reihe – »The Problem of Technology in the Western Tradition« – uns einzuladen scheint, uns mit einem einheitlichen Problem, das zwar über die Zeitalter hinweg verschiedene Formen angenommen haben mag, auseinanderzusetzen. Damit haben sie die gängige Meinung auf ihrer Seite. Der gesunde Menschenverstand hätte wohl kaum etwas dagegen einzuwenden, verschiedene *Arten* der Technik zu unterschieden, beispielsweise mit Bezug auf – ich zitiere aus Titeln in dieser Reihe erschienener Aufsätze – klassisches Denken, Christentum, neuzeitliche Philosophie, Romantik und amerikanischen Liberalismus. Wir sprechen von der Steinzeit-Technik und der DNA-Technologie.[4] Man darf also mit vollem Recht behaupten, Techniken existierten im Plural, das heißt, in verschiedenen Gattungen, die unter einem allgemeinen Begriff zusammengefasst werden können. Gleichzeitig waren wir aber auch zusammengekommen, um das technische Projekt der Kontrolle und Beherrschung der Natur zu diskutieren – offenkundig ein ausschließlich modernes Projekt. In dieser Hinsicht ist das Problem der Technik nur für ein bestimmtes Zeitalter von Bedeutung. Kontrolle und Beherrschung, wie sie von Galilei und Newton projiziert wurden, sind für die vormoderne Welt nicht relevant. Der Knüppel des Höhlenmenschen hat seine *spezifische* Technologie; dasselbe gilt für die mittelalterliche Armbrust und für die heutige MX-Rakete. Doch das moderne Streben nach Beherrschung *spezifiziert* die Technik nicht. Wenn Descartes eine Methode erdachte, »uns […] zu Herren […] der Natur [zu] machen«,[5] und insofern die

---

zum Wissen (übersetzt von Ulrich Raulff und Walter Seitter, Frankfurt a. M., 1983). Vgl. »Wie man sich selbst als anarchistisches Subjekt konstituiert« in diesem Band, S. 114f.]

4 [A.d.Ü.: Im Englischen wird »Technik« gewöhnlich als »technology« übersetzt, wie im Fall von Heideggers *Die Frage nach der Technik*, dessen englischer Titel *The Question Concerning Technology* lautet. Im vorliegenden Text unterscheidet Schürmann spezifische Techniken (»techniques«) von der »Technik« oder »Technizität« (»technicity«) als »epochales Wahrheitsprojekt«. Wo Schürmann im englischen »technologies« verwendet, ist die Übersetzung – wie hier bei der Unterscheidung zwischen Steinzeit-Technik und DNA-Technologie, die im Englischen jeweils als »technologies« bezeichnet werden – nicht immer eindeutig, erschließt sich aber aus dem Zusammenhang.]

5 René Descartes, *Œuvres de Descartes*, herausgegeben von Charles Adam und Paul Tannery, Paris, 1965, 6:62. [A.d.Ü.: Übersetzung nach *Discours de la*

moderne Technik dieses Projekt verwirklicht, dann sprechen wir offensichtlich nicht länger von einem universalen Begriff, der sich nach Arten spezifizieren ließe. So existiert zwischen dem Plural der »Kriegstechniken« und dem Singular der »modernen Technik« eine bloße Homonymie – dasselbe Wort wird mit verschiedenen semantischen Funktionen verwendet. Dadurch wird das Gespenst des Essenzialismus verjagt.

Ich möchte einige der Implikationen aufzeigen, die aus der damit angedeuteten Unterscheidung zwischen Technik als dem gemeinsamen Namen zahlloser Techniken einerseits und als dem Eigennamen der modernen, universalen *mathesis* andererseits folgen. Eine Technik, das Knowhow, das die Griechen *technē* nannten, ist wirksam, wann immer Menschen zielorientierten Gebrauch ihrer Hände machen. Die moderne Beherrschung der Natur durch ein universales mathematisches Projekt ist etwas anderes als Knowhow. Es handelt sich um ein epochales Wahrheitsprojekt, das sich am besten als ›Technizität‹ beschreiben lässt. Weil ich gebeten wurde, über Heidegger zu sprechen, werde ich zuerst einige Züge der so verstandenen Technizität entwickeln. Im Anschluss weise ich darauf hin, dass der Diskurs der epochalen Gefüge oder Prägungen – diachronische Topologien wie die Foucaults – nicht Heideggers letztes Wort über die Wahrheit in der Technizität sein kann. Indem sie unsere heutige Welt prägt, enthüllt die Technizität etwas Rettendes. Sie offenbart eine ursprünglichere Wahrheit: die tragische Bedingung des Seins.

Eine epochale Wahrheit

Heideggers Beschreibung der Moderne als das Zeitalter der globalen Technizität ist bekannt. Ich beschränke mich daher hier auf eine Aufzählung einiger weniger thematischer Punkte – nicht heideggerscher Thesen, sondern Abkürzungen, die einige der von ihm sogenannten ›Wege‹ des Denkens verbinden. Tatsächlich ist

---

méthode pour bien conduire sa raison, et chercher la vérité dans les sciences / Von der Methode des richtigen Vernunftgebrauchs und der wissenschaftlichen Forschung, Französisch – Deutsch, übersetzt und herausgegeben von Lüder Gäbe, Hamburg, 1960, S. 101.]

er verschiedenen Wegen des Denkens über *technē* und Technizität ebenso wie über Technologie (im Sinne von *logos*, also dem der Technizität eigenen, besonderen Modus des Versammelns) gefolgt. Anhand seines explizitesten Textes[6] zu diesen Fragen können folgende Punkte zur Erinnerung ausgeführt werden.

Eine essenzialistische Differenz. »Die Technik ist nicht das gleiche wie das Wesen der Technik« (FT, 7). Jegliches moderne, auf Quantifizierung basierende Verfahren erfordert eine Technik. Aber das Wesen solcher Techniken – das ›Technehafte‹ – ist selbst nichts Technisches. Man kann das als technologische Differenz bezeichnen, da die Quantifizierung Phänomene in ihre Seinsweise versammelt (*legein*). Die Differenz ist deutlich, wenn auch nur für die moderne *mathesis*, entsprechend der oben genannten allgemeinen Vorstellung modelliert. Das Wesen der Technik, sagt Heidegger, ist mit dem »Wesen des Baumes«, das kein bestimmter Baum ist, vergleichbar (ebd.). Genauso ist die Technizität nicht irgendeine bestimmte Technik, nicht dieses oder jenes quantifizierende Verfahren. Die technische Differenz beschreibt die Technizität in Analogie zu dem subsumierenden Begriff, mit dem ich begonnen habe.

Eine geschichtliche Differenz. »Das Ge-stell ist eine geschickhafte Weise des Entbergens« (FT, 30). Damit ist die moderne Technizität außerhalb allgemeiner Beschreibungen verortet. Die Verschiebung folgt aus einem anderen als dem platonischen Sinn von *Wesen*: »Bisher verstanden wir das Wort ›Wesen‹ in der geläufigen Bedeutung[, die es] [i]n der Schulsprache der Philosophie [hat]« (ebd.). Der andere Sinn von Technizität jedoch, der einem ›anderen Denken‹ – anders als subsumptiv und, wie wir sehen werden, eine ›andere Möglichkeit‹ eröffnend – zugänglich ist, schreibt unser Zeitalter in ein konkretes geschichtliches Geschick ein. *Wesen* ist hier ein Verb. Es bezeichnet die Weise, auf die sich im Abendland Epochen entfaltet haben. In jeder Epoche offenbarte sich das Alltägliche als in einer endlichen Konstellation, in einen bestimmten Modus des Entbergens eingelassen. Deswegen gehört die Armbrust nicht in das Zeitalter der Technizität, sondern in das, was Heideg-

---

6 Martin Heidegger, *Die Frage nach der Technik*, in *Vorträge und Aufsätze, Gesamtausgabe*, Band 7, herausgegeben von Friedrich-Wilhelm von Herrmann, Frankfurt a. M., 2000, S. 7, im Folgenden zitiert mit der Sigle FT.

ger andernorts die imperial-imperative Epoche nennt.[7] Die *Prägung* oder das *Gepräge*, die unser eigenes Zeitalter markiert, wird als *Gestell*, das heißt als ›Einrahmung‹ oder ›Stellung‹ beschrieben. Es unterscheidet sich von Dingen nicht logisch, wie eine Gattung sich von den von ihr umfassten Fällen unterscheidet, sondern phänomenologisch, wie ein vorherrschender Modus des Erscheinens sich von dem unterscheidet, was er erscheinen lässt. Das Gestell ist keine Universalie. Es ist auch kein Besonderes oder Partikulares, das auf irgendeine Weise einer Universalie subsumiert oder subsumierbar wäre. Es ist unsere *singuläre* Stätte. Um etwas vorzugreifen: Der Nachvollzug der epochalen Prägungen, durch die der Okzident gelebt hat, ist eine der Aufgaben, die der Topologie zufallen.

Phänomenalität. »[D]ie moderne Technik [ist ein] herausfordernde[s] Entbergen[]« (FT, 17). Das beantwortet die Frage danach, wie Phänomene unter dem ausschließlichen Erscheinungsmodus, der die Technizität ist, konstituiert werden. Die moderne Phänomenalität verdankt sich einem bestimmten, hegemonischen Charakter der Selbstenthüllung, den Heidegger als ›Herausfordern‹ bezeichnet. Phänomene erscheinen, sie werden sozusagen von dem allumfassenden Regime der Methode im Sinne Descartes' aufgerufen.[8] Negativ ausgedrückt: nichts kann offenbar werden, das nicht dem Projekt der globalen Beherrschung entspricht. Nichts hat Sein, das nicht in das System der Quantifizierung und seiner Auswirkungen – Experimentieren, Produktion, Zirkulation und Konsumption – eintritt, kurz: das nicht als »Bestand« (FT, 17) vergegenständlicht wird. Dieses epochale Herausfordern bezeichnet »die Weise, wie alles anwest« (ebd.). Es schließt daher auch das Subjekt ein, was der Grund dafür ist, dass sich der Mensch im Zeitalter der hegemonischen Technizität nur durch die Vermittlung der Human- und Sozialwissenschaften selbst wirklich zum Phänomen wird. Phäno-

---

7 Für das ganze lateinisch sprechende Zeitalter und noch darüber hinaus gilt, »daß das […] Grundverhältnis zum Seienden überhaupt durch das Walten des imperium verwaltet wird« (Martin Heidegger, *Parmenides*, *Gesamtausgabe*, Band 54, herausgegeben von Manfred Frings, Frankfurt a. M., 1982, S. 65).

8 Siehe auch Heideggers Kommentar zu Newtons erstem Bewegungsgesetz in *Die Frage nach dem Ding. Zu Kants Lehre von den transzendentalen Grundsätzen*, *Gesamtausgabe*, Band 41, herausgegeben von Petra Jaeger, Frankfurt a. M., 1984, S. 77–81, 86–89.

menalität resultiert nicht länger aus dem intuitiven Erfassen eines Wesens oder einer Gattung, sondern aus dem beweisführenden Zugriff auf ein Exemplar.

Wahrheit als Ereignis. »Im Ge-stell ereignet sich die Unverborgenheit« (FT, 22). In seinen Schriften suchte Heidegger, Wahrheit als einen Vorgang der Enthüllung, nicht als einen Zustand der Konformität, zu verstehen. *Aletheia* ist die ursprüngliche Bedingung, die den verbreiteten normativen Wahrheitsvorstellungen zugrunde liegt. Wenn also die Norm in ›angemessenen‹ Aussagen über Daten oder in der ›Übereinstimmung‹ eines Dings mit seiner Form, oder wiederum in der ›Anpassung‹ der Seele ans Wahre gesucht wird, dann bleibt der philosophische Blick den bereits enthüllten Dingen verhaftet, anstatt zum Vorgang der Enthüllung zurückzugehen. Mit diesem Schritt zurück vom Offenbaren zur Offenbarung tritt Heidegger aus dem Bereich der Metaphysik heraus. Weil es im Okzident eine Reihe von Modi der Offenbarung gegeben hat, hat Wahrheit eine Geschichte. Die Bedingung dieser Geschichte ist ein Ereignis: Wahrheit ereignet sich stets als ein Entbergen. Diese Beziehung zwischen Bedingung und Bedingtem in der Geschichte war das Problem, das Heidegger in seiner mittleren Schaffensphase verfolgte. Es lässt sich als die Differenz zwischen zwei disparaten Singulären beschreiben: die Entfaltung von Wahrheitsepochen und das immer neue Wahrheitsereignis. Die Technizität der Gegenwart ist ein solches differenzielles Gefüge, eine epochale Figur der Offenbarung in ihrer Differenz von allem Offenbaren. In ihm ereignet sich unsere epochale Wahrheit.

Streithafte Wahrheit. »Das Wesen der Technik ist in einem hohen Sinne zweideutig. Solche Zweideutigkeit deutet in das Geheimnis aller Entbergung, d. h. der Wahrheit.« (FT, 34) Normative Wahrheit steht und fällt mit ihrer Eindeutigkeit. In der Tat mussten die überlieferten Konformitätsmaßstäbe unzweideutig, einfach sein. Wie sonst hätten sie den Vollzug der Adäquation, der Übereinstimmung oder der Anpassung normieren können? Als Ereignis der Offenbarung verstanden ist Wahrheit dagegen unausweichlich streithaft. Eine Strategie der Verbergung behauptet sich in allen Modi der Entbergung. Diese Zweideutigkeit hat entscheidende Auswirkungen auf das Gesetz ebenso wie auf das Sein. Es affiziert die Letztheit des *Seins* selbst. Was das Gesetz angeht, arbeitet in jeder legislativen eine transgressive Strategie. Was das Ereignis, das Sein ist, angeht, zerstreut eine enteignende Strategie (*Enteignis*) alle aneignenden Strategien (*Ereignis*) in ihrer Konstitution von Phänomenkonstellationen. Um das, was Heidegger als ›die griechische Erfahrung‹ auffasst, vollständig wiederzugeben, muss *aletheia* daher als Entbergung-Verbergung verstanden werden; das Gesetz, als Legislation-Transgression; und Sein, als Aneignung-Enteignung. Die ursprüngliche Zweiheit, die von dem privativen *a*- und dem Verb *lethein* (verbergen) angezeigt wird, ist nicht symmetrisch. Dem lexikalischen Parallelismus zum Trotz ist Entbergung nicht die bestimmte Verneinung der Verbergung. Entbergung ist die von Seienden, aber Verbergung ist die des Seins als Sein. Wahrheit und Unwahrheit bleiben deswegen unversöhnlich. Die beiden Strategien der Wahrheit, fügt Heidegger hinzu, »ziehen aneinander vorbei wie im Gang der Gestirne die Bahn zweier Sterne« (FT, 34). Mit dieser ihr wesentlichen Disparatheit verliert die Wahrheit ihre Eindeutigkeit. Um noch einmal vorzugreifen: Die Wiedergewinnung des Ereignisses der disparaten, streithaften Wahrheit wird die andere Aufgabe der Topologie sein.

Das Rettende. »Wo aber Gefahr ist, wächst / Das Rettende auch.« (FT, 29, 35; K, 119).[9] In seinen Erforschungen der Technizität zitierte Heidegger gerne diesen Vers Hölderlins. Was ist das Rettende? Es kann nur in der ausdrücklichen Wiedergewinnung der streithaften Seinsweise der Wahrheit bestehen. Daher dieses höchst polemische Entweder-oder: *entweder* »alle Maße« aus dem vorhandenen Bestand »zu nehmen« *oder* sich »auf das Wesen des Unverborgenen und seine Unverborgenheit« einzulassen (FT, 27). Dieses Entweder-oder unterscheidet »das andere Denken« von allem normativen, subsumptiven, entitativen, eindeutigen Denken. Es unterscheidet ›die andere Möglichkeit‹ von der Technizität als heutige Wirklichkeit. Das andere Denken und die andere Möglichkeit zeigen das Rettende an, das darin besteht, dass der Mensch sich ausdrücklich in der Doppelbindung verortet, die die

---

9 [A.d.Ü.: Die dritte hier von Schürmann angegebene Seitenzahl entstammt nicht dem Text *Die Frage nach der Technik*, sondern dem Aufsatz *Die Kehre*, dessen Übersetzung in der von Schürmann herangezogenen Ausgabe unmittelbar auf den Technik-Aufsatz folgt. Im Original findet sich der Text in Martin Heidegger, *Identität und Differenz, Gesamtausgabe*, Band 11, herausgegeben von Friedrich-Wilhelm von Herrmann, Frankfurt a. M., 2006, S. 113–124. Hier und im Folgenden mit der Sigle K zitiert.]

Wahrheit ist. Der Mensch, »unerfahren bislang, aber erfahrener vielleicht künftig, [mag] der Gebrauchte [...] zur Wahrnis des Wesens der Wahrheit [sein]« (FT, 34). Da diese wesentliche Seinsweise streit- oder konflikthaft (von *fligere*, ›schlagen‹), polemisch (von *polemos*, ›streit‹), agonistisch (von *agonia*, ›Wettkampf‹) ist, liegt in der Rettung Agonie. In den Worten des am Anfang zitierten Epigraphs: das Rettende wohnt der Möglichkeit und Notwendigkeit der Tragödie inne.

Von der Topologie zur tragischen Bedingung des Seins

Hier ist nicht der Ort, eine Theorie der attischen Tragödie vorzulegen. Es genügt, darauf hinzuweisen, dass sie stets einen Zusammenstoß, einen Streit, einen Wettkampf zwischen unversöhnlichen Gesetzen darstellt: zum Beispiel zwischen den Gesetzen Antigones und denen Kreons.

Die Tragödie steckt eine Art Blickachse ab. Der Held *sieht* die widerstreitenden Gesetze der Stadt und der Familie. Daraufhin *macht er sich* gegenüber einem der beiden *blind* und *fixiert seinen Blick* auf das andere. Nationen und andere Gemeinschaften haben im Schatten dieser Blindheit gelebt, und tun es noch immer. Alle einfachen normativen Bindungen resultieren aus einer solchen selbst-auferlegten Verblendung. Darauf folgt eine Katastrophe, die die *Augen des Helden öffnet*. Dies ist der Moment, in der die tragische Wahrheit erkannt wird. Das Erblicken des unversöhnlichen Differierens der Gesetze *nimmt ihm das Sehvermögen* (oder sogar die Augen selbst, wie es bei Ödipus und, auf andere Art, bei Teiresias der Fall ist), und es singularisiert den Helden bis zu einem Punkt, an dem die Stadt keinen Platz mehr für ihn hat. Von der Verleugnung hin zur Anerkennung verwandelt sich die Blindheit. Mit leeren Augenhöhlen sieht Ödipus eine normative Doppelbindung. Er sieht tragisches Differieren. In *Ödipus auf Kolonos* wird gezeigt, wie er dies begrüßt und annimmt – obschon zum Schweigen gezwungen, wird ihm doch die Apotheose, das heißt, die Vergöttlichung zuteil, und er erhält die Führung über Athen.

Die Bahn von Heideggers topologischer Untersuchung der epochalen Prägungen, durch die der Okzident gelebt hat und von denen die Technizität die jüngste ist, nimmt diese tragische Krise zum

Modell.[10] Sie blickt zurück auf Anfänge, die Epochen eingeleitet haben, und entdeckt in ihnen eine Ambivalenz, die Hybris gebiert. Weiter versucht sie - wiederum in den Worten des Epigraphs - die Wandlungen in der wesentlichen Seinsweise der Wahrheit zu fassen. Heidegger geht es um die Wiedergewinnung der kritischen ›Stöße der Zeit‹, wie er die Wenden in der Geschichte der Wahrheit, welche die Epochen voneinander trennen, auch nennt. Schlussendlich findet die Topologie ihre Aufgabe darin, die Frage nach dem möglichen *Da* lebendig zu halten, einem möglichen *topos*, in dem die Menschheit sich als erfahren genug herausstellen könnte, die tragische Bedingung des Seins zu erhalten.

Dieser *topos* würde auf den frühen griechischen topos antworten. Hier einige Zeilen zum griechischen Anfang und zu dem anderen Anfang, wo uns tragisches Wissen in - nicht vor - der globalen Technizität retten könnte: »Alle Anfänge sind in sich das unüberholbar Vollendete. Sie entziehen sich der Historie, nicht weil sie überzeitlich-ewig, sondern größer sind als die Ewigkeit: *die Stöße* der Zeit, die dem Sein die Offenheit seines Sichverbergens einräumen. Eigene Gründung dieses Zeit-Raumes heißt: Dauern« (BzP, 17).

Die Topologie ist eine Untersuchung der *topoi*, von Orten. Bei Heidegger sind dies jene Epochen unserer Geschichte, die zum Zeitalter der Technizität geführt haben.

Die Topologie zeigt die tiefen geschichtlichen Wurzeln des heutigen Weltbereichs. Indem sie die Orte nachvollzieht, die unsere gewesen sind, es sind und sein können, ist sie rekapitulativ, kritisch und antizipativ.

---

10 Dieses Modell wird am deutlichsten in Martin Heidegger, *Beiträge zur Philosophie, Gesamtausgabe*, Band 65, herausgegeben von Friedrich-Wilhelm von Herrmann, Frankfurt a. M., 1989, im Folgenden zitiert mit der Sigle BzP. Der vorliegende Artikel lässt sich nur in Verbindung mit drei weiteren Aufsätzen ganz verstehen: »Letzte Doppelbindungen«, im vorliegenden Band, S. 131–162; »Ein brutales Erwachen zur tragischen Bestimmung des Seins«, übersetzt von Jeff Owen Prudhomme, in Christoph Jamme und Karsten Harries (Hrsg.), *Martin Heidegger. Kunst – Politik – Technik*, München, 1992, S. 261–278; und Joseph Margolis and Thomas Rockmore (Hrsg.), »Riveted to a Monstrous Site«, in *The Heidegger Case: On Philosophy and Politics*, Philadelphia, PA, 1992, S. 313–330.

Die *rekapitulative Topologie* fragt: Welche Form der Konflikthaftigkeit – des Tragischen – haben die philosophischen Funktionäre[11] in ihren griechischen, lateinischen und modernen Amtszeiten sowohl sehen als auch verleugnen müssen? In dieser retrodiktiven Funktion legt die Topologie die Doppelbindung dar, die die epochalen Anfänge markieren. Diese sind ›in sich das unüberholbar Vollendete‹. Sie sind jedoch nie einfach. In den nuancierteren seiner Lektüren der Überlieferung versucht Heidegger zu zeigen, wie jeder *instituierende* Diskurs den Phänomenen – das heißt in seinen Worten der Disparität zwischen Entbergung und Verbergung – treu bleibt. Epochale Institutionen [räumen] dem Sein die Offenheit seines Sichverbergens ein [...]‹. Sie weisen die legislativ-transgressive Doppelbindung in Analogie zu den Eröffnungen der Dramen Kreons, Agamemnons, Eteokles' und anderer auf.

Andererseits verdrängt jeder *instituierte* Diskurs Uneinigkeit. In Heideggers Diagnose ist diese Verdrängung das phantasmatische Werk der ›Logik‹. Den weniger nuancierten seiner Lektüren der Überlieferung zufolge wiederholt die Herrschaft der Logik den Moment der Hybris in der Tragödie, in dem das heroische Edikt den Konflikt zwischen Polis und Familie unter ein Gesetz bringt. Die so gegründete Ordnung wird niemals nicht die Rückkehr des Verdrängten hervorrufen. Auf dieselbe Weise ruft jeder hegemonische Referent, selbst wenn er eine Epoche aufrechterhält, stets Singuläre dazu auf, sich gegen die Subsumption zu behaupten – womit er zu seiner Selbst-Entsetzung aufruft.

In ihrer rekapitulativen Arbeit fragt die Topologie nach den Orten – den Phänomenen, den Erfahrungsregionen –, die die Philosophen unter Ausschluss aller anderen Orte gesichert und verabsolutiert haben, um den ursprünglichen Streit zu verleugnen. Unter diesen *topoi* finden sich die Mathematik (Platon), die Bewegung (Aristoteles), die Beobachtung des Bewusstseins durch sich selbst (Descartes) und viele mehr. Von den erhabenen Stellungen dieser Festungen herab, thronend wie Kreon in seinem Königtum, war es den normativen *chargés d'affaires* möglich, Gesetze zu erlassen. Sie haben eine Vorstellung über jedes Maß erhöht, sie anmaßend

---

11 »Wir sind [...] Funktionäre der Menschheit«. Edmund Husserl, *Die Krisis der europäischen Wissenschaften und die transzendentale Phänomenologie*, Den Haag, 1954, § 7, S. 15.

zum Maßstab alles Messens deklariert und Singuläre in diesem Maßstab unterworfene Besondere verwandelt.

Kritische Topologie. Hier muss nur ein einziger *topos* situiert und beschrieben werden. Es handelt sich um jenen Ort der Zäsur, aus dem der Topologe der Gegenwart spricht, wenn er fragt: Wie kann die einst flüchtig gesehene Doppelbindung (das verdrängte ›Gewesen-sein‹ der griechischen Tragödie) heute imminent erscheinen (das ›Kommende‹, das rettet und das eine Frage der Sicherung ist)? In diesem wortwörtlich entscheidenden Ort kann die Phänomenologie nicht zu einem weiteren instituierenden Diskurs werden. Vielmehr befasst sie sich mit einem Übergang. Worum es geht, ist, wie »das Wesen der Technik [...] in den Wandel seines Geschickes geleitet werden [kann]« (K, 116). In dieser *krisis* verschwinden einige Probleme, während andere, und zwar ungeheure, entstehen. Alle haben sie etwas mit dem Status des Diskurses zu tun, der dem Singulären, das uns widerfährt und das nicht einfach ist, treu zu bleiben versucht.

Was verschwindet ist die Möglichkeit der Verdeckung des ursprünglichen Streits selbst. Die Hypothese einer epochalen Schließung gibt der tragischen Doppelbindung die nie zuvor gesehene Eigenschaft archisch-anarchischer Monstrosität. Dieser bifrontale Charakter unserer Stätte resultiert aus einem ›Stoß der Zeit‹. Der Ausdruck entspricht der Perplexität angesichts des Singulären, von der das geschichtliche Denken seinen Ausgang nimmt: Erst sind die Dinge so, dann plötzlich ganz anders. Topologisch ausgedrückt finden wir uns erst in den einen Horizont, den einen »Zeit-Raum« eingeschrieben, dann, plötzlich, in einen ganz anderen. Diese Perplexität geht nur auf das Singuläre: eine *terra deserta,* die nicht mehr unsere ist, eine *terra incognita,* die noch nicht unsere ist, und ein Übergang, in dem eine ganze Kollektivität lebt, als hielte sie den Atem an. Kein umfassender *nomos* regiert diesen Nomadismus, in dem Zuteilungen, Zuweisungen zu diskontinuierlichen Ebenen ohne jegliche Vorwarnung oder Vermittlung aufeinander folgen. Die Wiedereinschreibung aber instituiert eine Möglichkeit, die erst noch ergriffen werden muss. *Wem* kann und soll die »eigene Gründung« anvertraut werden? Nicht irgendeinem bestimmtem Heroen. Das Mögliche betrifft die Seinsweise des ganzen Zeitalters der Technizität. Die Antwort auf die Frage ›Wer?‹ ist, bei Heidegger, ein desubjektiviertes Selbst, das heißt, eine Stätte (kein Subjekt, das stattdessen der Frage ›Was? Was ist der Mensch?‹ entsprechen würde). Wie beschrieben ist der Wandel in der Verblendung gegenüber der Technizität nicht erzwingbar. Man kann sich dieser konflikthaften Stätte nur zuweisen lassen. Eine solche Zuweisung mag erfolgen oder auch nicht. Sie entzieht sich der willensmäßigen Eroberung. Wenn, in einer Krise, wie es die unsere sein mag, solche Zuteilung sich ereignet, dann wird die ursprüngliche Bedingung dessen, was wir leben, denkbar. Eindeutige Letztheiten (*archai*) erscheinen dann als das, was die ursprüngliche, an-archische Bedingung verdeckt hat; es erweist sich, dass technische Expertise von der Verleugnung des tragischen Wissens zehrt; die globale Technizität enthüllt ›das Rettende‹; in der Redeweise Heideggers aus der Mitte der 1930er Jahre ausgedrückt: *Dasein* west. Da es konflikthaft ist, kann das *Da* des *Daseins* nur tragisch sein.

Jedoch stößt auch der Diskurs dieser geschichtlichen Krise – die kritische Topologie – auf ungeheure Schwierigkeiten. Um den Bruch zwischen dem eindeutig archischen Terrain und dem tragisch anarchischen nachzuvollziehen, muss er zwei Sprachen sprechen. Über die Bruchlinie (*de linea*) nachzudenken, in der die epochale Geschichte endet,[12] erfordert *einen* von innen her ausgesprochenen Diskurs und *einen anderen*, von außerhalb dieser Schließung kommenden. Dieses Denken fordert epochale Zweisprachigkeit. Deswegen müssen wir Heidegger zufolge noch immer »Anwohner[] [am Abgrund] im Zeit-Raum jenes Geschehens, das sich als die Flucht der Götter ereignet« werden (BzP, 52).[13] Das Zeitalter der globalen Technizität ist leicht als eines weitreichender Zerstörungen beschrieben, und es bräuchte schon einen hoffnungslosen Fall reflexiver Anorexie, um dieser Diagnose nicht zuzustimmen. Aber wenn Denken bedeutet, bei den Bedingungen dessen, was man lebt, innezuhalten, dann lohnt es sich zu fragen: Wie sind wir hierhin

---

12 »[F]ür das Denken *im* Ereignis […] [ist] die Seinsgeschichte zu Ende.« Martin Heidegger, *Zeit und Sein*, in *Zur Sache des Denkens*, *Gesamtausgabe*, Band 14, herausgegeben von Friedrich-Wilhelm von Herrmann, Frankfurt a. M., 2007, S. 50.

13 [A.d.Ü.: Das Zitat ist gemäß Schürmanns freier Übersetzung angepasst, die den Begriff des Abgrunds in das Zitat einführt: »Thus we have yet to become, Heidegger says, ›dwellers along the [abyss] in the time-space from which the gods have fled‹«. Bei Heidegger heißt es: »die Anwohnerschaft im Zeit-Raum jenes Geschehens, das sich als die Flucht der Götter ereignet«.]

gekommen? Auf diese Frage antwortet die Topologie, indem sie auf die *krisis* deutet, um die sich die Seinsgeschichte dreht, die es uns ermöglicht, die Anwohner am Abgrund zu werden, die wir sind. Kritische Topologie impliziert, dass im zwanzigsten Jahrhundert die Doppelbindung unter jeder monofokalen Setzung offenkundig wird, was wiederum impliziert, dass die tragische Verleugnung, die das Fundament der Ordnung bildet, sich umso gewaltsamer herstellt. Eine noch nie dagewesene institutionalisierte Brutalität, Abweg und Irrweg, ein die Reflexion erstickender Isomorphismus des Alltags; dann die kritische Kehre, die sich außerhalb des Gleichen und seiner Gesetze bewegt; zuletzt die Lehre aus den Verwüstungen, das Sehvermögen der leeren Augenhöhlen und die schweigende Bestätigung ursprünglichen Differierens: Diese tragische Bahn wird nur einem bifrontalen phänomenologischen Denken zugänglich. Die Topologie, die die Uneinigkeit befreit, ist ein Denken, denn Heidegger verweilt lediglich in der Stätte und ihren Bedingungen; sie ist phänomenologisch, weil sie sammelt, was sich dort zeigt; und sie ist bifrontal, weil sie auf den Zusammenbruch der normativen Epochen (streng genommen ist dieser Ausdruck redundant: Epochen ergeben sich immer aus einer Idee, die dem Fragen Einhalt gebietet, einer fixen Idee, einer halben Setzung, einem Erlass und, in diesem Sinne, einer Norm) zurück- und auf eine Konstellation vorausblickt, die anarchisch ist, da ihr *einfache Letztheit fehlt*. Was sich zeigt ist die *kenosis*, die, indem sie es zurücknimmt, das tragische *Da* des Daseins möglich macht.

Die Schwierigkeiten haben weniger mit dem zirkulären Charakter dieser Topologie zu tun (sie beginnt mit der Annahme eines Übergangs und entdeckt sodann Symptome, die diese Annahme bestätigen). Nicht jeder hermeneutische Zirkel ist teuflisch. Die Schwierigkeiten entstehen vielmehr aus der Tatsache, dass Topologie nur deswegen retrospektiv und kritisch sein kann, weil sie wesentlich antizipativ ist. Im Vokabular der Vorstellung, dem Träger aller Maßstäbe, ausgedrückt: Sowohl das Metanarrativ, das uns in die Bühne einweist, von der wir herkommen, als auch das Halbnarrativ über den möglichen *Ausgang*, den wir leben (»Halb«, da die Narration unterbrochen bleibt, wenn der Philosophie das Vorstellbare ausgeht), haben ihre Bedingung in dem diskontinuierlichen Sinn, in dem sich heute alle Handelnden wiederfinden.

Da es sich hierbei um eine zeitliche Diskontinuität handelt, erfordert der Vorrang des Möglichen über das Wirkliche[14] einen »Vorstoß, um unseren ›Standort‹ im Seyn selbst und damit unsere Geschichte zu treffen« (BzP, 501). Nur durch die kontingente Zukunft lernen wir über unsere Vergangenheit und Gegenwart, das heißt, über unseren endlichen, sich ereignenden *topos*. So lange das tragische *Da* nicht als unsere eigenste Möglichkeit ergriffen worden ist, wird man nicht »ermessen [...], was sich in der Geschichte der Metaphysik ereignet hat: das Vorspiel des Er-eignisses selbst« (BzP, 174). Dieses Vorspiel hat seit jeher das tragische *Da* zurückgenommen, ebenso wie das Differieren, dessen mögliche Stätte es ist.

Heidegger sagt nicht, dass wir unseren konflikthaften Standort bald - zum Beispiel im Jahr 2000 - erreichen und damit aus dem Weltbereich der Technizität gerettet werden. Er sagt, dass das tragische *Da* möglich ist, dass es das schon immer war, dass es das in unserem Zeitalter weltweiter Katastrophen umso mehr ist, und dass es außer diesem Möglichen keinen anderen Träger der Erlösung gibt (*salvus*, so ›unbeschädigt‹, wie das tragische Sehvermögen nach der Krise sein wird). Mit dem zurückgenommenen *Da* wird nichts auf später verschoben. Vielmehr beschreibt Rücknahme das ursprüngliche Differieren selbst.

Wie also zurückgenommen? Die Frage ist eine der Antizipation.

Antizipative Topologie. Diese befasst sich mit einem möglichen geschichtlichen Ort: einem bereits gegebenen, aber noch zu besetzenden. Seine Beschreibung ist zuerst einmal negativ, da *topos* hier nicht mehr irgendeinen Bereich von Seienden bezeichnet, deren Beziehungen aufgesteigert werden können, um einen archischen Referenten zu schaffen. »Im anderen Anfang kann nicht mehr ein Seiendes, ein bestimmter Bereich und Bezirk ebensowenig wie das Seiende als solches, maßgebend werden für das Seyn« (BzP, 248). Die Schwierigkeit besteht darin, Antizipation zu verstehen, ohne utopische oder tausendjährige Verschiebungen damit zu assoziieren. Dies erfordert die Klärung der Verneinungen in den zitierten Zeilen.

---

14 Martin Heidegger, *Sein und Zeit*, Tübingen, 1967[11], S. 38. Die für das mathematische Projekt und für die Entstehung des theoretischen Blicks zentralen Textabschnitte finden sich in §69, S. 350–369.

Was unter deren offenkundigem Apophatismus verweigert wird ist der hyperbolische Gebrauch eines Selbst-Seienden (zweifellos das Platonische ›Gute‹), eines Bereichs (zweifellos die Aristotelische, ›physische‹ Bewegung) oder eines Allgemeinen (zweifellos Leibniz' Perplexität darüber, dass es ›Seiende im Allgemeinen‹ gibt), die als normativ gesetzt werden. Diese Verneinungen richten sich gegen die vorstellende Aufsteigerung. Ausgeschlossen wird dadurch der Übergang zu einer weiteren Gattung, wie Hegel sie beschrieben hatte. »Große Menschen«, sagte Hegel, »[sehen] die Wahrheit ihrer Zeit und ihrer Welt, sozusagen die nächste Gattung, die im Innern bereits vorhanden war«.[15]

Was darüber hinaus aber allgemeiner verweigert wird ist eine Phänomenologie einfacher Offenbarung, wie man sie in Heideggers ›Geben‹ hineinzulesen versucht sein könnte. Eine solche Phänomenologie, die die antike Frage nach dem Seienden als Seiendem beantworten würde, sähe wie folgt aus: Heidegger bezieht *geben* auf das griechische *phain-* und *phy-*, wobei das erste die Wurzel von ›Zeigen‹, das zweite von ›Erheben‹ ist – also auf Offenbarung; dann kehrt er die Gründungsbeziehungen (wie die zitierten Zeilen bezeugen) um und verankert nicht das Erscheinen in einem Seienden, das sich als das beachtenswerteste zeigt, sondern umgekehrt dieses Seiende zusammen mit allen anderen im Erscheinen. Seiendes als Seiendes würde im einfachen Geben (Es gibt) bestehen, wie diese Verben in der Mittelstimme bekräftigen: ›sich zeigen‹ [*to show forth*], ›sich erheben‹ [*to rise*]. Um der Frage nach dem Sein zu entsprechen, müsste Anwesen als solches beibehalten werden, ohne jegliche anwesende Seiende zu beachten.[16]

Das ist alles schön und gut. Jedoch sagen solche Rekonstruktionen nichts über die *intrinsische Gegensätzlichkeit* des Seins, nichts über den ursprünglichen Streit, um dessentwillen Heidegger nie aufhörte, sein Idiom zu erneuern. Sein ist in der Tat Zeigen, Erheben, Offenbaren, Anwesen, Geben; aber es ist all das in einem ›zer-

---

15 C.W.F. Hegel, *Vorlesungen über die Philosophie der Geschichte*, in *Werke*, Band 12, herausgegeben von Eva Moldenhauer und Karl Markus Michel, Frankfurt a. M., 1970, S. 46.

16 Heidegger geht ziemlich weit in seiner Formulierung dieser Nichtachtung: ein »ein wissender Ernst [stößt] sich nicht mehr [...] an gut und schlecht, an Verfall und Rettung der Überlieferung, an Gutmütigkeit und Gewalttat« (BzP, 242). Siehe auch *Zeit und Sein*, S. 5f. und S. 29f.

klüfteten‹ Modus, in ›Uneinigkeit‹, als ›Entbergung-Verbergung‹, ›Aneignung-Enteignung‹, in dem ›Kampf‹, durch den das Nein sich gegen das Ja behauptet und der Tod sich gegen das Leben verkündet. Was auch immer vom Apophatismus bei Heidegger übrig bleibt birgt keine negative Haplologie (*haploon*, ›einfach‹).[17] Es setzt Einfachheit außer Kraft. Mit ihren Verneinungen legen die zitierten Zeilen nahe, dass Sein allein *maßgebend* ist. Aber »Ja und Nein und dieses noch ursprünglicher als jenes [ist] ein Wesensbesitz des *Seins* selbst« (BzP, 178). Mit einem derartigen Wesensbesitz – wie könnten apophatische Äußerungen jemals einen einfachen Maßstab überhöhen, unter epochalen Regimen eine einfache Bedingung wiedererlangen, eine einfache Wohnstätte vorbereiten? Das *Denken* der Doppelbindung, die das Sein ist, mag tatsächlich *simpel* (*einfach, schlicht*, usw.) sein, genau wie erst das Sehvermögen des geblendeten Ödipus einfach, unbeschädigt, ungefährdet sein konnte.[18] Aber wenn es im anderen Anfang nicht mehr irgendein Seiendes ist, das letztlich ›gibt‹ – den Maßstab gibt (setzt), Denkanstöße gibt (liefert), eine Stätte gibt (hervorbringt) –, und genauso wenig irgendeine einheitlich bindende These über das Sein, dann führte Heideggers großes Erwachen nach den Kompromissen von 1933–34 ihn außerhalb aller *einfach normativen* Regime. Antizipative Topologie führt zu einer streithaften Normativität, deren Erkenntnis im Westen viel älter ist als jeglicher Thetizismus derselben – der Thetizismus, der am wirkungsvollsten in der gegenwärtigen globalen Technizität entfaltet wird.

Vom zurückgenommenen tragischen *Da* zu sprechen bedeutet, die Möglichkeit aufrechtzuerhalten, dass sich die Verleugnung des transgressiven Anderen in dem, was die Philosophen als Letztheit bestimmen, als erschöpft erweist. Solche Verleugnung hat den Anstoß für jede Figur des legislativen Gleichen gegeben, während

---

17 Für den Versuch, eine solche negative Haplologie in Heidegger hineinzulesen, siehe Jacques Derrida, *Vom Geist: Heidegger und die Frage*, übersetzt von Alexander García Düttmann, Frankfurt a. M., 1992, S. 125–132 und ders., *Wie nicht sprechen. Verneinungen*, übersetzt von Hans-Dieter Gondek, Wien, 1989, S. 9–11.

18 Der geblendete Ödipus »hat ein Auge zuviel vielleicht ... Leben ist Tod, und Tod ist auch ein Leben« (Friedrich Hölderlin, »In lieblicher Bläue«, in *Sämtliche Werke, Band 2, 1. Gedichte nach 1800*, herausgegeben von Friedrich Beißner, Stuttgart, 1951, S. 373f.).

ihre Erschöpfung stets insgeheim normative Macht erschüttert hat. Das Mögliche zu versuchen, heißt hier, die Bejahung, das Feste, Festigkeit zu destabilisieren und unter dem Ja den Sog des Neins zu rehabilitieren. Das Mögliche unterwandert die Wirkungen des positiven, das heißt thetischen, Diskurses. Daher das Schweigen des tragischen Helden, der in die Wüste, für die Alten ein *Nicht-Ort*, flieht; ein Nicht-Ort (*ou-topos*), der sich nicht (wie die Insel einer messianischen Gesellschaft) infolge seiner falsch berechneten Ankunft immer weiter entfernt, sondern im Modus des Möglichen zurückgenommen und deshalb mit sich selbst differierend ist. Hier gibt es keine Utopie und eine ziemlich andere Apophasis. Verneinen und Befragen ist alles, was demjenigen, der das Disparate zu erhalten strebt, bleibt: für Heidegger ein Verneinen, das kein dialektisches Unwissen postuliert und ein Befragen, das kein mäeutisches Vorherwissen voraussetzt. Die Topologie des Möglichen arbeitet nicht mit einem Theodolit. Wie die Wüste, die Ödipus durchwanderte, ist der antizipierte konflikthafte *topos* der Prospektion verschlossen. In den *Beiträgen* wird er als *Zerklüftung* beschrieben, womit die Zeit gegenüber dem Raum hervorgehoben wird. Das Zurückgenommensein ist die Temporalität des tragischen *Da* selbst: das Zerwürfnis phänomenalen Anwesens und einer Singularisierung, die immer eine kommende ist (siehe unten). Das ist der ursprüngliche Streit, dessen Erblicken blendet und dessen Erkennen zum Schweigen bringt.

Wenn nun die ursprüngliche Bedingung, wie Heidegger sie nach seinem brutalen Erwachen aus dem Vertrauen auf eindeutige »ursprüngliche Verwurzelung«[19] sieht, eine solche ist – warum sie dann im Futur ausdrücken? Man beachte die Reihe topischer Aufschiebungen: Gegenwärtig können wir höchstens den »Frageort« (BzP, 85) vorbereiten, in dem sich »die Zukünftigen« vorbereiten werden, die wiederum neue »Standorte im Sein« vorbereiten werden, von denen alleine aus der »Streit von Erde und Welt« (BzP, 62) Beständigkeit haben kann – ein Streit, aus dem das tragische *Da* entstehen könnte. Diese Reihe von *Stätten – Frageort, Standort, Da* – hat nichts mit der Spekulation über ein glücklicheres Morgen zu tun. In der antizipativen Topologie liegt die Betonung auf der möglichen Stätte und ihrer Diskontinuität, nicht auf faktischem

19 Heidegger, *Sein und Zeit*, S. 377.

Terrain und seiner Kontiguität. Im Futur getroffene Aussagen betreffen ein Potenzial, das jetzt gegeben ist. Sie sollen nicht den anderen Anfang unbestimmt hinausschieben, sondern hier und jetzt die Diskontinuität zwischen Regimen des Gleichen, deren institutionalisierte Hypertrophie Heidegger gerade noch selbst anzupreisen geholfen hatte, und dem Ereignis des Differierens, als das er von nun an Sein versteht, verstärken – in seinen Worten: die zeitliche Differenz zwischen der trügerischen vollen Anwesenheit und gebrochenem Anwesen verstärken.

Der ursprünglichen Bedingung einen Ort verstatten

Wenn Topologie sich mit dem Ort befasst, in dem das konflikthafte Ereignis erhalten werden kann, dann ist zumindest ein Missverständnis in Bezug auf Heidegger ausgeschlossen. Man mag in der Tat einwenden: Wenn er für ausdrückliches Einverständnis mit dem an Aischylos und Sophokles orientierten ursprünglichen Streit plädiert, was ist dann von seinem *rettenden* Modell zu halten? Ist eine solche Möglichkeit nicht noch disruptiver als es selbst die globale Subsumption unter eindeutige Maßstäbe ist?

Der Einwand ist bedeutungslos. Er reduziert die leitende Kategorie der Modalität, das Mögliche, auf das, was von ihr abgeleitet ist, das Wirkliche. Man sorgt sich darum, was mit der öffentlichen Ordnung geschehen würde, *wenn* die legitimierenden Bezüge sich als gebrochen erweisen würden. Das bedeutet, den Status des Möglichen misszuverstehen, da konflikthaftes Sein uns bereits erfasst und bricht, so, wie es uns schon immer erfasst und gebrochen hat: »Wir bewegen uns schon, obzwar erst übergänglich, in einer anderen Wahrheit« (BzP, 18): in der anderen Wahrheit, die im vorangestellten Epigraph als Bedingung der Tragödie selbst beschrieben wurde. Würden wir die Herrschaft der regelgeleiteten Technizität untermauern, begegneten wir dem Möglichen nur einmal mehr mit Verleugnung. Der planetarische Totalitarismus – Kreons weltweiter und endgültiger Triumph – würde bloß das Wirkliche ausdehnen und vertiefen. Kreon erzwingt die öffentliche Ordnung und setzt sie durch, indem er ihr transgressives Anderes verleugnet; aber was ließe sich überhaupt verleugnen, wenn er nicht immer schon in der tragischen Doppelbindung wäre? Das konflikthafte

Mögliche ist nur deshalb *kommend*, weil es unsere älteste Bedingung ist. Es bricht mit dem Wirklichen, wie das Ereignis mit der ständigen Anwesenheit, das Singuläre mit der Subsumption, der ursprüngliche Streit mit jeglicher fokalen Bedeutung des Seins, und die Anerkennung dessen, was ist (das tragische *Da* sein lassen) mit der thetischen Verdrängung (die phantasmatische Figuren der Erstheit postuliert) bricht.

Um zu sehen, in welchem Sinn die ursprüngliche Doppelbindung in der Technizität »rettet«, reicht es zu fragen: Was ist im Gegensatz zu allen thetischen Letztheiten das phänomenologisch Letzte im Alltäglichen?[20] Letztheit ist die Eigenschaft einer Bedingung, die nicht umgangen oder hintergangen werden kann. Eine Bedingung ist eine letzte, wenn sie nicht von einer noch ursprünglicheren Bedingung bestimmt wird. Im Alltag erfüllen nur unser Entstehen und unser Vergehen diese Voraussetzung. Das phänomenologisch Letzte sind eben nicht Geburt und Tod als zwei biographische Tatbestände, von denen einer geschehen ist, während der andere noch aussteht, sondern zwei durchdringende Züge – zwei auf die Gegenwart einwirkende Soge –, die ihren Ursprung in ihnen nehmen. Hannah Arendt nannte den ersten dieser Züge ›Natalität‹: er ist »[d]er Neubeginn, der mit jeder Geburt in die Welt kommt«, »das Prinzip des Anfangs«, »die ontologische Voraussetzung dafür ist, daß es so etwas wie Handeln überhaupt geben kann«.[21] Frühe Institutionen sind ein gutes Beispiel für diesen ursprünglichen Zug, aber ebenso sind es das Verfassen parlamentarischer Gesetzgebung, die Gründung der Vereinten Nationen, das Sichhinsetzen, um ein Buch anzufangen oder die Wahl eines Lebenspartners. Arendt nannte den zweiten Zug, unser Sein zum Tode, ›Mortalität‹. Diese bindet uns an eine bestimmte Folge von Ereignissen, die letztendlich auf unsere Auslöschung hinauslaufen. Die Mortalität ist daher eine Beschreibung unserer äußersten, kommenden Singularisierung. Natalität und Mortalität sind das, was wir alle, wenn auch schlecht, kennen. Da sie nur vermittelt gegeben sind, sind

---

20 [A.d.Ü.: »Letztes«, »Letztheit«, usw. übersetzen hier (wie auch im Text »Zu Selbstregulierung und Überschreitung «, vgl. Anm. 16, S. 40) »ultimates«, »ultimacy«, usw.]

21 [Hannah Arendt, *Vita activa oder Vom tätigen Leben*, München, 1981, S. 15, 166, 243.]

es diese beiden Züge, die der gründlichen Klärung am stärksten bedürfen. Als phänomenologische Letzte fordern sie, mehr als alle unmittelbar gegebenen Phänomene, das *diasozein ta phainomena* (»was sich zeigt, [zu] bewahren«, Eudoxos von Knidos).

Die Doppelbindung Natalität-Mortalität ist phänomenologisch primär in dem Sinne, dass sie der *Ursprung* aller Erfahrung ist. Sie ist nicht primär im Sinne von *Prinzipien*, nicht auf irgendeine Weise grundlegend. Prinzipien und die damit verbundenen Vorstellungen entstehen nur aus der subsumptiven Gewalt, die alles, was der Fall ist, in den Fall eines Allgemeinen verwandelt. Die globale Technizität ist die wirkungsvollste Übersetzung des Prinzipiendenkens in den Alltag.

Nun, wann immer Philosophen fragen »In wessen Namen?«, beziehen sie Fakten und Taten auf Prinzipien, die allgemeine Namen tragen. Heidegger seinerseits ist bestrebt, von Prinzipialreferenten zurück und zu dem hinzutreten, das keinen allgemeinen Namen trägt. Natalität und Mortalität sind, als meine, *singuläre* Züge. Topologie ist daher ein Diskurs über das Singuläre: nicht nur, insofern sie die Abfolge der Epochen in unserer Geschichte erzählt, sondern, entscheidender, insofern sie deren Bedingung in der ursprünglichen Doppelbindung von Natalität und Mortalität sucht. Die eine große Möglichkeit, nie eine wirkliche Ökonomie zu werden – weswegen es keine Rettung *vor* der Technizität gibt – bestünde darin, gleichermaßen den Ansprüchen des Singulären und den Phantasmen des Allgemeinen zu entsprechen: der temporalen Differenz zu genügen. Topologie legitimiert Fakten nicht dadurch, dass sie sie auf Namen bezieht. Sie legitimiert das Machbare, indem sie die eine namenlose Möglichkeit antizipiert: das Ereignis-Enteignis. Welcher allgemeine Name würde wirklich differierenden Gesetzen entsprechen? Bei Heidegger wird die ganze Problematik der Legitimation verwandelt. Die Stätte der Normen soll werden, was sie immer gewesen ist: der Ort des Ereignisses, ein Ort, dem wir immer schon zugeteilt waren und dessen Evidenz deutlich wird, wenn Prinzipien im Isomorphen zusammenfallen: »Das Seyn west als das Ereignis. Zu diesem gehört die Einzigkeit und Befremdung in der Augenblicklichkeit der unverhofft angefallenen und so erst sich erbreitenden Stätte« (BzP, 260).

Es ist wahr, dass der so antizipierte Ort nicht länger die Ruhe der Ordnung garantieren kann. Das heißt aber nicht, dass seine Topologie alles rechtfertigt. Seine Kriterien der Verantwortung wurden nicht nur von Aischylos und Sophokles, sondern auch von Heraklit und Parmenides festgelegt. Er folgt anderen Imperativen als normativen Signifikanten: »Schaue [...], wie [...] das Abwesende anwesend ist mit Sicherheit«.[22] Schaue im thetischen Impuls der Natalität die Gegenströmung der Mortalität. Schaue in der vom Gesetz entworfenen Stätte die kommende Singularisierung, die kein Gesetz subsumieren kann und die uns den Verlockungen der normativen Anwesenheit entfremdet.

»Müssen wir da nicht in ganz andere Bezirke und Maßstäbe und Weisen zu sein umdenken, um noch Zugehörige der hier anbrechenden Notwendigkeiten zu werden?« (BzP, 204). Dies ist die Beweislast der antizipativen Topologie. Es ist eine Frage des Zugehörens zum ursprünglichen Möglichen, das mächtiger als jede wirkliche Verleugnung ist. Aber in diesem Möglichen lässt sich ein ›noch nicht‹ von einem ›bereits‹ unterscheiden. Das instrumentelle Wesen normativer Einzelbindungen ist mindestens seit Marx, Nietzsche und Freud offensichtlich geworden, aber es gibt ›noch nicht‹ die Bereitschaft, tragische Doppelbindungen anzuerkennen. Daher: »der Ort der Entscheidung muß erst gegründet werden« (BzP, 187). Aber auch: »Die Besinnung hierauf bedarf freilich schon eines Standortes, von dem aus *weder* eine Täuschung möglich ist von Seiten des vielen »Guten« und »Fortschrittlichen« und »Riesenhaften«, was geleistet wird« (BzP, 140). In dem, was als Gutes, Fortschrittliches, Riesenhaftes – was wohl bedeutet: in dem technischen Gigantismus, der als fortschrittlich und daher als gut – gilt, entstehen Notwendigkeiten, die uns zwingen, anders zu denken. Die Alltäglichkeit, die mit dem Cluster ›gut‹ (wiederum platonisch), ›Fortschritt‹ (frühmodern), ›Gigantismus‹ (spätmodern) bricht, ist bereits unsere, bereits eine Notwendigkeit in dem Sinn, dass jeder sie lebt – aber wir müssen sie noch erfassen. Das Mögliche fügt dem *bereits* stets ein *noch nicht* hinzu und bricht damit die Ordnung der korrekten zeitlichen Abfolge. Zu sagen, eine Katastrophe sei möglich, bedeutet zu sagen, dass die Dinge gegenwärtig standhalten, aber dass die Bedingungen ihres Zusammenbruchs bereits da sind. Heidegger: Die Bedingungen – die Bezirke und

22 Parmenides, in *Die Fragmente der Vorsokratiker*, herausgegeben von Hermann Diels und Walter Kranz, Berlin, 1951^{6}, Fragment 4,1.

Maßstäbe und die Modi des Seins – für den Zusammenbruch der Illusion, die uns Werte, Fortschritt und Technizität als von Normativität gesättigt erscheinen lässt, sind da. Insofern sie noch erfasst werden müssen, stehen uns diese Bedingungen noch bevor (*ante*), daher Antizipation. Sie zerklüften den subjektivistischen *topos*, der weiterhin als felsenfester Grund gilt, daher Topologie.

Sich ausdrücklich auf diesem zerklüfteten Grund zu begründen ist, was Heidegger Mitte der 1930er Jahre unter ›Dasein‹ versteht. Solches Begründen markiert den anderen Anfang. Seine Implikationen erscheinen aus einer Disjunktion – einer zwiefältigen Disjunktion – die Heidegger über die folgenden vierzig Jahre hinweg immer wieder von Neuem versuchen wird.

Einerseits muss das *fundamentum concussum* von jeglicher Gründung, die *inconcussum* erscheint, getrennt werden. Diese Disjunktion überträgt sich durch eine Rekapitulation oder eine Archäologie, die kollidierende Plateaus unter den zahlreichen seit den Griechen gelegten Fundamenten befreit; die, wie er in manchen Texten sagt, den Streit zwischen Welt und Erde befreit. Auf der *Welt*karte der phantasmatischen Herrschaftsgebiete vollzieht er insbesondere die moderne Einfriedung nach und befreit unter dem Diskurs, der seit Descartes und Kant begründet wurde, die *erdgebundenen* Uneinigkeiten, die jeden der großen, gründenden Diskurse zerreißen. Diese Arbeit der archäologischen Disjunktion obliegt der geschichtlichen Kritik. Sie hat ihre Stätte und ihre Stunde: der ›Stoß der Zeit‹, der uns, Subjekte der Technizität, die Kollision von Plateaus, die unter jedem Fundament vorausgesetzt werden, spüren lässt.

Andererseits müssen die kollidierenden Kräfte selbst getrennt werden. Heideggersche Verantwortung besteht in einer Antwort auf den destabilisierenden Stoß, in dem normative Setzungen ihre Absetzung erfahren. Der ›Stoß der Zeit‹ bringt das Disparate unter jedem referenziellen Konstrukt ans Licht. Auf das, was uns widerfährt, zu antworten, bedeutet dann, Formen der ursprünglichen Doppelbindung offen zu legen: Ereignis-Enteignis; der Streit Welt-Erde; der Konflikt Götter-Menschen in der Geschichte; der des Entbergens-Verbergens in der Wahrheit; das Zerwürfnis der Phänomenalisierung-Singularisierung in der Erscheinung… Diese polemologischen Disjunktionen fallen der antizipativen Kritik zu. Sie trennt die verschiebenden Strategien, damit Dasein seinem ursprünglichen Ort gehören kann, nämlich dem (heraklitischen) *polemos*.

Die selbstverschuldete Verdummung in der Technizität zeigt, wie weit wir noch von der so verstandenen, zum ursprünglichen Ort gehörenden Verantwortung entfernt sind. Daher der Aufruf, »de[n] geschichtliche[n] Ort für die künftige Geschichte« zu gründen (BzP, 60), »*jenen Zeit-Raum*, die Stätte für die wesentlichen Augenblicke [zu] schaffen« (BzP, 98). Später sollte Heidegger den Augenblick, der die Geschichte gründet, in verkürzter Form als »Einkehr in das Ereignis«[23] beschreiben (verkürzt, da der Ausdruck nicht sagt, dass das Ereignis aus einander feindlichen Sogwirkungen resultiert). Diese Einkehr wäre so kompakt, wie alle Anfänge es gewesen sind. Was den Topologen an dieser Kompaktheit interessiert, ist die erblickte und dann unfehlbar verdrängte Konflikthaftigkeit zu Beginn jeder einzelnen Epoche unserer Vergangenheit.

Verdummung potenziert sich im Konsumenten von Ideen, der alles gesehen und gelesen hat. Einen gelangweilten Gymnasiasten mag man charmant finden; später ist es besser, wenn man gelernt hat zu lesen. Zum Beispiel über Wahrheit und ihre Stätte. »die Wahrheit des Seyns (muss noch immer – R.S.) im Da-sein eine werdende Stätte finden« (BzP, 90). Hat man mal durch Heidegger geblättert, mag man sich vage daran erinnern, dass er – zumindest, wenn man ihn in [englischer] Übersetzung liest – gerne von Authentizität [*authenticity*] spricht; dass dies zweifellos etwas mit Wahrheit zu tun hat; und dass es Jahrzehnte gab, in denen die Mode forderte, dass man ›authentisch‹ sei [*be true*]. Diagonallesen kann allerdings dazu führen, dass man das Wesentliche verpasst – hier: die Konflikthaftigkeit ohne Aufhebung, welche die Wahrheit ist. Das Entbergen-Verbergen muss noch immer seine Stätte finden. Entgegen dem ersten Eindruck bedeutet ›authentisch sein‹ dann etwas Beunruhigenderes als authentische [*genuine*] oder wahrheitsgemäße Existenz. Es bedeutet die Bedingung, deretwegen sowohl Nietzsche als auch Hölderlin »frühzeitig aus der Helle ihres Tages hinweg mußten« (BzP, 204). Die Stätte der Wahrheit ist das »Da in seiner Abgründigkeit« (BzP, 240). Deshalb *verstattet* das Konflikthafte dem Abgründigen *den Ort*.

---

23 Heidegger, *Zeit und Sein*, S. 51.

Solche Orte werden selten gewährt. Es ist eine Sache, den Konflikt zu beschreiben, der zuerst die tragischen Helden und später Hölderlin und Nietzsche brach. Eine völlig andere ist es, wenn einem Zeitalter die Doppelbindung zuteil wird. Die Topologie führt die Beschreibung aus; das Ereignis, die Zuteilung.

Das Verstatten des Ortes ist dann nicht in erster Linie eine menschliche Leistung. Auch hier erwarten den Leser Heideggers mögliche Missverständnisse. Eines davon betrifft den Wunsch nach Gunst. Es stimmt, dass »verstatten« (z.B. BzP, 278) gewähren, zuweisen, erlauben, einräumen bedeutet. Aber *wem oder was* gesteht das Ereignis einen Ort zu? Wenn der Entbergung-Verbergung, und wenn das Ereignis selbst Aneignung-Enteignung ist, dann wird uns unsere Stätte nie in einem anderen Modus als dem des Zerwürfnisses zugestanden. Sich von dem heideggerschen ›es gibt‹ und der ›Gunst‹ einnehmen zu lassen läuft wiederum auf schlechtes Lesen hinaus. Jeder Ort wird mit Gnade zugeteilt, aber auch nie ohne Ungnade.

Ein weiteres Missverständnis betrifft den festen Grund. Heideggersche Nostalgie würde die Menschen gerne mit dem Boden verbinden, so wie die Athener mit Attika verbunden waren. Und zelebriert er nicht tatsächlich die ländliche Verwurzelung? Aber die Seinsgeschichte kennt kein Privileg: keine *lex priva*, kein Gesetz, das privat, das heißt, seines transgressiven Anderen beraubt ist. Das ›es gibt‹ geschieht immer, und immer wird das Geben auch zurückgenommen. Immer teilt das *Es gibt* unsere Wohnstätte. Die Metaphysik wurde aus einem Wunsch geboren, der die Zuteilung-Verschiebung als unerträglich wegwünschte. Seit den klassischen Griechen hat die Verleugnung normal eingegriffen, ausgestattet mit dem Dispositiv der Normen und des Normalen. In Aischylos und Sophokles erforderte ihr Widerruf einen Akt des Vater- oder des Brudermords. Für uns, so scheint es, genügt nicht mal eine Welt der Technizität auf dem Weg zur Selbstzerstörung, um die tragische Verleugnung zu widerrufen.

Diese beiden Missverständnisse zeigen die Schwierigkeit der Topologie. Wiederum ist es eine Frage des Wunsches, da Heideggers ›anderes Denken‹ herausgefordert ist, da zu gelingen, wo der Thetizismus nur scheitern konnte. Hat man von der metaphysischen Schließung gehört, erwartet man eine Untersuchung aneinander angrenzender geschichtlicher Sphären; und erinnert man sich seiner Mahnung, sich für eine ›Gabe‹ bereit zu halten, dann erwartet man die Darstellung eines Eingangs in die guten Gnaden des Geschicks. Aber Heidegger beschreibt Gesetze, die stets das Unbedingte brechen. Gabe, Geben, ›das Rettende‹ und so weiter müssen daher anders denn als heilend gedacht werden. Die Stöße der Zeit bringen der Wahrheit des Seins, die tragischer Streit ist, keine Therapie.

Der monströsen Stätte verhaftet bleibend (in Übereinstimmung mit der Hypothese der Schließung selbst), erwartet man im Grunde eine ›Philosophie des Einen‹, die erbaulich ist. Heidegger zeigt jedoch, dass – und wie – Erbauung sich als Hybris und der von ihr vorausgesetzte Boden als alles andere als fest erwiesen hat. Darin liegt sozusagen der Vorteil unserer epochalen Monstrosität: Wie können wir, von weit herkommend, schon von der polemischen Wahrheit des Seins eingenommen, in der tragischen Verleugnung, aus der alle normativen Setzungen einschließlich der Technizität entsprungen sind, bestehen? Genau wie jede andere Kraft der Verdrängung treibt die Kraft der Verleugnung, die den Thetizismus aufrechterhält, die Zerstörung voran. Ihre trügerische Erbauung ist auf den Ruinen der Singularisierung errichtet.

Es steht noch dahin, wie die Erde anders denn als Bestand der Technizität gedacht werden kann; wie, anders ausgedrückt, ein singularisierender Zug stets jeden Zug phänomenaler Kontextualisierung in einer Welt aufbricht. »Warum schweigt die Erde bei dieser Zerstörung? Weil ihr nicht der Streit mit einer Welt, weil ihr nicht die Wahrheit des Seyns verstattet ist« (BzP, 277f.). (Heideggers Andeutung in diesen Zeilen, die Zerstörung der Erde würde erst mit der Anerkennung des ursprünglichen Streits aussprechbar, sollte uns davor bewahren, ihn für irgendeinen ökologischen Zweck einzuspannen.)

Die tragische Bedingung des Seins: Kontextualisierung-Dekontextualisierung

»Was ist, wenn der Kampf um die Maßstäbe erstirbt?« (BzP, 28)

Wenn Technizität als die heutige epochale Prägung den ursprünglichen Streit, den sie ins Äußerste verhärtet, damit jedoch auch auslöscht, dann läuft das ›Verstatten eines Ortes für die Wahrheit des Seins‹ nicht auf ein derart obskures Programm hinaus, wie es zuerst scheinen mag. Aber es läuft auch nicht auf das allzu bekannte Programm der Dialektik hinaus: Als ob Heidegger, wenn er vom Rettenden spricht, annehmen würde, dass die Stellung (oder das *Gestell*), wenn es zum Äußersten getrieben wird, seine eigene Verneinung hervorbringen würde. Er behauptet nicht, dass die Gegensatzlogik des Weltgeistes ein abhelfendes Gegenmittel gegen Thetizismus gewähren wird. Im Mechanismus der bestimmten Negation triumphiert Thetizismus.

Was von unserem Zeitalter zugunsten der ›Rettung‹ gefordert wird, so scheint es, ist das *Entleugnen* eines zweifachen Sogs, der uns in der Technizität brutaler als in jeder anderen Epoche erfasst. Technizität kontextualisiert Dinge und Menschen unter die wirkungsvollste jemals gesehene Universalie, doch ebenso singularisiert sie sie ohne Welt oder Kontext. Diese ist die streithafte Bedingung, durch die sie funktioniert. Das Erkennen dieser Bedingung ist das Rettende. Technizität kann uns in das Gesetz des Seins einweisen,[24] das ein letztes ist, ohne einfach zu sein. Es kann uns lehren, dass der Verlass auf eindeutige Letztheiten die Verdeckung der Kontextualisierung-Dekontextualisierung bedeutet. Diese beiden Strategien weisen das Sein als Ereignis aus. Wie funktionieren sie?

Isomorphe Kontextualisierung. Wenn es Aufgabe der Philosophen gewesen ist, die Zusammenfassung aller möglichen Phänomene unter eine universale Seinsthese sicherzustellen, dann sind wir heute alle Funktionäre in Husserls Sinne geworden: Experten darin, alles das, was der Fall ist, als einen weiteren, unter die moderne *Urstiftung* (die für Heidegger immer aus einem ›Stoß der Zeit‹, der einen neuen fokalen Sinn des Seins begründet, resultiert) zu subsumierenden Fall zu behandeln. Derart ist das szientistische Apriori, von dem wir leben. Aus Heideggers Sicht ist die moderne

---

24 »Ein erstes, bedrängendes Aufblitzen des Ereignisses erblicken wir im Ge-Stell.« (Martin Heidegger, *Der Satz der Identität*, in *Identität und Differenz*, *Gesamtausgabe*, Band 11, herausgegeben von Friedrich-Wilhelm von Herrmann, Frankfurt a. M., 2006, S. 47.) Was wir erblicken, ist das *Ereignis* der Aneignung-Enteignung; wir erblicken es *aufblitzend*, weil die Technizität sowohl die subsumptive Universalisierung als auch die dispersive Singularisierung zum Äußersten treibt; dieses Aufblitzen ist *bedrängend*, weil die technische Universalisierung globale Gewalt instituiert; doch das Erblicken ist ein *erstes*, daher gibt es in der globalen Technizität Rettung.

Wissenschaft nie desinteressiertes Forschen. Sie ist Werkzeug einer sehr interessierten Stellung, die wir epochal in allen unseren Bewegungen nicht vermeiden können. Wenden wir uns dem Außen zu, finden wir nichts als nutzbar zu machende, natürliche Ressourcen; wenden wir uns der Vergangenheit zu, nichts als zu vermarktende kulturelle Kuriositäten. Wende ich mich nach innen, finde ich nicht mehr, wie Augustinus, das unabänderliche Licht der Wahrheit, sondern ihrer Behandlung harrende Neurosen; und wende ich mich nach oben, noch mehr ihrer Ausbeutung harrende Ressourcen – vielleicht Uranium auf dem Mars.

Als epochales Projekt lässt Kontextualisierung durch technisch-wissenschaftliche Beherrschung keinen Rest übrig. Warum mussten, als dieses Projekt das moderne Zeitalter instituierte, die dem Subjekt gegenüberstehenden Substanzen als ›ausgedehnte‹ bezeichnet werden, wenn nicht, um sie alle ihrer Form (*morphe*) nach gleich (*iso*), d.h. einförmig, isomorph, zu machen? Kant zufolge wird die Einförmigkeit von Phänomenen vermittels des inneren Sinnes erlangt. Das bedeutet, dass nur das, was verzeitlicht werden kann, ein Datum ist, und dass nur das, was in berechenbarer Reihenfolge oder Gleichzeitigkeit angeordnet werden kann, zeitlich ist. Was die Verstandeshandlungen angeht gibt es gewichtige Gründe, warum die erste dieser Handlungen das betreffen muss, was gemessen und berechnet werden kann. Da das Subjekt nur Wahrnehmungen kennt, die in ihrer räumlichen und zeitlichen Ausdehnung messbar sind, muss die erste kantische Kategorie die der Quantität sein. Daher darf das Einförmige und Quantifizierbare nicht als eine weitere Konsequenz der modernen ›Kopernikanischen Revolution‹ aufgefasst werden. Im Gegenteil: Nur weil jedes Phänomen der Berechnung zugänglich sein muss – weil seine Phänomenalität in seiner Berechenbarkeit zusammengefasst ist – nimmt das Subjekt den Platz des zentralen Gesetzgebers ein. Indem es sich als die spontane Quelle der Gesetze des Seins begründet, wird sich das Subjekt versichern, dass diese überall dieselben sind.

Die moderne Regelmäßigkeit der Phänomene resultiert also aus einem Akt der Antizipation, aus einer Setzung a priori, einer These. Für Heidegger ist das spontane Subjekt einzig durch diesen Thetizismus definiert: »die Heraus*stellung* einer Regel« (BzP, 161) ist die eine Stellung, die sowohl den autonomen Handelnden als auch das von ihm einförmig gemachte Datum konstituiert; sowohl das Selbst als auch sein Anderes. Nun wird eine Regel, die vorschreibt, was sein soll, eine ›Norm‹ genannt. Das Isomorphe ist das *Normale.* Auf die Bacon'sche und die cartesische Einsetzung des Projekts der Normalisierung antwortet dessen umfassender Erfolg im zwanzigsten Jahrhundert. Eine erste Antwort auf Heideggers Frage »Was ist, wenn der Kampf um die Maßstäbe erstirbt?« ist offensichtlich: Kämpfe, z.B. ideologische, gehören der Vergangenheit an, denn es bleibt nur ein Maßstab, der weder im Osten noch im Westen infrage gestellt wird – universaler Isomorphismus. Das ist, was In-der-Welt-sein in unserem Zeitalter bedeutet. Die Kontextualisierung von Phänomenen, das heißt, die Weise ihrer Phänomenalisierung, ist überall dieselbe.

Dispersive Dekontextualisierung. Doch als dieser umfassende Modus der Phänomenalisierung singularisiert die Technizität diese auch ohne irgendeinen Agenten der Versöhnung. Ob es sich um Phänomene der Natur oder der Kultur, subjektive oder objektive, innen oder außen angetroffene handelt, sie alle haben ihre jeweiligen Welten verloren. Natürliche Ressourcen, Neurosen, archäologische oder literarische Kuriositäten *sind,* insofern sie die Frage beantworten: Was kann mit ihnen gemacht werden? Und Machen, *poiesis,* ist immer ein Machen des Singulären.

Dieser Punkt ist entscheidend. Solange man die andauernde Strategie des *Machens* im Herzen der uralten Mechanik der Subsumption – also im Herzen der ›Logik‹ – nicht sieht, solange wird die Gegenstrategie der Singularisierung unverständlich bleiben, und mit ihr die ursprüngliche Doppelbindung, die Heidegger zu rehabilitieren sucht.

Dies kann mit Blick auf den antiken Begriff der *physis* gezeigt werden. Genau wie das englische ›*nature*‹ meint *physis* zwei Dinge: einerseits eine bestimmte Phänomenregion und andererseits ein Produktionsprinzip. Es bezeichnet die Region der Dinge, die nicht von menschlicher Hand gemacht sind, und es ist das Prinzip, durch welches Dinge, die in diese Region gehören – Pflanzen und Tiere – produziert werden. Die semantische Zweideutigkeit lässt sich anhand eines gehässigen, zweizeiligen Scherzes, den man sich in London erzählt, anschaulich machen: »Prinzessin Anne mag die Natur sehr. Das ist erstaunlich, wenn man bedenkt, was die Natur ihr angetan hat.« Sie mag die Natur, also die Phänomenregion, in der sie Bäume, Wiesen und Pferde – nicht Häuser, Straßen und Autos – vorfindet. Was das, was die Natur ihr angetan hat, betrifft, so ist sie, wie jeder andere Zweibeiner, ein Produkt desselben Produktionsprinzips, aus dem auch Bäume, Wiesen, und Pferde wachsen – einer Ursache, deren Produkte mehr oder weniger anziehend sein können. In Aristotelischen Begriffen bezeichnet *physis* sowohl eine Art als auch eine Ursache: die Art von Dingen, die keine Artefakte sind, und die Ursache, die nicht Kunst (*technē*) ist.

Für Heidegger zeigt diese Zweideutigkeit, dass Sein immer schon als Machen, Produzieren, Verursachen verstanden worden ist. *Physis* ist stets entsprechend seines polaren Gegensatzes, *technē*, aufgefasst worden: zuerst auf eher verdeckte Weise, das »*Sich-von-selbst-machen*« von Seienden bezeichnend, später offen: *natura* bezeichnet Seiende in ihrer Totalität als »ens creatum« (BzP, 126). Durch unsere ganze Geschichte hindurch hat ›sein‹, auf die eine oder andere Weise, ›verursacht sein‹ bedeutet. Wodurch? Durch letzte Vorstellungen wie »die übersinnliche Welt, die Ideen, Gott, das Sittengesetz, die Vernunftautorität, der Fort-schritt, das Glück der Meisten, die Kultur, die Zivilisation«.[25] Heidegger fügt hinzu, dass im Zeitalter der Technizität diese Vorstellungen »ihre bauende Kraft einbüßen und nichtig werden«. In dem Moment, in dem Machen der einzige Maßstab bleibt, vergehen alle Maßstäbe *für* das Machen. Der so entfesselte Weltbereich ist es, den Heidegger als »*Machenschaft*« (BzP, 126) bezeichnet.

Auf die Frage »Was ist, wenn der Kampf um die Maßstäbe erstirbt?« lautet die Antwort jetzt: Es gibt nur das Singuläre, denn jeder Gegenstand operationeller Machenschaft setzt seinen eigenen prozeduralen Maßstab. Mitte der 1930er Jahre verstand Heidegger diese Geltendmachung des Singulären als ›die höchste Gefahr‹ – nämlich die operationelle Machenschaft in Amerika, der Sowjetunion und in Nazideutschland – und gleichzeitig ›das Rettende‹ – nämlich das Erkennen des ursprünglichen Differierens der Kontextualisierung-Dekontextualisierung. »Seyn – der merkwürdige Irrglaube, das Seyn müßte immer »sein« [...] Seyn [ist] das Seltenste

---

25 [A.d.Ü.: Für diesen wie für den folgenden Satz aus dem Band *The Question Concerning Technology* fehlt die Quellenangabe. Es handelt sich um Martin Heidegger, *Nietzsches Wort »Gott ist tot«*, in *Holzwege*, *Gesamtausgabe*, Band 5, herausgegeben von Friedrich-Wilhelm von Herrmann, Frankfurt a. M., 1977, S. 221.]

weil Einzigste, und niemand erschätzt die wenigen Augenblicke, in denen es eine Stätte sich gründet und west.« (BzP, 255). Sein ist letztes, aber einzig und selten, wie das Ereignis der Kontextualisierung-Dekontextualisierung (Heidegger nennt es *Ereignis-Enteignis*) nicht einfach ist. Seine Stätte ist das tragische *Da*. Daher die andere Frage: »Eingang in die Augenblicksstätte des Da-seins. Inwiefern solches in der griechischen Tragödie?« (BzP, 374)

Die rettende Doppelbindung. Genauso wenig, wie Heidegger den Verlust andauernder Maßstäbe in der globalen Technizität bedauert, begrüßt er ihn. Er liest diesen Verlust mit den Augen eines Symptomatologen, und er enthüllt ihm die Selbstbehauptung des Einzigen innerhalb, gegen und auf dem Grunde aller normativen Setzungen. Daher erlaubte ihm die Analyse der Technizität, dasjenige in die letzte Bedingung des Seins zu übersetzen, was zuvor die *menschliche* Bedingung zu sein schien: die Doppelbindung Natalität-Mortalität.

Auf die Frage »Was ist, wenn der Kampf um die Maßstäbe erstirbt?« gibt er diese Antwort: In jeder normativen Setzung *ist* der Streit zwischen Singularisierung und Universalisierung der Maßstab.

Zur Spaltung des Verstandes
Das Prinzip der Anarchie und die Kritik epochaler Ökonomien

Nicolas Schneider

»Die Sprache, in der dieses Buch vehementer Befragung geschrieben ist, [...] ist zweifellos nicht die deutsche.«[1] – Diesen Satz notiert Reiner Schürmann in einer 1968 in der Zeitschrift *La Vie spirituelle*, einer Publikation der französischen Dominikaner, erschienenen Kurzrezension zu Theodor W. Adornos *Negativer Dialektik*. Schürmanns frühe Aufmerksamkeit für die Brüche, die Adorno in der deutschen Sprache herbeiführt,[2] ist für die hier vorgelegte Übersetzung einiger seiner Aufsätze in zweifacher Hinsicht von Bedeutung. Zum einen mag verwundern, dass der junge Dominikaner, der später immer wieder nachdrücklich Widerspruch gegen die hegelsche Dialektik einlegen wird, Adornos dialektischen Sprachgebrauch nicht ohne Bewunderung als einen zentralen Aspekt von Adornos Arbeit am Begriff registriert. Zum anderen nimmt diese Feststellung Schürmanns eigene Verschiebung des philosophischen Terrains aus der deutschen in die französische und englische Sprache gewissermaßen vorweg.

---

1 Reiner Schürmann, »T.W. Adorno: *Negative Dialektik*«, Rezension, *La Vie spirituelle*, Nr. 553, 1968, S. 242. Wo nicht anders gekennzeichnet sind alle Übersetzungen im Folgenden von mir. Ich danke Ian Moore, der die Rezension ausfindig gemacht hat. Francesco Guercio, Ian Moore und Malte Rauch danke ich für wertvolle Anmerkungen.

2 Vgl. Theodor W. Adorno, *Negative Dialektik*, Frankfurt a. M., 1970, S. 24 (meine Hervorhebung): »Daß der Begriff Begriff ist, auch wenn er von Seiendem handelt, ändert nichts daran, daß er seinerseits in ein nichtbegriffliches Ganzes verflochten ist, gegen das er durch seine Verdinglichung einzig sich abdichtet, die freilich als Begriff ihn stiftet. *Der Begriff ist ein Moment wie ein jegliches in dialektischer Logik.* In ihm überlebt sein Vermitteltsein durchs Nichtbegriffliche vermöge seiner Bedeutung, die ihrerseits sein Begriffsein begründet. Ihn charakterisiert ebenso, auf Nichtbegriffliches sich zu beziehen – so wie schließlich nach traditioneller Erkenntnistheorie jede Definition von Begriffen nichtbegrifflicher, deiktischer Momente bedarf –, wie konträr, als abstrakte Einheit der unter ihm befaßten Onta vom Ontischen sich zu entfernen«.

Dass Schürmann seine Hauptwerke, obwohl sie vor allem deutschsprachige Philosophie zum Gegenstand haben, ausschließlich auf Französisch, kleinere Arbeiten wie die hier vorliegenden Essays auch auf Englisch verfasst hat, verdoppelt die Schwierigkeit der Übersetzung insofern, als das Material selbst bereits eine bewusst durch Übersetzung vermittelte begriffliche Arbeit darstellt,[3] ›bewusst‹, weil Schürmann die Begrifflichkeiten zuerst aus dem Deutschen ins Französische bzw. Englische überträgt und so aus ihrem sprachlichen Zusammenhang reißt. Die Schwierigkeit ist mithin sowohl eine technische als auch eine grundsätzliche, da sie einerseits immer wieder die Frage nach dem ›richtigen‹ oder ›gemeinten‹ Wort aufwirft, andererseits aber auch fordert, die Distanz zwischen den im Deutschen (etwa bei Heidegger) verwendeten Begriffen und denjenigen, die aus der begrifflichen Arbeit Schürmanns resultieren, zu markieren. Beispielhaft dafür sei der englische Begriff der »deconstruction« genannt, den Schürmann bisweilen explizit als Heideggers »Abbau« verstanden wissen und von seiner Akzentuierung unter dem Titel der »déconstruction« bei Jacques Derrida abgrenzen will, an anderer Stelle aber auch ohne diese Präzisierung oder sogar in einem zumindest implizit Derridas Verständnis von Dekonstruktion voraussetzenden Sinne verwendet.[4] Daran wird deutlich, wie sehr Schürmanns Übertragung, hier der heideggerschen Kategorien, mit seiner begrifflichen Arbeit verwoben ist.[5] Entsprechend lässt sich seine Notiz zur *Negativen*

---

3 Ein Beispiel dafür ist Schürmanns Übersetzung und Gebrauch des Begriffs der *Gelassenheit*. Siehe dazu Ian A. Moore, »On the Manifold Meaning of Letting-Be in Reiner Schürmann«, *The Journal of Continental Philosophy*, 2(1), S. 105–130. Zu Schürmanns wenigen auf Deutsch verfassten Texten zählen die Beiträge zu einer katholischen Zeitschrift im Jahr 1966 (»Der unbekannte Gott«, »Geistliche Dimension der Technik?«) und ein Vortrag in Japan (»Naturgesetz und bloße Natur: Über eine Denkerfahrung bei dem Meister Eckhart«, *Zen Buddhism Today 2*, 1984, S. 127–149).

4 Vgl. in diesem Band, S. 85f.

5 Ein weiteres Beispiel wäre Schürmanns Gebrauch der englischen Begriffe *singular* und *singularization* (z.B. in diesem Band, S. 160). Während sich bei Heidegger der Begriff des »Einzigsten« (Martin Heidegger, *Beiträge zur Philosophie, Gesamtausgabe*, Band 65, herausgegeben von Friedrich-Wilhelm von Herrmann, Frankfurt a. M., 1989, S. 255; vgl. S. 191f. in diesem Band) ebenso wie der der »Vereinzigung« (z.B. Martin Heidegger, *Zum Ereignis-Denken, Gesamtausgabe*, Band 73.2, herausgegeben von Peter Trawny, Frankfurt a. M., 2013,

Dialektik nicht zuletzt auch als Leitfaden für die Lektüre der hier vorgelegten Übersetzungen verstehen.

So lässt sich sagen, dass Schürmanns Schriften, insofern sie der anti-systematischen Erforschung der »faulen Existenz«[6] in einer gesellschaftlichen Bedingung gelten, in der sich Herrschaft als Ordnungsprinzip verselbständigt hat, nicht zuletzt Adornos Motivation teilen. Zustimmend schreibt Schürmann in der genannten Rezension über die negative Dialektik, diese sei »eine Dialektik, die nicht länger darauf abzielt, Gegebenes dem einheitlichen Prinzip der letzten Rekapitulation im Begriff unterzuordnen, sondern, im Gegenteil, die Spaltung des Verstandes anzuerkennen, indem sie den konkreten Dingen endlich ihr Bürgerrecht einräumt«.[7] Die Richtung, die Schürmanns topologische Analysen dieser »Spaltung des Verstandes« einschlagen, ist freilich eine ganz eigene – wie die hier versammelten Essays deutlich machen.

Zersplitterung des Ursprungs

Reiner Schürmanns Werk besteht in dem Versuch, Zerrissenheit als eine nicht-humanistische, das heißt auch nicht-anthropozentrische Kategorie zu denken. Damit bezieht er sich auf eine Tradition, die in der Geschichte des europäischen Denkens auf Parmenides' Lehre vom Einen zurückgeht. In der modernen Philosophie hob der junge Hegel den Zustand der »Entzweiung« als den »Quell *des Bedürfnisses der Philosophie*«[8] heraus und brachte so die widersprüchlichen Implikationen dieser Zerrissenheit auf einen Begriff: Einerseits besteht der Wunsch nach Überwindung oder Heilung des Risses – zwischen Mensch und Natur, zwischen Subjekt und

---

S. 1081) findet, erscheint die einfache Rückübertragung Schürmanns Arbeit mit dem Begriff nicht angemessen. Dementsprechend habe ich mich hier wie auch gelegentlich an anderer Stelle für die Beibehaltung der vom Lateinischen ausgehenden Ausdrücke entschieden.

6 Adorno, *Negative Dialektik*, S. 20. Zitiert in Schürmann, »Adorno: *Negative Dialektik*«, S. 241.

7 Schürmann, »Adorno: *Negative Dialektik*«, S. 242.

8 G.W.F. Hegel, *Differenz des Fichteschen und Schellingschen Systems der Philosophie*, in *Werke 2, Jenaer Schriften 1801–1807*, herausgegeben von Eva Moldenhauer und Karl Markus Michel, Frankfurt a. M., 1986, S. 20.

Objekt –, andererseits ist es gerade diese Gespaltenheit, die das Denken wie die gesellschaftliche Entwicklung antreibt. Insofern sie eine bewusstseinsphilosophische Auflösung der Gegensätzlichkeit verspricht, wird Hegels Philosophie freilich selbst zum Ziel von Schürmanns Kritik an einem Denken, das zur metaphysischen Begründung von Macht- und Herrschaftsansprüchen beiträgt.[9] Solchen Ansprüchen dient Schürmann zufolge nicht zuletzt die dialektische Aufhebung der Entzweiung. Dieser stellt er die Figur der Zersplitterung des Ursprungs, jener die Herausarbeitung der Diskordanz der Zeiten entgegen.[10]

---

9 In seiner Analyse von Parmenides in *Die gebrochenen Hegemonien* widerspricht Schürmann der Interpretation, die Hegel in den *Vorlesungen über die Geschichte der Philosophie* von dem antiken griechischen Philosophen gibt: »Hegel hat sich mithin hinsichtlich der *Erhebung* bei Parmenides getäuscht. ›Mit Parmenides‹, so schreibt er, ›hat das eigentliche Philosophieren angefangen; die Erhebung in das Reich des Ideellen [...] Damit verband sich die Dialektik.‹ Die Göttin macht sich eher, wie Parmenides, zur Erzählenden; deshalb beginnt die Philosophie mit einer Erhebung, in der keine Antithesen sich aneinander ausrichten, die zum Ideellen, sondern Geschehnisse, die zu einem Ort führen« (Reiner Schürmann, *Die gebrochenen Hegemonien*, übersetzt von Hans Scheulen, Zürich-Berlin, Diaphanes, 2017, S. 181. Im Original *Des Hégémonies brisées*, Mauvezin, 1996, S. 157; durchgesehene und korrigierte Neuausgabe, Zürich-Berlin, 2017, S. 153. Im Folgenden beziehen sich die französischen Seitenangaben jeweils auf die Neuausgabe.). Die Differenz liegt entsprechend in der Interpretation der Beschaffenheit der Trennung oder Entzweiung: Handelt es sich für Hegel laut Schürmann um entgegengesetzte Thesen, sieht Schürmann darin diskordante Ereignisse. Für eine Einordnung von Schürmanns Bezugnahmen auf Hegel vgl. Thomas Aït Kaci, »›L'Absent, vois-le comme fermement présent‹. Hegel dans les *Hégémonies brisées*«, *Philosophie*, 148, 2021, S. 72–90. Wie für Hegel ist für Schürmann der Bezug auf die attische Tragödie, insbesondere auf Agamemnon, Ödipus und Antigone, von zentraler Bedeutung, um die Unversöhnlichkeit gegenläufiger Gesetze zu illustrieren. Dabei konzentriert er sich, wie Christopher Long bemerkt, vor allem auf das Schicksal der männlichen Protagonisten (vgl. *Reiner Schürmann and the Poetics of Politics*, Goleta, CA, 2018, S. 32, Anm. 39; S. 135–160). Für einen Versuch, Schürmanns Ansatz mit einer queer-feministischen Perspektive zu verbinden, vgl. Emanuela Bianchi, »Natal Bodies, Mortal Bodies, Sexual Bodies: Reading Gender, Desire, and Kinship through Reiner Schürmann's *Broken Hegemonies*«, *Graduate Faculty Philosophy Journal*, 33(1), 2012, S. 57–84.

10 So warnt Schürmann in einer der englischen Übersetzung von *Le Principe d'anarchie. Heidegger et la question de l'agir* (Biel-Paris, 2013 [1982]) hinzugefügten Passage zu seinem Begriff des »Prinzips der Anarchie« davor, diesen misszuverstehen: Während er für die »Experten des spekulativen Widerspruchs zwangsläufig Erlösung durch Aufhebung« suggeriere, stehe »›Anarchie‹ hier nicht

Während Schürmann sowohl die Philosophie Hegels wie die zeitgenössische Kritische Theorie in der nomothetischen Suche nach »Letztbegründung« verortet,[11] bildet die Lektüre von Karl Marx einen wichtigen Ausgangspunkt für sein Denken. In Marx' Arbeit entdeckt Schürmann eine Verschiebung vom metaphysischen zum strategischen Gebrauch der hegelschen Kategorien, ein Gebrauch, der erst durch das angesprochene (deutsche) Publikum, das nur Dialektik verstehe, erforderlich gemacht würde.[12] Dementsprechend positioniert Schürmann in den 1977 an der New School for Social Research in New York unter dem Titel *Reading Marx* gehaltenen Vorlesungen Marx sowohl gegen die »humanistische« Kritische Theorie (dazu zählt er v.a. Marcuse, Adorno und Habermas) als auch gegen den »antihumanistischen« Strukturalismus Louis Althussers.[13] Der Aufsatz zum »Anti-Humanismus« (1979) im vorliegenden Band synthetisiert diese Interpretation und gibt gleichzeitig einen Einblick in Schürmanns wohl bekannteste Arbeit, *Le Principe d'anarchie. Heidegger et la question de l'agir* (»Das Prinzip der Anarchie. Heidegger und die Frage des Handelns«). Der Anti-Humanismus-Aufsatz ist dort Teil eines Kapitels, in dem Schürmann Marx, Nietzsche und Heidegger als die wesentlichen Bezugspunkte seines Denkens darlegt.

Diese drei »Meister des Anti-Humanismus« zeichnen sich dadurch aus, dass in ihrem Denken die »humanistische epochale Ökonomie

---

für ein Handlungsprogramm, und seine Gegenüberstellung mit ›Prinzip‹ nicht für dialektische Versöhnung« (*Heidegger on Being and Acting. From Principles to Anarchy*, übersetzt von Christine-Marie Gros in Zusammenarbeit mit dem Autor, Bloomington, IN, 1987, S. 6). Im Folgenden beziehen sich die Seitenangaben für *Le Principe d'anarchie* sofern nicht anders angegeben auf die 2013 erschienene französische Neuausgabe. In der englischen Übersetzung von *Le Principe d'anarchie* hat Schürmann neben der ins Auge fallenden Vertauschung von Titel und Untertitel einige weitere Ergänzungen vorgenommen, die insbesondere der Hervorhebung der dreifachen zeitlichen Differenz dienen (vgl. den Abschnitt zur Selbstregulierung in »Zu Selbstregulierung und Überschreitung«, in diesem Band, S. 33–43). Siehe dazu auch Gianni Carchias Einleitung zu seiner italienischen Übersetzung *Dai principî all'anarchia. Essere e agire in Heidegger* (Bologna: il Mulino, 1995), S. 7, Anm. 2.

11 Vgl. in diesem Band, S. 40.

12 Vgl. in diesem Band, S. 19.

13 Reiner Schürmann, *Reading Marx. On Transcendental Materialism*, herausgegeben von Malte F. Rauch und Nicolas Schneider, Zürich, 2021, vgl. erste Vorlesung, insb. S. 14–16.

im Verfallen begriffen ist«, dass also die die Moderne begründende Vorstellung des Menschen als Subjekt ihr Ende erreicht.[14] Schürmann führt aus, dass Marx an einem gewissen Punkt mit dem Universalienrealismus, der noch die hegelsche Dialektik bestimme, gebrochen habe. Anders als Althussers Formulierung des »epistemologischen Bruchs« nahelege, handele es sich bei dieser um das Jahr 1845 erfolgten Wende nicht um eine rein erkenntnistheoretische; vielmehr wende sich Marx von der Subjektphilosophie ab und begründe von nun an seine Kritik in einem »Realismus des arbeitenden Individuums«.[15] Dem Universalienrealismus habe Marx eine »Zersplitterung« oder »Plurifizierung des Ursprungs« – und damit der Einheitlichkeit des Subjekts die »ursprüngliche Praxis« von Individuen, ihren »monadischen, atomistischen Allotropismus« – entgegengestellt.[16] Dadurch, so Schürmann, habe Marx, wie nach ihm Nietzsche und Heidegger, zum Abbau der modernen epochalen Anwesenheitsökonomie, in der der Mensch als Subjekt, aber nicht als singuläres Individuum erscheinen kann, beigetragen. Marx' oben genannter, veränderter Gebrauch der hegelschen Dialektik resultiere aus dieser Verschiebung: Wenn Marx in der *Kritik der Hegelschen Rechtsphilosophie* die Idee des Klassenkampfs, welche Schürmann auf die dialektische Subjektphilosophie zurückführt, in das Problem der Bildung oder Konstruktion von Klassen zum Zwecke ihrer Auflösung übersetze, dann bedeute das eine nunmehr bloß strategische, nicht aber metaphysische Unterordnung des Individuums unter das Subjekt. Schürmann führt dieses Argument allerdings nicht über Marx' Schriften aus den Jahren um 1845 hinaus weiter und belässt es bei einer Andeutung, wonach das Individuum von nun an die Hauptproblematik der marxschen Philosophie darstelle. Dass Schürmann seine Marx-Lektüre an dieser Stelle relativ unvermittelt abbricht, liegt vielleicht auch daran, dass er in

---

14 In diesem Band, S. 8. Die Bezeichnung »drei Meister des Anti-Humanismus« kann als Anspielung auf Paul Ricœurs Bezeichnung Marx', Nietzsches und Freuds als drei »Meister des Verdachts« verstanden werden (vgl. *Die Interpretation. Ein Versuch über Freud*, übersetzt von Eva Moldenhauer, Frankfurt a.M., 1969, S. 45–49).

15 In diesem Band, S. 19f.

16 In diesem Band, S. 21.

dessen späteren Arbeiten eine zumindest regionale Rückkehr zum Universalienrealismus vermutet.[17]

Anders bei Nietzsche und, vor allem, bei Heidegger. Gerade am Denken Heideggers lässt sich Schürmann zufolge die Doppelgesichtigkeit »unseres geschichtlichen Ortes«[18] – der Zustand einer zerfallenden und gerade darin sich immer weiter verhärtenden Verwicklung von Subjekt und Individuum, von Universalismus und Singularität – besonders deutlich herausarbeiten. Und das nicht nur, insofern Heidegger diesen geschichtlichen Ort am deutlichsten als das erkenne, was er ist, sondern auch, weil Heideggers eigener Zugang selbst symptomatisch gelesen werden müsse.[19] Dies betrifft vor allem die Zweideutigkeit der für die vorliegenden Essays axiomatischen Hypothese der »metaphysischen Schließung«,[20] die Schürmann nicht als einen Abschluss, sondern als ein Ende oder einen Niedergang verstanden wissen will, dessen anarchische Überwindung keinesfalls etwas automatisches, vielmehr eine uns zufallende Aufgabe sei. Zwar teilt Schürmann diese Sicht mit Heidegger, allerdings sieht er bei ihm eine Tendenz zur Reproduktion hierarchischer Denkweisen.[21] Dieses doppelte Verständnis des heideggerschen Denkens unterstreicht Schürmann, wenn er

---

17 In diesem Band, S. 20. Schürmann spricht hier von »regionale[n] Theorien« (ebd., S. 21). Schürmanns Einschätzung des späteren Marx bleibt insofern ambivalent, als auch die regionale Rückkehr des Universalienrealismus in strategischer Perspektive verstanden werden kann – insbesondere, wenn man die Arbeit von Marx als Kritik der politischen Ökonomie und nicht als kritische politische Ökonomie auffasst.

18 In diesem Band, S. 119, 133f., 176, 185.

19 Vgl. Schürmann, *Die gebrochenen Hegemonien*, S. 595.

20 Etwa in diesem Band, S. 39, 69, 91, 186.

21 Damit erklärt Schürmann sich auch Heideggers zeitweilige Beteiligung am Nazi-Regime im Amt des Rektors der Universität Freiburg. Während diese Sicht schon zum damaligen Zeitpunkt eine Vereinfachung von Heideggers philosophischen und politischen Verstrickungen bedeuten musste, lässt sich insbesondere die Subsumierung von Heideggers nicht zuletzt auch begrifflichem Antisemitismus unter die vorübergehende Begeisterung für die NSDAP vor dem Hintergrund des neueren Forschungsstandes nicht aufrechterhalten. Vgl. u.a. Andrew J. Mitchell und Peter Trawny (Hrsg.), *Heidegger's* Black Notebooks*: Responses to Anti-Semitism*, New York, 2017; Walter Homolka und Arnulf Heidegger (Hrsg.), *Heidegger und der Antisemitismus. Positionen im Widerstreit*, Freiburg i. Br., 2016; Marion Heinz und Sidonie Kellerer (Hrsg.), *Martin Heideggers »Schwarze Hefte«. Eine Debatte*, Berlin, 2016.

betont, dass »Heidegger« in seinen Studien nicht einen »Eigennamen«, sondern eine »diskursive Regularität« bezeichne.[22]

Alle Überreste autoritativer Erstheiten bekämpfen

Wie Schürmann in *Le Principe d'anarchie* betont, hält er die Metaphysik für keineswegs abgeschlossen, wie es Heidegger mitunter nahezulegen scheint. Dies drückt sich aus in seinem Versuch, durch eine Lektüre Heideggers »à rebours«, also von den späten zu den frühen Schriften zurück gehend,[23] den sich unterschwellig behauptenden archisierenden Zug in eine anarchistische Richtung zu wenden. So soll Heideggers Denken an einen Ort geführt werden, an den »der Mensch Martin Heidegger wohl nicht hätte geführt werden wollen«.[24] Um diese Strategie nachzuvollziehen, muss zuerst einmal Schürmanns Anarchiebegriff geklärt werden. Dieser ergibt sich aus Heideggers Kritik an einem Denken, das stets auf ein erstes Prinzip zurückgeführt wird und in dessen Vorstellung jedes Handeln bloß das Inswerksetzen eines theoretisch vorgefassten Ablaufs sei.[25] Die damit einhergehende Unterordnung des Möglichen unter das Wirkliche, verstanden als das ›Inswerkgesetzte‹, wird getragen von einer »Ökonomie der Anwesenheit«,[26] in der die Phänomenalisierung, also die Weise des Erscheinens von Phänomenen, bestimmten epochalen Regeln unterworfen ist. Schürmanns Arbeit zielt auf die Kritik dieser epochalen Ökonomien, deren Wortführer Heidegger insofern ist, als seine Befunde bisweilen eine wiederzugewinnende chronologische Ursprünglichkeit, also die Rehabilitierung eines ersten Bezugspunktes, andeuten.

---

22 Schürmann, *Le Principe d'anarchie*, S. 11.

23 Ebd., S. 24–26.

24 Ebd., S. 11.

25 In diesem Band, S. 154. Vgl. Martin Heidegger, *Vom Wesen und Begriff der* Physis. *Aristoteles, Physik B, 1 (1939)*, in *Wegmarken, Gesamtausgabe*, Band 9, herausgegeben von Friedrich-Wilhelm von Herrmann, Frankfurt a. M., 1976, S. 239–301.

26 In diesem Band, S. 159. Zu Schürmanns Begriff der »Ökonomie« und inbesondere der »ökonomischen Anarchie« (*Heidegger on Being and Acting*, 290–292), siehe auch meinen Essay »On Economic Anarchy: Originary Practice And The Discordance Of Times«, in *Philosophy Today*, 68(4), 2024.

Um den Abbau dieser zwingenden Bezugsstruktur geht es Schürmann. Die epochalen Ökonomien, die die Geschichte der westlichen Philosophie prägen, sind dadurch gekennzeichnet, dass sie um ein letztes Prinzip angeordnet und von diesem fixiert sind. Als solche organisieren sie nicht bloß die Philosophie, sondern das Leben in der Stadt (*polis*) und im Haushalt (*oikos*). Dieses Prinzip, diese *archē*, hat demnach seit Aristoteles eine Doppelfunktion: Sie ist sowohl Erstheit (*principium*) als auch Gebietendes (*princeps*), hat also nicht nur eine erkenntnistheoretische, sondern auch eine politisch-normative Seite.[27] Aus diesem Grund sind die Philosophen, insofern sie die Herrschaftsstrukturen, wenn auch nur begrifflich, legitimiert haben, stets auch Staatsdiener – oder, wie Schürmann mit einem Zitat Husserls schreibt, »Funktionäre der Menschheit«[28] – gewesen.

Die Besonderheit dieser in der Geschichte der westlichen Philosophie wechselnden ersten Prinzipien liegt darin, dass sie selbst nicht als solche thematisch werden. Weder das »Eine« des griechischen noch die »Natur« des römischen und mittelalterlichen Denkens noch das die moderne Subjektphilosophie leitende »Bewusstsein« dient als greifbarer oder ›höchster‹ (*suprême*) Bezugspunkt.[29] Vielmehr verweisen diese drei Prinzipien auf einen dem westlichen Denken insgesamt gemeinsamen *letzten* (*ultime*), einfachen Grund für die jeweils höchsten Bezugspunkte. Die Prinzipien oder »hegemonischen Phantasmen«[30] stehen somit am Anfang und am Ende der geschichtlichen Epochen, die sich vom antiken Grie-

---

27 Schürmann, *Le Principe d'anarchie*, S. 15. Auf die Einseitigkeit dieser Darstellung des aristotelischen Denkens hat Christopher Long hingewiesen (*Reiner Schürmann and the Poetics of Politics*, S. 37–56). Entgegen dieser auf Heidegger zurückgehenden Darstellung lässt sich Aristoteles mit einer »para-metaphysischen Tradition« assoziieren, vgl. dazu Christopher P. Long and Richard A. Lee, »Between Reification and Mystification: Rethinking the Economy of Principles«, in *Telos* 120, 2001, S. 95–111. Insofern sie sich gegen die archische Orientierung von Heideggers Denken richtet, kann Schürmanns Arbeit als Fortsetzung dieser para metaphysischen Tradition gelesen werden.

28 Edmund Husserl, *Krisis der europäischen Wissenschaften und die transzendentale Phänomenologie*, Den Haag, 1954, § 7, S. 15.

29 Schürmann entwickelt diese drei »gebrochenen Hegemonien« im gleichnamigen Buch, vgl. die Einführung zu *Des Hégémonies brisées*, insb. S. 51–64/ *Die gebrochenen Hegemonien*, 65–81.

30 Ebd., S. 13–25/ 20–35.

chenland in die Moderne erstrecken. Als solche differenzieren sie nicht nur zwischen der Anwesenheit und Abwesenheit von Erscheinungen, sondern regulieren deren Anwesen, also die Weise ihres Erscheinens, selbst – ihre räumliche und zeitliche (Selbst-)Bestimmung, den Ort ihres Erscheinens. Sie prägen Ökonomien der Anwesenheit, in denen Phänomene nur gemäß je bestimmter Modi des Anwesens erscheinen können. Schürmanns Anarchiebegriff impliziert dementsprechend nicht lediglich das Verschwinden einzelner *archai*, sondern den Zerfall der Struktur der Ableitung von Handlungsprinzipien aus zuvor gesetzten theoretischen Prinzipien überhaupt. Anarchie bezeichnet dann das vielfache Hervorbrechen des »ursprünglichen Streits«[31] und die Zersplitterung des einfachen Grundes, den die Metaphysik seit Aristoteles durch die Bindung des Handelns an einen theoretisch vorgefassten Zweck gelegt hatte.

Vor diesem Hintergrund kann Schürmann erklären, anarchistische Denker des neunzehnten Jahrhunderts wie Proudhon und Bakunin blieben dem rationalistischen Bewusstsein als *archē* der modernen Philosophie verpflichtet, ihr Anarchismus also letztlich in der Trennung zwischen Denken und Handeln begründet, um deren Abbau es ihm gerade geht.[32] Schürmanns philosophischer Anarchismus beschränkt sich dagegen auf den Versuch der Orientierung an einem geschichtlichen Ort, indem die ersten Prinzipien zwar, wie die Hypothese der Schließung der Metaphysik es will, erschöpft, keineswegs aber aus der Welt verschwunden sind. Schürmanns Einsatz besteht vielmehr darin, dass gerade dieses Moment des Zerfalls der klassischen Anwesenheitsökonomien Anarchie als ein Denken, dass die Hierarchisierung von Theorie und Praxis aufhebt, begründet. Zu diesem Zweck bedient er sich, angefangen mit dem Paradoxon des »Prinzips der Anarchie«, einer Reihe von Widerstreit anzeigenden begrifflichen Konstruktionen, zu denen die »Diskordanz der Zeiten« ebenso wie die »Doppelbindung« (*double bind*) zu zählen sind. Das paradoxale Prinzip der Anarchie, so schreibt er im

---

31 In diesem Band, S. 172–181.

32 In ihrer Studie zum Verhältnis zwischen den »Philosophen der Anarchie« und dem politischen Anarchismus setzt sich Catherine Malabou kritisch mit dieser Einordnung Schürmanns auseinander, vgl. *Au voleur. Anarchisme et philosophie*, Paris, 2022, S. 77–118.

gleichnamigen Buch, ergibt sich daraus, dass Anarchie selbst zwar kein metaphysisches Prinzip sei, aber, insofern sie das »Verkümmern« (*dépérissement*) und das »Nachgeben« (*relâchement*) der metaphysischen Suche nach einem ersten Prinzip bezeichne, auf die prinzipiale Anwesenheitsökonomie bezogen bleibe.[33] Das Ende der Metaphysik bedeutet für Schürmann folglich keinen Abschluss, sondern einen Übergang, einen ebenso ruinierten wie ruinösen Ort, an dem die Neuorientierung an eine stetige Arbeit der Desorientierung und des Abbaus gebunden bleibt.

Schürmanns Auseinandersetzung mit Foucault in »Wie man sich selbst als anarchistisches Subjekt konstituiert« (1986) entwickelt diese widerständige Seite des Abbaus.[34] Der Rückgriff auf Kants Einsicht, dass sich »im Subjekt Strategien der heteronomen und autonomen Konstituierung« überschneiden, dient als Ausgangspunkt für Überlegungen zu einer anarchistischen Selbstkonstitution, wobei sich nach Schürmann, der hierin Foucault folgt, Heteronomie heute nicht länger mit äußeren Zwängen und Autonomie nicht länger mit innerer Freiheit identifizieren lassen.[35] Vor diesem Hintergrund stellt sich die Frage, wie Opposition zu denken sei, ohne wiederum die Praxis aus der Theorie abzuleiten. Während Schürmann Foucaults philosophischem Zugang einen positivistischen Zug attestiert, konturiert er im Anschluss an diesen ein »*anarchistisches* Subjekt« in Abgrenzung zum klassischen transgressiven oder »überschreitende[n] Subjekt«. Die Praxis dieses anar-

---

33 Schürmann, *Le Principe d'anarchie*, S. 15. Giorgio Agamben zufolge versäumt es Schürmann, den Begriff der *oikonomia* zu hinterfragen. Daraus folge die Unzulänglichkeit von Schürmanns Ansatz, da er nicht die »geheime[] theologische[] Verbindung, in der [die Anarchie] mit der Regierung und der Vorsehung steht«, erkenne (Giorgio Agamben, *Herrschaft und Herrlichkeit. Zur theologischen Genealogie von Ökonomie und Regierung. Homo sacer II.2*, übersetzt von Andreas Hiepko, Berlin, 2010, S. 85.). Dieser Vorwurf blendet die nicht zuletzt symptomatologische Absicht von Schürmanns Arbeit mit dem Anarchiebegriff aus. Was Agamben als »Grenze« von Schürmanns Ansatz ausmacht (Giorgio Agamben, *Der Gebrauch der Körper. Homo sacer II.2*, übersetzt von Andreas Hiepko und Michael von Killisch-Horn, Frankfurt a. M., 2020, S. 458), ist vielmehr dessen Bedingung. Zur begrifflichen Nähe Agambens zu Schürmann, vgl. Malte F. Rauch, »An-archē and Indifference: Between Giorgio Agamben, Jacques Derrida and Reiner Schürmann«, in *Philosophy Today*, 65(3), 2021, S. 619–636.

34 In diesem Band, S. 122f.

35 In diesem Band, S. 119–129.

chistischen Subjekts bestehe darin, sich »Ansprüchen auf kognitive Letztheit«[36] zu widersetzen. Im Essay »›Was soll ich tun?‹« (1983) formuliert er als Aufgabe: »Alle Überreste autoritativer Erstheiten bekämpfen.«[37] Diese Überreste sind es, die in ihrem Zerfall ein »Gesetz der gesellschaftlichen Totalisierung«[38] hervorbringen, welchem allein durch Überschreitung nicht beizukommen ist, da diese auf der Ebene einzelner Gesetze bleiben muss und insofern immer schon Teil der Rechtsetzung ist. Die einzig denkbare anarchistische Praxis in dieser Bedingung besteht Schürmann zufolge entsprechend im »polymorphe[n] Kampf gegen gesellschaftliche Totalitäten«.[39] Der Aufsatz zum anarchistischen Subjekt stellt gleichsam eine Rekonfigurierung in Schürmanns philosophischem Werk da, insofern der Begriff der Anarchie in seinen späteren Veröffentlichungen aus dem Umfeld der *Gebrochenen Hegemonien* fast gänzlich hinter die Untersuchung der tragischen Doppelbindung zurücktritt.

Die gebrochene Bedingung: Zur *»dissecutio temporum«*

Die Frage nach dem Verhältnis von Politik und Philosophie steht auch im Mittelpunkt der Aufsätze zu den »Letzten Doppelbindungen« (1991) und »Technizität, Topologie, Tragödie« (1993). In den Vordergrund tritt jetzt allerdings die topologische Analyse des Widerstreits und der Diskordanz, die im Zuge des Zerfalls der von wechselnden Prinzipien geordneten, metaphysischen Anwesenheitsökonomie hervorbricht. Es handelt sich hierbei um eine Topologie in dem präzisen Sinne, als sie unseren geschichtlichen Ort zum Gegenstand hat. Wie dieser zeichnet sie sich durch ihren »bifrontale[n] Charakter« aus: die Topologie »ist bifrontal, weil sie auf den Zusammenbruch der normativen Epochen [...] zurück- und auf eine Konstellation vorausblickt, die anarchisch ist, da ihr *einfache Letztheit fehlt*«.[40] Schürmann bestimmt diesen Ort entsprechend

---

36 In diesem Band, S. 122.
37 In diesem Band, S. 100.
38 In diesem Band, S. 127.
39 In diesem Band, S. 125.
40 In diesem Band, S. 175.

als durch eine »letzte Doppelbindung« konstituiert, in der sich ein Konflikt zwischen Kräften austrage, die Schürmann als grundsätzlich inkommensurable oder »disparate«, »phänomenologische[] *Züge*[]«[41] kennzeichnet. Während sich diese konflikthafte Konstellation an Heideggers Figur des »*Ereignis-Enteignis*«[42] orientiert, stellt er dessen Fokus auf das Sein-zum-Tode Hannah Arendts Betonung der Gebürtigkeit gegenüber. Jedem dieser beiden Züge eignet eine spezifische Zeitlichkeit: der Mortalität die der »kommenden Singularisierung« des Individuums, d.h. der Endlichkeit, der Überschreitung; der Natalität die der Universalisierung, d.h. der prinzipiellen Unendlichkeit der Gesetzgebung. In dieser »Diskordanz« widerstreitender Züge bricht sich die *consecutio temporum*, und die ursprüngliche, vielfache *dissecutio temporum* tritt hervor.

Der so von Schürmann abgesteckte geschichtliche Ort ist folglich ein Ende, das zu einem Anfang zurückkehrt, denn die »letzte Doppelbindung« ist die menschliche Bedingung im Wortsinn: Sie treibt sowohl die Institution oder Einsetzung letzter Phantasmen als auch ihren Niedergang an. Die Hegemonien der jeweiligen prinzipialen Anwesenheitsökonomien sind daher immer schon gebrochene – Hegemonien, die einen Bruch zeitweise verdecken. Diese Rückkehr in einen Anfang ist indes keine Rückkehr an einen einfachen Ursprungsort.[43] Vielmehr wird sie selbst durch die geschichtliche Entwicklung gebrochen, die sich durch die Genealogie der normativen Epochen hindurch vollzogen hat. Diesen Schluss jedenfalls legt Schürmanns wichtige Unterscheidung zwischen der Destitution oder Entsetzung einzelner hegemonischer Phantasmen und dem Zerfall der Prinzipialökonomie als Ganzer nahe. Letzteren bezeichnet Schürmann im Französischen als *dessaisie* und im Englischen als *peremption*.[44] Beide Begriffe sind dem juristischen

---

41 In diesem Band, S. 135, Anm. 6.

42 Etwa in diesem Band, S. 135, 143, 145, 146, 162, 182, 184, 192.

43 Zur Verflechtung von begrifflicher und biographischer Auseinandersetzung mit dem Ursprungsproblem, siehe auch Reiner Schürmann, *Ursprünge*, übersetzt von Michael Heitz und Esther von der Osten, Zürich, 2008.

44 *Des Hégémonies brisées*, S. 409f. / *Die gebrochenen Hegemonien*, 592f. Für die englische Übersetzung, vgl. Reiner Schürmann, »›Only Proteus Can Save Us Now‹: On Anarchy and Broken Hegemonies«, herausgegeben von Francesco Guercio und Ian Alexander Moore, in *Graduate Faculty Philosophy Journal*, 42(1), 2021, S. 59–90; hier 80f.

Sprachgebrauch entlehnt, wo sie eine Nicht-Zuständigkeit oder den Verfall eines rechtlichen Anspruchs bedeuten. Die Rechtsprechung wird ausgesetzt und für voreingenommen erklärt. Schürmanns geschichtlichen Ort zeichnet dann das, was im juristischen Französisch als *non-lieu* bekannt ist, jedoch unter umgekehrten Vorzeichen aus: die Einstellung des Verfahrens nicht aufgrund prozeduraler Fehler oder mangelnder Evidenz, sondern aufgrund einer Aussetzung der Rechtsprechung. Es ist die zerstörerische Wirklichkeit dieses, für unsere geschichtliche Situation spezifischen Nicht-Ortes, die es erforderlich macht, die Unterordnung des Möglichen unter das Wirkliche, des Handelns unter einen verdinglichten Zweck, erneut infrage zu stellen.

Anders als einige seiner Zeitgenossen stellt Schürmann sich diese Aufgabe weder mit Enthusiasmus noch mit Melancholie. Denn für ihn ist die Befreiung des Denkens und Handelns aus der Herrschaft der verfallenden Prinzipienökonomie, die Verwirklichung des heraklitischen *poiein kata physin*, des »›der anarchischen Anwesenheit entsprechenden‹ Modus des Handelns«,[45] keine einfache. Nicht soll das Besondere gegen das Allgemeine ausgespielt werden, denn beide gehorchen dem Prinzip der Identität der »isomorphen Gesellschaft«.[46] Eher geht es Schürmann um das Überdenken des menschlichen Zusammenlebens im Lichte diskordanter Zeitlichkeiten. Diskordanz ist hier als eine Unterscheidung zu verstehen, die sich nicht auf einen Widerspruch reduzieren lässt. Schürmanns ganze Anstrengung bleibt damit auf das Durcharbeiten einer die letzten Doppelbindungen durchziehenden, diskordanten Entzweiung gerichtet.

---

45 In diesem Band, S. 101.
46 In diesem Band, S. 119ff.

Textnachweise

Anti-Humanismus: Reflexionen der Wende zur post-modernen Epoche — Zuerst erschienen als »Anti-Humanism. Reflections of the Turn Towards The Post-Modern Epoch«, *Man and World* 12:2 (1979), 160–177. Neu abgedruckt in ders., *Reading Marx. On Transcendental Materialism*, herausgegeben von Malte Fabian Rauch und Nicolas Schneider, Zürich, 2021, S. 97–114.

Zu Selbstregulierung und Überschreitung — Zuerst erschienen als »On Self-Regulation and Transgression«, *Social Research*, 49(4), 1982, S. 1029–1046.

Die Moderne – die letzte Epoche einer geschlossenen Geschichte? — Zuerst erschienen als »Modernity: The Last Epoch of a Closed History?,« *Independent Journal of Philosophy*, 4 (1983), S. 51–59. Neu abgedruckt in ders., *Tomorrow the Manifold. Essays on Foucault, Anarchy, and the Singularization to Come*, herausgegeben von Malte Fabian Rauch und Nicolas Schneider, Zürich, 2019, S. 55–76.

»Was soll ich tun?« am Ende der Metaphysik: Ethische Normen und die Hypothese der geschichtlichen Schließung —Zuerst erschienen als »›What Must I Do?‹ at the End of Metaphysics: Ethical Norms and the Hypothesis of a Historical Closure«, in William L. McBride und Calvin O. Schrag (Hrsg.), *Phenomenology in a Pluralistic Context. Selected Studies in Phenomenology and Existential Philosophy, Volume 9*, Stony Brook, NY, 1983, S. 49–64. Neu abgedruckt in ders., *Tomorrow the Manifold. Essays on Foucault, Anarchy, and the Singularization to Come*, herausgegeben von Malte Fabian Rauch und Nicolas Schneider, Zürich, 2019, S. 31–53.

Wie man sich selbst als anarchistisches Subjekt konstituiert — Zuerst erschienen als »On Constituting Oneself an Anarchistic Subject«, *PRAXIS International*, 6(3), 1986, S. 294–310. Neu abgedruckt in ders., *Tomorrow the Manifold. Essays on Foucault, Anarchy, and the Singularization to Come*, herausgegeben von Malte Fabian Rauch und Nicolas Schneider, Zürich, 2019.

Letzte Doppelbindungen — Zuerst erschienen als »Ultimate Double Binds«, in: *Graduate Faculty Philosophy Journal*, 14(2)–15(1), 1991, S. 213–236. Neu abgedruckt in ders., *Tomorrow the Manifold. Essays on Foucault, Anarchy, and the Singularization to Come*, herausgegeben von Malte Fabian Rauch und Nicolas Schneider, Zürich, 2019, S. 121–149.

Technizität, Topologie, Tragödie: Heidegger über ›das Rettende‹ im Weltbereich — Zuerst erschienen als Reiner Schürmann, »Technicity, Topology, Tragedy: Heidegger on ›That Which Saves‹ in the Global Reach«, in Arthur M. Melzer, Jerry Weinberger, and M. Richard Zinman (Hrsg.), *Technology in the Western Political Tradition*, Ithaca, NY und London, 1993, S. 190–213. Neu abgedruckt in ders., *The Place of the Symbolic. Essays on Art and Politics*, herausgegeben von Kieran Aarons und Nicolas Schneider, Zürich, im Erscheinen.

ISBN 978-3-0358-0455-3

Satz und Layout: 2edit, Zürich
Druck: Druckerei C.H. Beck, Nördlingen

www.diaphanes.net

Reiner Schürmann
Ursprünge
Aus dem Französischen übersetzt von Michael Heitz und Esther von der Osten
Gebunden mit Schutzumschlag, 224 Seiten, ISBN 978-3-03734-045-5

Reiner Schürmann
Die gebrochenen Hegemonien
Aus dem Französischen übersetzt von Hans Scheulen
Broschur, 848 Seiten, ISBN 978-3-03734-570-2

Reiner Schürmann
Le principe d'anarchie. Heidegger et la question de l'agir
Broschur, 448 Seiten, ISBN 978-2-88928-092-6

Reiner Schürmann
The Philosophy of Nietzsche
Edited by Francesco Guercio
Broschur, 176 Seiten, ISBN 978-3-0358-0054-8

Reiner Schürmann
Reading Marx. On Transcendental Materialism
Edited by Malte Fabian Rauch & Nicolas Schneider
Broschur, 160 Seiten, ISBN 978-3-0358-0201-6

Reiner Schürmann
Modern Philosophies of the Will
Edited by Kieran Aarons & Francesco Guercio
Broschur, 192 Seiten, ISBN 978-3-0358-0307-5

Reiner Schürmann
Ways of Releasement. Writings on God, Eckhart, and Zen
Edited by Francesco Guercio & Ian Alexander Moore
Broschur, 424 Seiten, ISBN 978-3-0358-0431-7